Friedrich-Albert Zimmermann

Beiträge zur Beschreibung von Schlesien

Friedrich-Albert Zimmermann

Beiträge zur Beschreibung von Schlesien

ISBN/EAN: 9783744672726

Hergestellt in Europa, USA, Kanada, Australien, Japan

Cover: Foto ©ninafisch / pixelio.de

Weitere Bücher finden Sie auf **www.hansebooks.com**

Beyträge
zur
Beschreibung
von
Schlesien.

Dritter Band.

Mit Kupfern.

Brieg,
bey Johann Ernst Tramp. 1784.

Vorerinnerung.

Hier, lieber Leser, wird der Anfang des dritten Bandes feil gebothen, und mit ihm beschlüsse ich die Beschreibung von Oberschlesien.

Wenn meine anderen Geschäfte, der fortdauernde Beyfall des Publici und meine Sammlungen mir erlauben, so setze ich dis Werkchen fort; indessen zweifele ich, ob es bald so hinter einander wie die drey ersten Bände erfolgen dürfte: ich werde aber keine Mühe sparen, meinen Vorsatz, ganz Schlesien zu beschreiben, zu erfüllen. Breslau, den 8. März 1784.

Zimmermann.

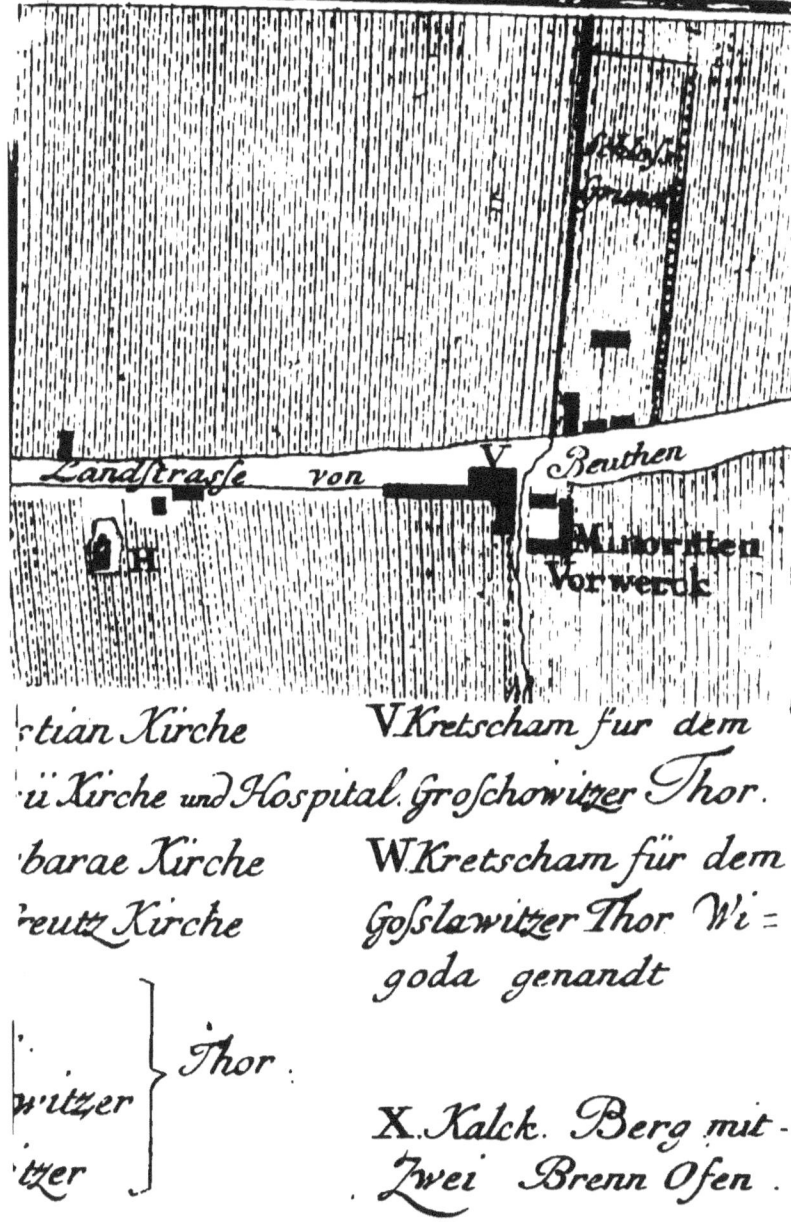

-tian Kirche   V. Kretscham fur dem
ü Kirche und Hospital. Groschowitzer Thor.
barae Kirche   W. Kretscham für dem
reutz Kirche   Goßlawitzer Thor Wi=
                       goda genandt

witzer } Thor.
tzer

X. Kalck. Berg mit-
Zwei Brenn Ofen.

Beschreibung

des

Oppelnschen Kreises.

Eintheilung.

Erster Abschnitt. Vom Fürstenthum Oppeln überhaupt.
§. 1. Von den Landcharten.
§. 2. Größe und Volksmenge.
§. 3. Von den im Oppelnschen üblichen Rechten bey Erbefällen.

Zweyter Abschnitt. Von der Oppelnschen Regenten-Geschichte.

Dritter Abschnitt. Vom Oppelnschen Kreise überhaupt.
§. 1. Lage, Größe und Gränzen.
§. 2. Pflanze und Mineralien.
§. 3. Beschaffenheit und Fruchtbarkeit des Bodens.
§. 4. Waldungen und Wild.
§. 5. Gewässer und Fische.
§. 6. Hausthiere.
§. 7. Gebäude.
§. 8. Von den Fabriken.
§. 9. Von den Einwohnern.
§. 10. Verschiedene äußerliche Verfassungen.

Vierter Abschnitt. Von den Städten.
A. Von der Stadt Oppeln.
§. 1. Geschichte.
§. 2. Etwas von den Kirchen.
§. 3. Etwas von der Geschichte der Evangelischen zu Oppeln.
§. 4. Gegenwärtige Verfassung.
§. 5. Von den Einwohnern, ihre Sprache, Anzahl und Gewerbe.
§. 6. Allerhand.
B. Von Krappitz.
§. 1. Von der Herrschaft.
§. 2. Von der Stadt.
a) Geschichte.
b) Gegenwärtige Verfassung.

Fünfter Abschnitt. Vom Oppelnschen Kreise insbesondere.
Namen der Dörfer.

Erster Abschnitt.
Vom Fürstenthum Oppeln überhaupt.

§. 1.
Von den Landcharten.

Auf der alten Helwigschen Charte vom Jahr 1562 ist Oppeln gezeichnet. Besonders gestochene Charten befinden sich eine im großen Schlesischen Atlas, eine andere kleinere auf einen halben Bogen ist von Schleuen und eine dritte von Schreibern gestochen. Wernher hat in seiner Topographie einige Charten von den Oppelnschen Kreisern gezeichnet; und die vom Falkenbergischen Kreise ist im zweyten Bande dieser Beschreibungen geliefert.

Das Königliche Oberbergamt hat eine Charte von sämtlichen Eisenhütten in Oberschlesien aufnehmen lassen, worauf sich der Oppelnsche Kreis vorzüglich befindet.

§. 2.
Größe und Volksmenge.

Nach der Schubartschen Berechnung ist das Fürstenthum Oppeln nebst der Standesherrschaft Beuthen 169 Quadratmeilen gros, wovon zwey Fünftheile sicher mit Wald bedecket sind.

Dis Fürstenthum nebst Beuthen hat 3 Königliche, 17 Mediatstädte und 8 Marktflecken.

Einwohner sind gegenwärtig 189222.

Im Jahr 1670 waren gezählt 121647.

Auf jede Quadratmeile kommen 1120 Menschen, und nach den Kirchenlisten auf 28 Lebende ein Todter, auf jede Ehe beynahe 5 Kinder.

§. 3.
Von den im Oppelnschen üblichen Rechten bey Erbefällen.

So wie in der ganzen Oberschlesischen Geschichte Dunkelheit und oft die größte Finsterniß herrschet, eben so gehet es mit den Gesetzen und Statuten.

Ueberhaupt gilt die Ferdinandische Landesordnung vom Jahr 1562, welche 1563 ins böhmische übersetzet worden. Die Oberschlesischen Stände ließen

keßen 1730 eine deutsche Uebersetzung machen; sie ist aber nicht gedruckt.

Was die besondern Rechte oder Statuten einzelner Gegenden oder Städte anbetrift, so gilt:

1. In Beuthen das *Jus Commune* und das böhmische Stadtrecht.

2. Kosel hat keine Statuten.

3. In Falkenberg sind bloß Gewohnheitsrechte üblich, und zwar:

a) Communio bonorum unter den Eheleuten *existente hærede*.

b) Wenn aber ein Ehegatte vom andern stirbt, gilt das im Neißischen eingeführte Casparische Kirchenrecht, nach welchem der Vater den Kindern ein, die Mutter aber zwey Drittheile des gemeinschaftlichen Vermögens, bey einer zweyten Heurath, überlassen muß.

c) Zwey Drittheile des Vermögens wird nur als *Legitima* der Kinder angesehen, weil die Eltern über ein Drittel frey disponiren können.

4. Gleiwiz hat keine eigentlichen Statuten, sondern richtet sich nach dem Sachsen- und Böhmischen Stadtrecht, und zuweilen nach einer besondern Verordnung Königs Matthiä.

5. In Krappiz ist die Gewohnheit, daß wenn ein Ehemann oder Ehefrau ohne Testament verstorben, der übrigbleibende Theil:

A 5 *a)* Die

a) Die vom Verstorbenen am Hochzeittage getragenen Kleider samt dem Ehebette voraus,

b) Ein Kindestheil, und wenn eins oder alle nachgelassenen Kinder während der Minderjährigkeit verstorben,

c) Deren Vermögen erhält.

6. Neustadt; siehe das Nöthige bey der Beschreibung des Glogauer Kreises.

7. Ober-Glogau hat zwey vom Kaiser Ferdinand bestätigte Privilegien:

a) Daß die Stadt sich aller Rechte, Satzungen und Gewohnheiten der Stadt Breslau zu gebrauchen befugt seyn soll.

b) Daß nur allein katholische Einwohner daselbst zu dulden seyn.

8. Peiskretscham richtet sich nach dem Böhmischen Stadtrecht.

9. In Oppeln ist das Sachsen- und Böhmische Stadtrecht üblich.

10. In Gros-Strehliz aber nur das Sachsen-Recht.

Zweyter

Zweyter Abschnitt.
Von der Oppelnschen Regenten-Geschichte.

§. 1.

So verschiedentlich auch die Oppelnsche Regentengeschichte in ältern und neuern Zeiten bearbeitet worden, so hat sie doch noch keine beruhigende Vollständigkeit. Daß der Grund davon ein Mangel dazu gehöriger Urkunden liege, braucht keines Beweises. Ob man hier bey aller angewandten Mühe neue Aussichten antreffen wird, mag der Kenner entscheiden.

§. 2.

Die ersten Oppelnschen Herzoge sind eben diejenigen, die ehemals ganz Oberschlesien zusammen oder zum Theil beherrschten. Mieslaus war der erste, der diesen Landstrich unter sich hatte. Sein Bemühen im Jahr 1195 sich in Pohlen zur Oberherrschaft hinauf zu schwingen,¹) ist weniger bedeutend, als die Stiftung des Klosters Bosidom zu Ribnik,²) wodurch seine Gemahlin Ludomille ihr Gedächtniß verewigt hat. Er starb 1211.

§. 3.

Kasimir sein nachgelassener Sohn folgte ihm in der Regierung. Er zeugte mit seiner Gemahlin Viola

---

1) Versuch einer Schles. Gesch. S. 30.
2) Böhm. dipl. Beyträge 1. T. S. 6.

Viola zwey Söhne: Mieslav *II.* und Vladislav *I.*, verlegte das von seiner Mutter gestiftete Kloster zu Riebnik 1228 nach Czarnowans,¹) und starb nach einer drey und zwanzigjährigen Regierung den 13. May 1234. ²)

§. 4.

Seine vorgedachten Söhne Mieslav und Vladislav *I.* regierten über Oberschlesien gemeinschaftlich. Mieslav *II.* der des Herzog Conrads zu Masau Tochter, Judith geheurathet hatte, konnte den Uebergang der Mungeln über die Oder nicht abwehren, und stieß mit seinen Völkern zur Armee des Herzogs Heinrich des Frommen bey Liegnitz; er gab aber auch da durch seine Flucht zum gänzlichen Verlust der Schlacht 1241 die erste Gelegenheit.

Nach seinem unbeerbten Tode 1246 übernahm sein Bruder die Regierung allein, die er nach deutschen Rechten verwaltete. ³) Er verlohr viele seiner

1) Die Urkunde davon hat Böhme 1. T. S. 6. Ehrhardt will aus Henel Silef. beweisen, daß 1338 König Kasimir III. von Pohlen das Kloster verlegt habe: und doch nennt Henel und nicht Fiebiger Casimir, Duc. Opol. ohne die Jahrzahl 1338 hinzuzusetzen; noch viel weniger einen König aus ihm zu machen.
 Pauli in der Einleitung zur Schles. Gesch. S. 241. bestimmt die Versetzung des Klosters aufs Jahr 1236, und doch war Kasimir schon 1234 gestorben.
2) Diplom. Beytr. 1. T. S. 6.
3) Diplomat. Beytr. von Böhm 4. T. S. 170.

ner Provinzen. Vielun nahm ihn Przimislaus von Posen; Troppau aber und Jägerndorf Wenzel, König von Böhmen. Er legte das Stift zu Rauden 1253 an,¹) und beschenkte es 1258 mit vielen Freyheiten. Die Kirche zu Oppeln genoß von ihm 1254 viele Wohlthaten, und setzte 1273 die Stadt Oppeln auf deutsches Recht, so wie er auch die Verlegung des Klosters nach Czarnowans bestätigte, und es 1260 mit mehreren Einkünften bereicherte. Da er den flüchtigen Bischof von Breslau, Thomas II. in Schutz nahm, so fiel ihm der Breslauische Herzog Heinrich Probus ins Land, belagerte in Rattibor den Bischof, und zwang ihn zur Abbitte. Vladislavs Gemahlin war Euphemia, Herzogs Przimislaus zu Gnesen und Posen Tochter, die das Predigerkloster zu Teschen stiftete. Er starb 1288.

§. 5.

Von seinen ²) vier Söhnen erhielt Mieslaus Teschen, Kasimir II. und Boleslaus Oppeln, und Przimislaus Rattibor. Dieser letztere gab der Stadt Rattibor viele Vortheile durch das Privilegium von 1290. Kasimir II. der auch Herr zu Beuthen war, war der erste, der sich im Jahr 1289 dem König von Böhmen Wenzel II. unterwarf. Er that dieses wohl nicht aus Habsucht, wie die pohlnischen

Ge-

---

1) Pauli S. 242 schreibt: Vladislav habe das Kloster Rauden zwischen den Jahren 1246 bis 1251 begnadigt; und noch war es nicht gestiftet.

2) Schickfus und Staat von Schl. haben fünf Söhne, nennen den fünften Jacob, Herzog zu Troppau.

Geschichtschreiber wähnen; sondern, wie er in seinem Auftragsbriefe gegen den König versichert, aus kindlicher Dankbarkeit; wegen erlittener Unterdrückungen seiner pohlnischen Freunde, und um Beförderung des Wohls seiner Länder und Unterthanen; er starb 1306. Sein Sohn Wladislav war Herzog zu Kosel und Beuthen, und empfing die Lehn vom König Johann über Kosel 1327.

Kasimirs Bruder Boleslav legte seine Residenz in Oppeln an, wo er sich 1273 eine Burg erbaut, und der erste eigentliche Herzog daselbst wurde;[1] er stiftete 1280 das Kloster Himmelwitz. Seine pohlnische Feldzüge von 1290 und 1312 waren ihm jedesmal nachtheilig. Er starb 1313.

Die Geschichte beweist, daß sich Boleslavs Nachfolger zwar alle Herzoge zu Oppeln geschrieben, aber nicht das ganze Fürstenthum besessen haben. Es war eine Titulatur; einige hatten nur einen Kreis, andere mehrere unter sich; sie besaßen zuweilen in andern Fürstenthümern gewisse Antheile, so wie auswärtige in ihren Fürstenthümern. Z. E. Herzog Wenzel zu Troppau bekannte in einem Briefe im Jahr 1327, daß er auf Klein-Glogau und Zugehör die Lehn empfangen.[2]

§. 2.

Boleslaus hinterließ drey Söhne, die sich in den Besitz seiner Staaten theilten. Boleslaus II. erhielt

---

1) Schickf. Chr. 2. B. S. 137. Hen. Sil. ren. P. II. c. VIII. p. 225.

2) Böhm. dipl. Beytr. 5. T. S. 78. N. 89.

hielt Falkenberg; Albert wurde Herzog zu Strehlitz, und starb ohne Erben; Boleslaus *III*. ¹) regierte zu Oppeln; dieser ist der Stammvater der Oppelnschen Herzoge. Seine Gemahlin war Elisabeth, eine Schweidnitzische Prinzeßin; von der er zwey Söhne, Vladislav *II*. und Boleslav *IV*. hatte. Der erste war Herzog zu Oppeln, Cujavien, Dobrin, Vielau ꝛc. Grosfürst zu Ungarn, königlicher Statthalter in Pohlen; seine Gemahlin Agate, Herzogs Semovitii zu Masau Tochter. Er wohnte 1370 der pohlnischen Krönung König Ludwigs bey, stiftete 1382 das Kloster zu Czenstochau, erhielt Vielun zu Lehn, muste es aber 1395 abtreten, und erbte Kosel; schenkte auch dem Orden der Predigerbrüder zu Oppeln Luboschütz. ²) Sein Ende erfolgte 1401.

§. 7.

Seines Bruder Boleslav *IV*. Söhne von Euphemia, Herzog Heinrich zu Breslau Tochter, vereinigten Oppeln unter ihre Herrschaft. Bernhard war im Besitz von Falkenberg, Johann war Bischof zu Vladislav und Boleslau *V*. Herzog zu Oppeln. Johann war erstlich Bischof zu Posen, hernach

1) Diese Boleslave werden verschiedentlich gezählet; da einige Boleslav II. den dritten, und den dritten den zweyten nennen.
 Dewerdeck in Sil. Num. S. 496. eignet beyden Boleslaven eine kleine Münze in der Grösse eines Silbergroschens zu, mit der Umschrift: Galea Ducum Silesiæ, und auf dem Revers: Juvenum Bolconum.

2) Böhm 2. T. S. 74.

nach zu Vladislav, dann einige Zeit Erzbischof zu Gnesen, und zuletzt Bischof zu Camin. Da er noch Bischof zu Vladislav war, erregte König Wenzel eine Verfolgung wider ihn, und befahl den Breslauern ihn in Verhaft zu nehmen; welches sie auch 1411 thaten; darüber aber in den Bann verfielen, und sich einer fürchterlichen Rache ausgesetzt sahen: denn des Bischofs Brüder Bernhard und Volko verbrannten 1413 viele der Breslauer Dörfer und plünderten ihre Kaufleute. [1])

Boleslau V. heurathete Margarete von Görz, wurde ein eifriger Anhänger der Hußiten, und fiel seinen Nachbarn oft in ihre Länder, [2]) bis ihn Herzog Nicolaus zu Rattibor in einem Treffen 1433 erlegte, und seinen Raubereyen ein Ende machte.

§. 8.

Ihn überlebten drey Söhne: Heinrich, starb 1436 ohne Kinder; Johann, dessen Gemahlin Barbara, Churfürst Friedrich I. zu Brandenburg Tochter war, versprach dem Könige in Pohlen Vladislaus und seinem Bruder Kasimir, den letzten für einen König in Böhmen zu erkennen, wenn er statt des Königs Alberts die Krone erlangen würde; darüber wurde er aber vom König Matthia um 80000 Gulden, oder nach andern um 40000 Dukaten gestraft.

Boles-

1) Versuch einer Schlef. Gesch. von H. Pachali, S. 97. 108.
2) Pauli irrt wenn er schreibt: Boleslav V. sey dem Bündniß der Schlesien gegen die Hußiten 1433 beygetreten.

Boleslaus *VI.* Mirabilis, mischte sich in die pohlnischen Gränzstreitigkeiten, suchte auch Astenheimers Tod an den Breslauern durch Verwüstungen 1446 zu rächen, trat auf König Georges von Böhmen Seite, und zog 1459 mit zur Belagerung nach Breslau; er starb 1465. Nicolaus *I.* regierte zu Oppeln ungetheilt bis 1486, und vermählte sich das erstemal mit Elisabeth Magdalena, Herzogs Ludewigs zu Liegnitz Tochter, von der er keine Kinder hatte; hernach mit Elisabeth, einer Prinzeßin Churfürst Friedrich *I.* zu Brandenburg, die gebahr ihm drey Söhne, Nicolaus *II.* Johann und Heinrich. Sie lebten eine geraume Zeit zu Oppeln. Heinrich starb 1494 ohne Kinder, Nicolaus *II.* der wegen seiner aufbrausenden Hitze und ungegründeten Argwohns zu Neisse, wo er sich auf dem Fürstentage mit dem Bischof zu Breslau und Herzog Kasimir von Teschen entzweyte, und beyde verwundete, 1497 enthauptet wurde. [1]) Herzog Hannus oder Johann blieb also allein in dem Besitz des Fürstenthums Oppeln.

§. 9.

Dieser Herzog Johann verbrüderte sich mit dem letzten Herzog Valentin zu Rattibor, und beyde mit dem Marggrafen George von Brandenburg um die Erbschaft ihrer Staaten. Valentin starb, und Hanns nahm seine Lande in Besitz. Aber gegen die Erb-

---

1) Buckisch Proleg. Schles. Kirchengesch. beschreibt den ganzen Hergang dieser Begebenheit aus einem gleichzeitigen Schriftsteller, §. 7.

verbrüderung mit dem Marggrafen wandte Kaiser Ferdinand vieles, obgleich ohne Grund ein; derselbe wuste es auch dahin zu bringen, daß ihm bey Erledigung diese beyde Fürstenthümer anheim fallen solten. Von dieser Erbverbrüderung der Herzoge zu Oppeln und Rattibor mit dem Marggrafen George schweigen die Schlesischen Schriftsteller aus bekannten Ursachen. Die ersten Nachrichten geben davon die *Memoires de Brandenbourg*. In den Streitschriften wegen des rechtsgegründeten Eigenthums des Churhauses Brandenburg auf Schlesien wird in der Schlesischen Kriegesfama den preußischen Schriftstellern beygemessen, daß sie die Prätension auf die Fürstenthümer Oppeln und Rattibor auf ein *Pactum mutuæ successionis* gründen, welches 1520 gemacht worden. Valentin aber war zu jener Zeit schon todt. Das mehreste davon findet man in Fuchs Mat. zur evangelischen Religionsgeschichte von Oppeln, der diese Nachrichten aus den Akten genommen, welche der Marggraf George mit eigenhändiger Unterschrift an den Herzog zu Liegnitz gesandt, und sich darüber sein Gutachten und den Rechtsgelehrten Stange zu Führung seiner Rechte 1537 ausgebeten, da er wegen Ablösung der Fürstenthümer mit Ferdinanden in Streit verfallen war.

Herzog Johann gab beyden Fürstenthümern ein Jahr vor seinem Tode 1531 das sogenannte Hannußische Privilegium;[1]) er starb 1532.

§.10.

---

1) Böhm dipl. Beyträge 3. T. S. 1.

§. 10.

Ferdinand I. ſetzte ſich nach Hanſens Tode in den Beſitz dieſer Lande. Hatte ſich der Marggraf ſchon gegen das Beginnen des Kaiſers noch bey Lebzeiten des letzten Oppelnſchen Herzogs aufgelehnt, und zu Prag darüber gehandelt; ſo reitzte ihn dieſer Vorfall noch mehr, ſeine Gerechtſame durchzuſetzen. Er erhielt 1532 aber nichts, als ein bloßes Pfandrecht auf beyde Fürſtenthümer, gegen Erlegung einer Summe von 18:333 Gulden, 30 Kreutzern Kapital und 9166$\frac{1}{2}$ Gulden, 18 Kreutzer jährliche Intereſſen. Der Kaiſer hatte dem Marggrafen noch gewiſſe jährliche Baugelder verſprochen: dieſe erhielt er nicht; und da er von Zeit zu Zeit darüber Erinnerungen machte, ſo vereinigte ſich Ferdinand mit den böhmiſchen Ständen, die Fürſtenthümer abzulöſen, und ſie dem Adminiſtrator von Paſſau einzuräumen. Dieſer hatte aber kein Geld, und der Marggraf behielt die Fürſtenthümer.

§. 11.

Endlich brachte Ferdinand unter des Marggrafen George Sohne, George Friedrich, die Fürſtenthümer Oppeln und Ratibor gegen Vertauſchung mit Sagan, Soran und Friedland wieder an ſich, übergab ſie aber 1552 der Wittwe Johann von Zapolien, Gegen-Königes in Ungarn, Iſabella, und ihrem unmündigen Sohne gegen Siebenbürgen. [1]

---

1) Iſabella gab zur Uebernehmung beyder Fürſtenthümer 1551 ihre Vollmacht; ihr huldigten die Ratiborer Stände erſt 1553. Böm diplom. Beyträge 4. T. S. 170.

Sie verließ aber Oppeln in einigen Jahren, gab vorher den evangelischen Glaubensverwandten einige Freyheiten,¹) und Ferdinand trat sie 1598 nebst einem Jahrgehalt von 50000 Thalern an Siegismund Bathori, Fürsten von Siebenbürgen ab;²) der jedoch in ein paar Monaten des Tausches überdrüssig ward und davon gieng. Kaiser Rudolph gab sie hierauf Bettlem Gabor, Fürst von Siebenbürgen,³) der sich auch auf seinen Münzen⁴) *Dux Oppol. & Ratibor.* nennt. Ferdinand II. aber ließ sie ihm 1623 wegen eines neuen Friedensbruches wieder abnehmen, und schenkte sie seinem Bruder Karl, Bischof zu Breslau, welcher die Religions-Bedrückungen anfing; und da Karl in Spanien 1624 starb, erhielt sie der Prinz Ferdinand.

§. 12.

Noch hatten diese für das Land so sehr verderblichen Veränderungen mit beyden Fürstenthümern kein Ende. Ferdinand III. verpfändete sie an die königliche pohlnische Familie,⁵) doch so, daß nie der König

1) Fuchs Oberschl. Rel. Geschichte, 4. St. S. 20.
2) Eine Urkunde Sigismund Herzog zu Oppeln von 1598 stehet in Böhms dipl. Beytr. 4. T. S. 173. Pachali Versuch einer Schl. Gesch. S. 216.
3) Kaiser Ferdinand II. Befehl wegen Uebergabe der Fürstenthümer Oppeln und Rattibor an Bettlem Gabor von 1622, ist ebendaselbst S. 175 befindlich.
4) Dewerdecks M. S. 505.
5) Das Oesterreichische Haus war den Königl. pohlnischen Prinzen unter Regierung Vladisláus IV. ansehnliche Summen schuldig; daraus entstand die Verpfändung.

König, sondern nur die nächsten Agnaten Pfands-Inhaber seyn sollten. Die würkliche Uebergabe geschähe zu Ende des Jahres 1645. Allein der unmündige Pfandsinhaber Siegmund Kasimir starb noch bey Lebzeiten seines Vaters des Königs 1648. Sein Bruder Johann Kasimir erbte dieses Pfandrecht, überlies es aber seinem Bruder Karl Ferdinand, Bischof zu Breslau und Plozko,¹) der sie bis zu seinem Tode 1655 benutzte. Die Fürstenthümer fielen nun wieder zurück an den pohlnischen König; da er sie aber als König nicht besitzen konte: so übertrug er dis Recht an seine Gemahlin Ludowika Maria 1657²) mit kaiserlicher Genehmigung. Die Königin suchte den Besitz dieser Fürstenthümer an ihrer Niece Mann, den Herzog Heinrich Julius von Enguien zu bringen; das österreichische Haus wollte dis nicht zugeben, und lösete 1666 solche wieder an sich. ³)

§. 13.

1) Karl Ferdinand ließ als Herzog von Oppeln und Rattibor Münzen prägen, davon sich eine viereckichte im Dewerdeck S. 511. Tab. 24. N. 72. findet.

2) In verschiedenen Schreiben an den Rath zu Oppeln nennt sie sich: Ludowika Maria V. G. G. Königin in Pohlen und Schweden, Grosfürstin zu Litthauen, Preussen, Reussen ꝛc. gebohrne Prinzeßin von Mantua, Montferat, Herzogin zu Oppeln und Rattibor.

3) Böhm 2. Th. S. 61. steht durch einen Druckfehler 1566. und Pauli irrt, wenn er die Ablösung auf das Jahr 1664 setzt.

§. 13.

Diese Fürstenthümer wurden seit Herzog Hansens Tode von kayserlichen Landeshauptleuten verwaltet. Nach dem Frieden von 1744 sind diese Fürstenthümer ein Erbeigenthum des Königes von Preussen.

In der Abtheilung der Kreise ist manche Abänderung gemacht, die bey jedem Kreise besonders vorkommt.

§. 14.

Das Fürstenthum Oppeln führet einen goldenen Adler mit einer goldenen Krone in einem blauen Felde im Wappen.

Dritter Abschnitt.
Vom Oppelnschen Kreise überhaupt.

§. 1.

Lage, Größe und Gränzen.

Dieser Kreis ist einer der grösten in Schlesien, und wird beynahe 24 Quadratmeilen enthalten. Seine Gränzen sind der Briegische, Falkenbergsche, Neustädt- Kosel- Gros-Strehlitz- und Rosenbergsche Kreis.

§. 2.

§. 2.
Berge und Mineralien.

Der Kreis ist meist eben, es giebt zwar hin und wieder einige Hügel, die aber von keiner Bedeutung sind. In der Erde findet sich:

Eisenerz, vorzüglich bey Tarnow.

Kalksteine, bey Oppeln, Gros-Döbern, Ottmuth und Tarnow.

Thonerde, bey Proskau, Oppeln, Kup und Krappitz.

Lehm- und Ziegelerde, beynahe überall.

§. 3.
Beschaffenheit und Fruchtbarkeit des Bodens.

Der nach dem Lauf des Oderstroms linker Hand gelegene Strich, welcher gewöhnlich die deutsche Seite genannt wird, ist auch in diesem Kreise, wie in ganz Schlesien der fruchtbarste in Absicht auf den Ackerbau, und zum Theil etwas bergigt; die pohlnische Seite aber, welche den grösten Theil ausmacht, hat mehrentheils sandigen Boden, und die Dörfer Kollanowitz, Wengern, Falmirowitz, Tarnow, Krascheow haben den leichtesten Flugsand.

Der Boden dem grösten Theil nach genommen, ist Roggen- und Weitzen- und Roggen und Haferland; Weitzen und Gerstenland wird auf der pohlnischen Seite wenig gefunden, ausser nahe um die Stadt

Stadt Oppeln herum. Brache wird nur hin und wieder bey Dominialwirthschaften, aber nicht durchgehends gehalten; aller übrige Ackerbau ist in zwey Felder eingetheilt: weil bey den ansehnlichen Waldhüttungen die Einwohner theils der Brache zur Hüttung nicht bedürfen, theils auch die zu diesen Zweck erforderliche geschlossene Lage der Felder gröstentheils mangelt. Es werden nur die gewöhnliche Getreydesorten und Hülsenfrüchte, hingegen wenig Flachs und Grünzeug erbauet. Die Getreyde-Ernte gehet Anfangs Julii an.

Die achtfürchichten Beete sind die gewöhnlichsten; es giebt aber auch Gegenden, deren Einwohner ihre schmalen Ackerstücke nur in ein Beete, oder nach dasiger Sprache Sclade, zusammen ackern, so daß die Furchen den Rein bezeichnen, und zugleich die Wasserfurchen vorstellen.

An Heu haben einige Dörfer Ueberfluß, andere aber nur die Nothdurft. Man rechnet den jährlichen Gewinn auf 4000 Fuder.

Obst findet man auf der deutschen Seite noch hin und wieder, vorzüglich auf den Proskauschen Gütern; der gemeine Mann auf der pohlnischen Seite aber vernachläßiget den Obstbau beynahe gänzlich. Im Jahr 1783 waren 45811 Stück Obstbäume vorhanden.

Bey der Stadt Oppeln ist eine mäßige, bey dem Amte Oppeln aber eine ansehnliche Maulbeerplantage; überhaupt sind 19300 Stück dergleichen Bäume vorhanden.

§. 4.

§. 4.
Waldungen und Wild.

Die Waldungen sind überaus ansehnlich; die Königlichen sind die weitläuftigsten, dieselben sind in vier Reviere getheilt, und enthalten an 85000 Quadratmorgen. Sie bestehen meist in Nadelholz; doch giebt es auch Eichen- und Buchenwälder, und findet man hin und wieder seltnere Holzarten. Sie stehen unter Aufsicht eines Forstmeisters, einiger Ober- und eine Menge Unterförster. Sonst haben die Dörfer Czarnowanz, Karlsruhe, Tyllowiz, Domezko, Dombrowka, Grosstein, vorzügliche Kiefer- und die Herrschaft Puschin einen guten Eichwald.

Die Wälder liefern hinlängliches Wild. Wölfe giebt es nicht viele. Waldbienenschwärme aber 423.

§. 3.
Gewässer und Fische.

Die den Kreis durströmenden Flüsse sind: Der schifbare Oderstrom, welcher den Kreis in zwey ungleiche Theile theilt; die Hozenploze, die Malapane, das Himmelwizer Wasser, sonst auch Chronstauer, Sowader, oder Szworniz̧er Bach genannt; die Briniz̧e und Budkowiz̧er Bach.

Seen giebt es im eigentlichen Verstande nicht; allein hin und wieder in den Wäldern noch ansehnliche Moräste.

Teiche aber eine mäßige Anzahl in Betracht der Größe des Bezirks. Der Kalischteich, zum Amte

Oppeln gehörig, ist indessen einer der grösten in Schlesien, und enthält 2533 Magdeburgsche Morgen.

Der Fischfang bestehet in Karpfen, Hechten, Schleyen, Perschken, Brassen, Karauschen; in der Oder giebt es auch Wälze und Zanten, aber keine Lachse.

§. 6.

Hausthiere.

Die Pferde der Unterthanen sind durchgehends klein, und werden kümmerlich unterhalten.

Die Rindviehnutzung derselben liefert mehrentheils nur die eigne Bedürfniß, weil theils die magre Walthüttungen, und theils die Gewohnheit, viel Stücke zu halten, solcher nicht recht zusagen.

Die Viehzucht hingegen schlägt in diesen Waldgegenden gut ein, und ist eine vorzügliche Nahrung der Einwohner, die aber durch oft entstehende Viehseuchen gleichwohl merklich gestöhrt wird.

Die Bienenzucht wird gar nicht gemeinschaftlich sondern nur von einzelnen Personen betrieben; aber deshalb nicht vernachläßiget. Die Bienen erhalten ihre Nahrung mehrentheils aus den Wäldern und vom Buchweitzen.

In der Stadt Oppeln ist eine Bienengesellschaft errichtet, die in der Folge von großer Nutzung werden kan.

Die

Die Anzahl der Hausthiere ist:

    3824 Pferde,
    7987 Ochsen,
  10322 Kühe,
  29063 Schaafe,
    5588 Schweine,
    9251 Bienenstöcke.

§. 7.

Gebäude.

Die herrschaftlichen Schlösser zu Proskau, Kup, Tillowitz, Domezko, Turawa, das Kloster Czarnowanz, haben ein gutes Ansehn.

Die Gebäude der gemeinen Leute sind meist von Schrotholz, die neuen Kolonien von Bindwerk. Im Kreise sind:

    2 Städte.
    1 Marktflecken.
 177 Dörfer, worunter 38 Kolonien und in derselben:
    3 Königliche Aemter.
  77 Vorwerke.
  32 katholische Kirchen.
    3 evangelische Kirchen, zu Kup, Karlsruhe und Malapane.
    1 böhmische Kirche zu Friedrichsgräz.
1260 Bauern.
 166 Gärtner.

1710

1710 Häusler.
7 Hoheofen.
1 Nonnenkloster.

§. 8.
Von den Fabricken.

Unter die besten gehören besonders die königlichen Eisenwerke zu Malapane, Kreuzburg und Jedlize. Man fertigt daselbst nicht allein sehr gutes, sondern auch vieles Eisen; zu Malapane sind 2, und zu Kreuzburg 1 Hoherofen und 6 Frischfeuer. Die ersten beyden gehen jährlich einige 40 Wochen, und täglich werden 60 bis 70 Centner Eisen verfertigt. Am letzten Orte war eine Drathhütte, die aber abbrannte, und nun in drey Frischfeuer verwandelt ist. Sonst finden sich noch 4 privat Hoheöfen und einige Frischfeuer.

Die zweyte ist die Fayance-Fabricke zu Proskau. Die Arbeit, besonders die Malerey ist sehr gut, der Debit ist ansehnlich; es arbeiten daran 56 Personen, als Töpfer, Former, Brenner, Mahler ꝛc.

Eine Glashütte, ohnweit der Kolonie Horst.

§. 9.
Von den Einwohnern.

Die Einwohner sind meistentheils der katholischen Religion und der pohlnischen Sprache zugethan; die meisten Kolonien hingegen mit deutschen Ausländern besetzt, wovon die mehresten evangelisch und

refor.

reformirt sind. Unter den pohlnischen Einwohnern giebt es viele, die deutsch nothdürftig verstehen, es aber nicht sprechen; jedoch findet man einzelne Familien, die mehr Hang zur deutschen Sprache haben, und ihre Kinder in deutschen Schulen unterrichten lassen.

Alle Kolonisten ohne Unterschied sind von der Unterthänigkeit befreyet, leisten auch keine Robothen.

Der Character des gemeinen Mannes ist wegen vernachläßigter Erziehung unbearbeitet. Er tritt also mit dem natürlich rohen Hange zur Freyheit, der allen Zwang hasset, bey ältern Jahren in einen Stand, der ihn in mehr als einer Betrachtung Gesetzen, Einschränkungen, Pflichten und Verhältnissen unterwirft, deren Wohlthätigkeit und Nothwendigkeit er einzusehen, nicht vorbereitet ist; die er daher ungern, schlecht und nur mit Zwang befolget, und wodurch die sclavische Gemüthsart immer wieder fortgepflanzet wird, die zugleich eine Art von Trägheit und Mangel an Industrie in seinen Handlungen und Gewerben unterhält. Indessen würkt das Beyspiel verschiedener Herrschaften und der Fleis der Kolonisten doch schon manches Gute bey dem Bauer.

Die Zahl der Einwohner ohne die Städte war:

Im Jahr 1756 — 15747.
1766 — 22099.
1776 — 23154.
1782 — 27756.
1783 — 27802.

Im Jahr 1782 sind auf den Dörfern 275 Paar getraut, 1409 Kinder gebohren, worunter 55 uneheliche; 938 gestorben.

§. 10.
Verschiedene äuserliche Verfassungen.

Ehemals war nur ein königlich Amt; es war aber zu weitläuftig, und im Jahr 1780 getheilt, und zu diesem Behuf in Kup 2½ Meile von Oppeln ein neues Rentamt etabliret; bey welcher Theilung der Malapaner Fluß die Gränze macht.

Im Jahr 1783 erkaufte der König die Gräfliche Herrschaft Proskau, wodurch in diesem Kreise das dritte Domainenamt entstand.

Der Creis stehet in Justizsachen unter der Oberamtsregierung zu Brieg; in Cameralsachen unter der Breslauischen Cammer, welche durch den Landrath, Herrn Johann Ludwig Ernst Reichsfreyherrn von Lyncker; die Creisdeputirten, Herrn von Disterloh und von Koschützky; den Marschkommissarium, Freyherrn von Lahrisch; den Steuereinnehmer, Herrn Johann Christian Gottlieb Plato, und Kreisphysikus, D. Stock, die Geschäfte des Kreises verwalten läßt.

Die Städte gehören zum sechsten Steuerräthlichen Departement.

In Ansehung der Landschaft gehöret der Adel zum Oberschlesischen System; und wegen der Viehassekuranz ist der Landmann zur dritten Societät geschlagen.

Das Regiment von Podewils hat die Werbung.

Vierter

Vierter Abschnitt.
Von den Städten.
A. Von der Stadt Oppeln.

§. 1.
Geschichte.

Die Zeit der Erbauung der Stadt Oppeln verliert sich, wie bey allen alten Städten, in Dunkelheit, Fabeln und Ungewißheit.

Die Archive, wozu man beym Mangel wahrer Geschichtschreiber am sichersten seine Zuflucht nimt, haben in Oppeln das Schicksal der mehresten Archive in Schlesien gehabt, daß sie theils Brände, theils andere Umstände unsichtbar gemacht; und das Oppelnsche hat noch verschiedne andere Unglücksfälle erlitten.[1]) Es sind zwar noch viele Urkunden und eine Menge Schriften auf dem Rathhause, oder besser gesagt, in einem dumpfigten Gewölbe, wo sie wohl für dem Feuer, aber nicht für der Fäulniß sicher sind; indessen sind die noch vorhandenen durch ein Vorurtheil unbrauchbar.[2]) Nach einer im

---

1) Böhm dipl. Beyträge, 2. T. S. 89.
2) Man glaubt in Oppeln, daß diese alten Schriften in der letzten Pest vom Jahr 1680 in das Gewölbe gebracht, und die Schriften selbst verpestet wären; dies Vorurtheil erhielt durch eine
Krank-

im Dominikanerkloster vorhandenen Nachricht soll Oppeln schon im zehnten Jahrhundert ein bewohnter Ort gewesen seyn, den Namen von den vielen Pappeln, welche daselbst gestanden, erhalten haben, den Einwohnern von dem Bischof Adalbert 993 eine kleine Kapelle auf dem Berge erbauet und nach Adalbert benamt worden¹) seyn. Bischof Clemens III. schenkte dieser Kapelle 1024 ein Stück des heiligen Kreutzes, und die Einwohner nahmen ein Kreutz nebst dem halben pohlnischen Adler zu ihrem gemeinschaftlichen Wappen an.²)

Die Tartarn giengen 12.0 bey Oppeln über die Oder, und mögen die Einwohner bey dem Abzuge des Herzog Miceslai wohl eben nicht gut behandelt haben.

Im Jahr 1273 brannte Herzog Boleslaus in Pohlen die Vorstädte von Oppeln ab;³) und 1396 belagerte König Vladislaus Oppeln. Die Stadt mochte theils wegen ihrer guten Lage am Oderstrohm, theils weil sie schon einige Zeit die Residenz besonderer Herzoge war, an Wohlseyn und Einwohnern zugenommen haben: denn es wurden, wie weiter unten vorkommen wird, immer mehr Kirchen erbauet;

Krankheit, die einen ehemaligen Liebhaber von Antiquitäten, als er einige Dukumente heraussuchen wolte, überfiel, und die man für Pestbeulen hielt, ein solches Ansehn, daß sich nun niemand zu den Schriften wagt.
1) Diese Kapelle ist noch vorhanden, und gehöret zum Dominikanerkloster.
2) Nachricht von der Pfarrkirche.
3) Pol. Brandspiegel, S. 127.

erbauet, auch im Jahr 1400 von einem reichen Bürger ein Hospital für Arme gestiftet; ja es hatte Oppeln 1412 schon einen deutschen Schöppenstuhl.¹) Im Jahr 1426 wurde das Schloß erbauet.²) 1501 den 9. Sept. brannte die ganze Stadt aus.³) Sie erhielt vom Kaiser Ferdinand 1563 das Privilegium keine Juden daselbst zu dulden;⁴) und Matthias gab den 28. Sept. 1612 der Stadt das Recht des Bierverlags auf einen großen Theil der Dörfer des Kreises, so 1613 bestätigt und näher erläutert wurde. 1615 den 28. Aug. entstand auf dem Schlosse ein abermaliger Brand, der alle öffentlichen und Privatgebäude in und vor der Stadt, selbst die Brücke verzehrte, und 104 Menschen tödtete.

Die Häuser wurden zwar, aber um nur unters Dach zu kommen, von Schrotholz erbauet; die Einwohner waren arm, und der dreyßigjährige Krieg machte sie noch ärmer.

1632 besetzten die sächsischen Truppen Oppeln, und ließen besonders das Schloß mit hohen Wällen befestigen. Der General Götz belagerte den Ort einige Zeit aber vergeblich. 1634 wurde eine ähnliche Belagerung unternommen, wobey die Stadt vieles litt; und 1642, als die Stadt von den Schweden besetzt war, muste sie eine abermalige Belagerung von den

1) Böhm dipl. Beytr. 2. Theil, S. 93.
2) Im Schenkungsbriefe der Herzoge Bernhard und Bolko heißt es: Gegeben auf dem neuen Hause zu Oppeln 1426.
3) Pohl. Brandspiegel S. 172.
4) Walther Dipl. p. 457.

den Kaiserlichen aushalten.¹) Nach dem Kriege gab der Pfandsinhaber, Johann Kasimir, 1649 der Stadt das Recht, 12 Kramhäuser zu errichten; indessen hatte sich die Stadt von dem letzten Brande und den verschiedenen Belagerungen noch nicht erholet, als 1680 die Pest ausbrach, den grösten Theil der Einwohner wegrafte, und 1681 ein Feuer das Jesuitercollegium nebst vielen Häusern in Asche verwandelte, so daß zu Anfange dieses Jahrhunderts noch viele Wüstungen waren. Die große Wasser- und Hungersnoth von 1736 traf auch die Einwohner Oppelns, und ein Unglück folgte dem andern; denn 1739 brach abermals ein heftiges Feuer aus, so drey Theile der Stadt, das Dominicanerkloster, das Schloß und die Mühlen verzehrte; und ein anders, so zwischen dem 7. und 8. May entstand, verdarb 29 Häuser.

Die Stadt lag in Asche, und während dem ersten schlesischen Kriege stand die Stadt viel Unglück aus. Sie muste zu Bezahlung der Steuern Schulden machen. Die Anhänglichkeit an die vorige Regierung, wovon manch Beyspiel in den Annalen von Oppeln vorkommt, mochte freylich vieles beygetragen haben, daß die Einwohner mehr wie andere Städte mitgenommen wurden.

Im siebenjährigen Kriege geschahen in ihr verschiedene Auftritte, wovon wir nur einige anführen wollen:

Die erste war, daß 1756 die Oberamtsregierung Oppeln verließ und nach Brieg zog, wodurch die Stadt

1) Lucä S. 690.

Stadt einen reichlichen Gewinn und an 150 Menschen verlohr. Den 28. März 1757 brannten 34 Häuser ab. Bis Ausgang des Jahres 1757 hatte sich hier noch nichts vom Feinde, einige Patroullen ausgenommen, um die Stadt sehen lassen; nach der Bataille bey Breslau aber kam unter der Anführung eines gewissen sich sehr bekannt gemachten Lieutenant Stiebers ein starkes Commando von etwan 300 bis 400 Pferden hier an; der Feind forderte die Cassengelder, wovon aber, weil alles eingeschickt worden, nur wenig im Bestande war, nicht nur ab, sondern prätendirte auch, daß solche durch 2 Magistratspersonen an das Commissariat überbracht werden sollten, welches den Burgermeister Strzedulla und Rathmann Bauer traf. Als sie aber nachher ins Läger zum commandirenden Obristen gebracht wurden, hatten sich während der Zeit einige von der Burgerschaft eingefunden, eine Vorstellung übergeben, so voller Ausdrücke über die Regierung war, und unter andern anzeigte, daß die österreichische Patente, die doch anderwärts häufig genung ergangen, der Burgerschaft vom Magistrat nicht publicirt worden wären; welches der Obriste übel empfand, und declariren ließ, daß die Magistratspersonen in Eisen und Banden gelegt werden sollten, so denn auch an beyden vollzogen war. Man ließ sie bis den 7. Decemb. bey der beschwerlichen Winterwitterung unter freyem Himmel in der Brandwache geschlossen zubringen; indessen kam die Nachricht von der den 5. Decemb. vorgefallenen Leutner Bataille, und man entließ die Gefangnen.

Im Julii 1761 kam ein starkes Corps Russen nach Oppeln, welches die Magazine suchte, so die Oe-

sterreicher, nach ihrer gegebnen Nachricht, hier ange=
legt haben und hier bey Oppeln sich mit den Russen
vereinigen wollten; woraus aber, da letztere die Ma=
gazine nicht funden, natürlicher Weise nichts wer=
den konnte.

Das Corps Russen, so von einem gewissen Obrist=
lieutenant Haudring, der ehemals in preußischen Dien=
sten gewesen, commandirt wurde, aus Husaren, Co=
saken und einigen Calmucken bestand, hielt sich ei=
nige Zeit in Oppeln, des Nachts aber mehrentheils
ausserhalb der Stadt in den umliegenden Gegenden
bald hier bald dort auf, und muste natürlicher Wei=
se mit Mund= und Pferdenportions, Bier und Brand=
wein verpflegt werden; indessen wurde dafür die be=
ste Mannszucht gehalten.

Am Tage Jacobi aber, als eben der Obristlieute=
nant zum Mittagessen war, erschien der preußische
Obrist Lossow mit einem Commando Bosniaken,
Husaren, Infanterie und ein paar Kanonen, jenseit
der Oder hinter den abgebrochenen Brücken; die
Cavallerie ritt durch den Strohm und überfiel die
rußische Feldwacht in dem Archidiaconatsvorwerk
ganz unvermuthet, und machte einige Pferde und Sol=
daten gefangen, sprengte alsdenn in die Stadt, wo=
selbst der commandirende Obristlieutenant kaum so
viel Zeit hatte sich auf ein Pferd zu werfen und zum
Thore heraus zu jagen, wo er dann, weil er diese
Gegend kannte, auf den Weg nach dem großen Teich
mit genauer Noth entkam.

Der Obrist Lossow verließ bald Oppeln, und es
fand sich der Obristlieutenant Haudring mit seinem
Corps

Corps ganz früh wieder in der Stadt ein, eilte sogleich aufs Schloß, und ließ den Magistrat zu sich fordern, welcher denn nicht gut empfangen, sondern für Verräther gehalten wurde.

Es ward auch sogleich die strengste Ordre gegeben, alle vorhandene Pferde in der Stadt aufs Schloß zu schaffen; und die ganze Bürgerschaft war in Besorgung, so wie es auch wohl von einigen rußischen Officieren und Cosaken mochte vorbereitet worden seyn, daß die ganze Stadt geplündert, hernach angesteckt und die Magistratspersonen getödtet werden sollten.

Der Umstand, welcher den sonst billigen Commandeur zu diesem Verfahren verleitete, entstand daher, daß zwey Preussen zu den Russen übergelaufen waren, und gesagt hatten: daß, als der Obrist Lossow mit seinem Corps Oppeln beynahe schon vorbey gewesen, eine Bauersfrau in Niederschlesischer Tracht zu dem Obristen gekommen, und demselben einen Brief gebracht; nach dessen Lesung der Obrist Lossow dem Weibe eine ganze Hand voll Geld gegeben, sogleich mit dem Corps Halt machen und nach Oppeln umkehren lassen.

Indessen wurde doch die Sache dadurch entwickelt, daß einer von den preußischen Deserteurs gegenwärtig war, als der Obristlieutenant dem Rathmann Bauer mit dem Hängen drohete; dieser fing an: Herr Obristlieutnant, da ich höre daß es hier auf Leben und Tod ankommt, muß ich sagen, mein Camrad hat gelogen, ich bin im Vortrup hinter dem Obrist

Obrist Lossow gewesen, habe gesehen, daß das Weib keinen Brief abgegeben, sondern nur, als der Obrist, so wie er an vielen andern Leuten gethan, auch diese Frau fragte, ob Oesterreicher in Oppeln sich aufhielten? deutsch antwortete: Sie wüste nicht, was es vor Leute wären, sondern hätte nur gesehen, daß sie lange Picken hätten. Worauf der Obriste dem Weibe ein Stück Geld, so ohngefähr ein halber Gulden gewesen seyn möchte, bey weiten aber keine ganze Hand voll gegeben.

Dieser wohl nicht von ohngefähr geschehene Umstand änderte die Sache. Die Russen verlangten nun 10000 Gulden und $\frac{1}{10}$ vom Vieh; indessen ließen sie sich mit 2000 Reichsthalern abspeisen.

Im Jahr 1760 ruinirten die Oesterreicher das Königliche Salzmagazin; und den 27. May 1762 entstand im Jesuitercollegio ein Feuer, welches 14 Bürgerhäuser in der Vorstadt verzehrte.

Einer von den letzten Auftritten war, daß im September 1762 der hiesige Magistrat durch ein österreichisches Commando abgeholet, und nach vielen Umwegen endlich nach Jägerndorf gebracht, den ersten Januar 1763 aber wieder entlassen wurde.

In den Jahren 1782 und 1783 ließ der König verschiedene wüste Stellen neu erbauen und zu Fabrickenhäusern einrichten, auch mit allerhand nützlichen Handwerken besetzen.

§. 2.

§. 2.

Etwas von den Kirchen.

a) Von der Dohmkirche.

Das Collegium Canonicorum bey dieser Kirche soll schon 998 von Miezeslaus Fürsten in Polen fundirt, nachher von seinem Sohn Boleslaus *I*. mit Schenkungen des Feldzehnten und andern Gütern und Einkünften vermehret worden seyn.

1024 beschenkte sie Bischof Clemens *III*. mit einem Stück des heiligen Kreußes, wovon die Kirche den Namen erhalten.

1295 wurden die Parochialrechte, welche vorher die Dominicaner gehabt, dieser Collegiatkirche gegeben, und sie dadurch zur eigentlichen Pfarrkirche der Stadt Oppeln gemacht.

Bey der Fundation hat das Collegium des Dohmstifts aus 15 Canonicis und eben so viel Vicarien bestehen solten; dermahlen befinden sich hier: ein Propositus, Decanus, Archidiaconus, Prälatus Custos, und noch 8 andere Canonici, nebst 4 Vicarien; von ersten sind die meisten abwesend.

b) Die Dominicanerkirche und Kloster St. Adalberti und Georgii.

Im Jahr Christi 984 zur Zeit der Regierung Otto *II*. predigte der Bischof Adalbertus auf dem hohen Berge worauf das Dominicaner-Kloster stehet,

het, dem Volke zuerst das Evangelium.¹) Die Predigt des Bischofs war nicht unfruchtbar; ja es geschah nach damaliger Art ein Wunderwerk, dadurch, daß der Bischof mit seinem Stabe einen Brunnen aus dem Berge entstehen ließ. Es wurde, wie oben schon gesagt, auf Befehl Alberts dieses Kirchlein erbauet, welches auch heute noch unter dem Namen St. Albertikapelle bey dem Kloster befindlich ist, und wohl die erste christliche Kirche vermuthlich in ganz Oberschlesien gewesen seyn mag.

Nach diesem erbauete man eine andere Kirche, wozu die Oppelnschen Herzoge viel beytrugen; besonders Herzog Wladislaus, der vermöge eines darüber ausgefertigten Briefs von 12. August 1254 das Kloster mit großen und reichlichen Einkünften versahe, und zur Pfarrkirche des Orts bestimmte; nachher aber 1295 verlegte Herzog Bolko I. die Parochialrechte auf die Pfarrkirche zum heiligen Kreuz.

Ohnfehlbar hat dieser Fürst den Orden dafür schabloß halten wollen, daß er 1304 denen Brüdern ein neues Kloster bey der vorbesagten Kirche erbaute, und solches von Abgaben befreyte.

Die Kirche ward nachher immer mehr vergrössert, und 1365 zum letztenmal eingeweihet.

1426 schenkten die beyden Herzoge Bolko und Bernhard diesem Kloster einen Theil von denen Zinsen, Renten und Genüssen, die zu dem Rathhause zu Oppeln gehörten, aus 23 Mark weni-

¹) Handschriftliche Nachrichten bey dem Kloster.

weniger 1 Ferton bestehend, nach welcher den Geistlichen alle Tage des Jahres 3 gl. böhmischer Münze gereicht werden sollte.

Diese Stiftung ist nachhrr auf 341 Mark 1 Ferton zu Capital gerechnet, wovon das Stift gegenwärtig nach die Zinsen mit 24 Rthlr. 6 gl. 4⅜ d'. jährlich genüsset.

Sowohl zur Zeit des Hußittenkrieges, als auch 1621, 1626, 1632, und besonders 1633 zur Zeit des 30jährigen Krieges, hat dieses Kloster mit der Stadt viel Unheil erlitten. Im Jahr 1682 brannte dasselbe nebst dem Jesuittercollegium ab.

1739, da ein grosser Theil der Ostsüdlichen Seite der Stadt im Feuer aufgieng; und 1762, da das Feuer im Jesuitterkloster ausbrach, wurde jedesmal ein Theil der Kirche und des Klosters in Asche gelegt. Indessen durch Wohlthäter und sonderlich durch den Eifer des damaligen Priors, Gregor Lange, ward Kirche und Kloster besser wie vorhin, so wie es jetzo da stehet, wieder hergestellet.

Die Anzahl der Mönche in diesem Kloster ist vorhin viel stärker als jetzt gewesen; sie haben einen Umgang in der Stadt, um den Unterhalt zu sammeln.

c) Die Minorittenkirche und Kloster.

Dieses Kloster hat sich zuerst mit einer im Jahr 1309 erbauten und der St. Anna gewidmeten Capelle angefangen.¹) Im Jahr 1359 aber wurde vom

---

1) Klosterarchiv.

vom Herzog Bolko *I.* die itzt stehende Kirche und Kloster auf seine Kosten erbauet, und zum Unterschied des obigen Dominicaner-Klosters, welches das Oberkloster hieß, das Niederkloster genennet.¹) Gleichgedachter Herzog als Fundator, sowohl als andere nachfolgende Fürsten beschenkten es mit vielen Privilegien und Freyheiten; und mit dem angenehmen Wäldchen, welches oberhalb Oppeln auf einer Insul liegt, und die Polcke, vermuthlich vom Herzog Bolko genannt wird.

Ausser dem sind freylich auch noch andere milde Stiftungen dem Kloster zugefallen; da aber diese Geistlichen durch die kriegerischen Unruhen und durch die Pest genöthigt worden, das Kloster zu verlassen: so sind die Documente von den Stiftungen verlohren gegangen, und mögen auch wohl manche Beneficien verschwunden seyn. Dermalen besitzet das Kloster ausser der obigen beschriebenen Polcke nur noch ein Vorwerk mit 36 Schfl. Aussaat, und zwey schlechte Häuser bey der Stadt; haben aber, ausser einigen Festen, als Weynachten und Ostern, keinen wöchentlichen Umgang, wie die Dominicaner zu geniessen.

Der Numerus dieser Mönche ist vordem sehr stark und noch 1750 an 30 Personen gewesen; jetzt befindet sich nur 1 Guardian Namens Czeslaus Paulus, nebst einen Senior, 6 andern Patres und 2 Fratres in diesem Kloster. Nach dem Frieden von 1763 hielt sich der Bischof Schafgotsch einige Zeit in diesem Kloster auf, entfloh aber wieder nach Johannsberg. d)

1) Handschriftliche Nachrichten aus dem Klosterarchiv.

d) **Ehemalige Jesuiten, jetzo Königl. Schulen-Instituts-Kirche, und dabey befindliche Collegium, Seminarium und Schulgebäude.**

Das erste Legat für dieses Stift wurde, ehe noch an Jesuitten in Oppeln gedacht wurde, schon 1632 von einer gewissen Frau v. Schmiegeroth mit Bewilligung Kayser Ferdinands gemacht, mit der Bedingung, daß in Oppeln ein Collegium und Schule für die Jugend errichtet werden solte; Welches aber nach dem Tode dieser Wohlthäterin durch Processe gröstentheils verlohren gegangen, und nur die Güter Zemetiz und Przelitz übrig geblieben, die aber in den folgenden Zeiten verkauft, und die Güter Halbendorf und Bürckwitz nahe bey Oppeln dafür angeschaft seyn.

1638 setzte der Kayserliche General Leo Cropello v. Medicis durch ein Testament die Gesellschaft Jesu zu Erben seiner im Großglogauschen Fürstenthum gelegenen Herrschaft Primckenau ꝛc. ein, welche Güter die Societät aber wegen den vielen darauf haftenden Schulden nicht behaupten konnte; jedoch noch 20000 Fl. durch den Verkauf gewann.

1666 schenkte der Graf Gaschin und Graf Proskau dem Orden ihre beide in Oppeln belegene Häuser; und allererst im Jahr darauf erhielt der damalige Provincial der Gesellschaft von dem Kaiser Erlaubniß, Glieder seines Ordens nach Oppeln zu schicken, welche denn auch den 4. Novemb. jedoch nur als Mißionarien hieher kamen, und das folgende Jahr darauf den 25. Febr. in ihre Wohnung, so zu einer Residenz erklärt, eingeführet worden. Mit Ausgang des Jahres fieng der Unterricht der Jugend in einem von einem Bürger erkauften Hause an. Das Jahr darauf 1669 den 2. May erhielten; sie von dem Kayser Leopold das alte Schloß zu Erbauung einer Kirchen, Collegium und Schule; bald darauf kaufte die Gesellschaft das gräfliche Mettichsche Haus, welches sie mit einem nahe an dem Proskauschen belegenen Bürgerhause vertauschten und aus diesen 2 Häusern bestehet noch jetzt die eigentliche Wohnung des Collegii, zwar dem Orte, aber nicht der Gestalt nach.

Erst 1673 wurde die Residenz zu einem ordentlichen Collegio erhoben; und in eben dem Jahre den 10. Julii auch der Grundstein zur Kirche unter der Benennung der heiligen Dreyfaltigkeit gelegt; 1675 aber mit kaiserlicher Bewilligung die Apotheque fundirt.

Während der grossen Pest hörten die Schulen auf, und waren nur 3 Priester von der Societät, um die Kranken zu besuchen, in Oppeln. 1682 brannte zugleich mit einem grossen Theil der Stadt auch das Collegium und die dazu gehörige Kirche und Schule ab, welche aber gar bald, und in dem folgenden Jahre durch die Hülfe vieler und kräftiger Wohlthäter wieder aufgebauet und hergestellet wurde.

Nach der Zeit und mit Anfang dieses Jahrhunderts wurde auch die Anlage zu einer neuen grossen Kirche gemacht, wovon die Ruinen noch stehen; wegen Mangel des Fonds aber gerieth der Bau

ins

ins Stecken. Die gegenwärtig noch stehende auf dem alten Schloßgrunde erbaute so genannte heilige Dreyfaltigkeitskirche ist nur ein schlechtes, wenig helles, und noch mit Schindeln gedecktes Gebäude mit einem kleinen Thurm und ein paar kleinen Glocken.

1762 den 2. May entstand am hellen Mittage eine unvermuthetes Feuer, wodurch nicht nur das ganze Dach abbrannte und die obere Etage ruiniret wurde, sondern auch die Dominicanerkirche zum Theil, 5 Bürger-Häuser in der Stadt, und ein grösser Theil der Gröschowitzer Vorstadt mit abbrannte; welches aber bald wieder retabliret, und nicht nur das Collegium mit einem Ziegeldache versehen, sondern dem ganzen Gebäude auch ein besseres Aussehen, so wie es heute noch da stehet, gegeben worden.

Sonst besitzt dieser Orden, oder das Königl. Schuleninstitut allhier ausser obigerwehnten Halbendorf und Bürckwitz nach Przerzig und Neudorf bey Groß-Strelitz, welche aber nicht viel zu bedeuten haben; und ausser dem hier bey der Stadt ein Vorwerck, auch etwas weniges an Wiesewachs, nebst einen Obstgarten bey dem Vorwerk.

Die Anzahl der Personen bey diesem Collegio war 1673 auf 13 ohne die Fratres bestimmt.

e) **Die Hospitalkirche, samt den dabey befindlichen Gebäuden, in seinem ganzen Umfange.**

Zur ersten Fundation dieses Hospitals hat ein Oppelnscher Bürger, Namens Conrad Kaufmann, oder wie er in dem Privilegio genannt wird, Kunze Krähmer, die Gelegenheit gegeben, indem derselbe ein Haus und Gründe dazu, zu Ehren des heiligen Alexii vermacht. Herzog Ladislaus bestättigte im Jahr 1400 die Schenkung, und gab dem Hospital die Erlaubnis, sowohl dieses Haus, als auch mehrere, welche in künftigen Zeiten hierzu gebraucht werden solten, zu besitzen, und befreyte sie alle von Geschoßen, Erbzinß, Erdzinß, von Wachten und allen andern Gebungen ewiglich. Nach diesem Dokumente ist das Hospital lediglich nur für Kranke, und zwar für 8 Personen männlichen oder weiblichen Geschlechts bestimmt.

1404 den 15. April erweiterte der damalige Magistrat mit Erlaubniß und Bewilligung der Fürsten Offka, auf den Grund des vorher erwehnten Privilegii Ladislai, dieses Spital mit neuen Schenkungen. Nach der Zeit kamen mehrere Einkünfte durch Fundations, Schenkungen und Legate dazu, wovon folgende bekannt sind:

Der hier 1750 verstorbenen Burgermeister und gewesene Hospitalvorsteher Rollke gab den so genannten Koblizischen Garten für dem Oberthore, und 1777 ein bey dem hiesigen Oberamt gestandener und verstorbener Regierungsadvocat Palhon vermöge Testaments ein Legat von 500 Rthlr. zur

bes=

fern Unterstützung. Dermalen bestehen die Kapitalien aus 4000 Rthlr. wovon nebst den Einnamen einiger Pacht- und Miethungsgelder die Hospitaliteu erhalten werden.

Bey der Uebername des jetzigen Provisors Bauer 1751 befanden sich die Gebäude in schlechten Umständen und durchgehends mit Schindeldächern versehen, dermalen aber sind solche ganz maßiv und mit Ziegeln gedeckt, so wie auch das Kirchel, wovon das Dominium Proskau Patron ist, vor einigen Jahren ebenfals mit Ziegeln gedeckt und renovirt wurde. Auf was Ort dieses Dominium zur Unterhaltung und dem Patronat dieser Kirche gekommen, ist nicht ausfündig zu machen gewesen; und ob zwar nahe am Thore zwischen der Stadtmauer und dem Hospital sich ein Ort befindet, der die Capellaney zu dieser Kirche heißt: so ist ein solcher Geistlicher doch nicht dazu bestimmt; sondern der Gottesdienst, der darinn nur selten gehalten wird, und in einigen fundirten Messen bestehet, wird mehrentheils durch die Vicarien bey der Pfarrkirche verrichtet.

f) Die Kirche St. Sebastian.

Dieses Kirchel hat seinen Ursprung der Pest zu danken. Auf eben dem Ort, worauf sie stehet, war ein Wirthshaus, worinn durch die darinn gekehrten Fremden die Pest 1680 eingeschlept wurde. Dies Haus ist nachher caßiret und zum Andenken des Pestpatrons die kleine Kirche erbauet worden. Sie ist aber nur mit sehr wenigen Revenues versehen, stehet in Ecclesiasticis unter der Pfarrkirche, und wird an den Sebastians - und Rochusfeste Messe und Gottesdienst darinn gehalten.

§. 3.
Etwas von der Geschichte der Evangelischen zu Oppeln.

Die evangelische Religionsgeschichte hat Herr Senior Fuchs besonders beschrieben, und ich will nur daraus und aus den diplomatischen Beträgen folgendes anführen:

Die Herzoge Hans und Niklaus waren vermuthlich geheime Anhänger Hussens; indessen wurde die Lehre desselben nicht allgemein oder öffentlich. Der Marggraf George von Brandenburg war eigentlich der erste, der dem denkenden Geiste mehr Freyheit verstattete; unter ihm wurde die evangelische Religion eingeführt. Die Königin Isabella unterstützte die Ausbreitung derselben, die Mönche verliessen das Dominikanerkloster, und die Evangelischen bedienten sich desselben zum Gottesdienst. Allein der den österreichischen Regenten meist anklebende Religionseifer suchte die Protestanten zu unterdrücken. Ferdinand untersagte ihnen die Ausübung der Religion im Kloster, und befahl, daß es mit Ordensbrüdern besetzt werden sollte.

Der Majestätsbrief gewährte den Opplern einige mehrere Freyheit; die lutherischen Bürger kauften ein Haus zu ihrem Gottesdienst. Allein durch den 1615 entstandenen Brand verlohren die Evangelischen ihre Häuser, und nun fiengen die Bedrückungen

gen stärker an; so daß 1625 aller öffentlicher Gottesdienst völlig aufhörte, und zu Anfang der Königl. Preuß. Regierung nur noch eine evangelische Frau in Oppeln wohnend war,

Jetzt sind 351 Lutheraner ohne die Garnison im Orte; den Gottesdienst verrichtet der Feldprediger auf einem Saale im Rathhause, der mit Orgel und Altar versehen ist.

§. 4.
Gegenwärtige Verfassung der Stadt Oppeln.

Oppeln ist eine königliche Immediat=Stadt, liegt auf einer einer Anhöhe auf der polnischen Seite der Oder, an derselben, welche sich hier in zwei Arme theilt; über die Oder gieng eine Brücke, die 17 9 abgebrochen, bald wieder hergestellt, 1775 aber den 5. Febr. durch das Eis völlig verdorben und bis dato nicht wieder hergestellt worden. Ueber die Oder gehet jetzt eine Fähre. Oppeln ist 12 Meilen von Breslau, mit Mauer umgeben, durchgehends gepflastert, hat 4 Thore, einen guten regulären Markt, einige andere Plätze und 16 Gassen; der Markt wird des Abends mit Laternen erleuchtet. Zur Garnison liegt der Stab und 2 Kompagnien von dem Kuirasierregiment von Podewils.

Die meisten Gebäude sind gemauert, und finden sich:

1.) Ein Rathhaus, welches auf dem Markt stehet, hat einen Thurm und Uhr, ist alt und wenig bequem gebauet; auf demselben halten die Evan-

D geli-

gelischen ihren Gottesdienst in einem dazu eingerichteten Saale.

2.) 8. katholische Kirchen.

a) Die Kreuz- oder Pfarrkirche ist ein altes Gothisches Gebäude.

b) Die Dominikanerkirche und Kloster liegt auf einer ziemlichen Anhöhe in der Stadt, man hat hier eine gute Aussicht besonders gegen den Annaberg zu. Die Kirche ist so wie das Kloster neu und gut gebauet, man findet in der Kirche ein uraltes gemaltes und geschnitztes Bild, welches den Bischof Albert und seine Zuhörer vorstellt. In dem Kloster sind auser dem Prior, 7 Geistliche und 4 Brüder.

c) Das Minoritenkloster liegt nahe am Schlosthore, ist ein ziemlich gut Gebäude; es befinden sich darinn ein Guardian, 7 Patres und 2 Fratres.

d) Die Jesuiterkirche zur heiligen Dreyeinigkeit liegt in einem Winkel und ist schlecht gebauet. Die Exjesuiten verrichten darinn den Gottesdienst.

e) Die Sebastiankirche, worin die Vicarien zuweilen die gottesdienstlichen Handlungen verrichten.

f) Die sogenannte Kreutzkirche vor dem Oberthore.

g) Die zur heiligen Barbara vor dem Groschowitzerthore gehöret den Minoriten.. Um diese Kirche würde der Kirchhof schicklicher wie in der Stadt seyn.

h)

h) Eine wüste Kapelle auf dem Schlosse, worin zwar kein Gottesdienst gehalten wird, die Fundationes aber bezahlt werden.

3.) **Das Hospital nebst Kirche** stehet unter Administration des Magistrats; es werden darinn 6 Weiber und 6 Männer, auch einige arme Waysen erhalten, und ihnen jährlich Schuhe und Strümpfe alle 2 Jahre Hütte, und alle 4 Jahr sowohl den Männern als Weibern Mäntel gereicht. Das Hospital hat ausser einigen Grundstücken an Capital 4300 Rthlr.

Es liegt dasselben nahe am Oberthore und bestehet ausser einem vermietheten Nebenhause aus 2 Gebäuden, worinn 2 Stuben für die Männer und eine grosse Stube und Kammer für die Weiber befindlich. Es ist sonderbar, daß die Hospitaliten meist sehr alt worden. Erst 1783 starb eine Frau, die 1674 gebohren und die Pest von 1680 überstanden hatte.

4) **Drey Schulen.** Die eigentliche Stadtschule gehöret zur Pfarrkirche; sie wurde aber 1757 ein Raub der Flammen. Es entstand über dem Aufbau ein Prozes, und das Kollegiatstift erhielt die Verpflichtung dies Gebäude herzustellen. Allein noch stehet es nicht. Indessen werden die Lehrstunden in einem andern Hause vom katholischen Rector Gober nach Saganscher Art gehalten.

Dann sind im ehemaligen Jesuiterseminario 6 Schulen. Die gegenwärtigen Lehrer sind: Pater Rector, Paul Spiller; 3 Professores, Joseph Buchitz, Joseph Haldau, Franz Heide, Ignaz Kro-
cker

cker und Kehler. Der Lernenden sind gewöhnlich 120 höchstens 150.

Die dritte Schule ist die evangelische; es werden darinn von einem Rector gegenwärtig 43 Kinder unterrichtet.

5.) **Acht Häuser** der Geistlichen.

6.) **Das Königliche Schlos**, so auf einer Insel vor dem Thore liegt, und zur Wohnung des Beamten und einiger Officianten dient; es ist ein altes festes mit Schanzen umgebnes Gebäude.

7.) **Zwey Königl. Salzmagazine.**

8.) **Das bürgerliche Schießhaus**, welches ein Bürger Bernhard Spons, statt einer ehemals daselbst gestandenen hölzernen Ruine vor einigen Jahren erbauen ließ.

9.) **Vier Vorwerke** und 2 königl. **Mühlen.**

Bürgerhäuser — 196 in der Stadt.
— 127 in der Vorstadt.
323 Häuser worunter 68 mit Ziegeln bedeckt sind.

§. 5.
Von den Einwohnern.

Die Sprache ist polnisch und deutsch, doch ist die erstere noch die herrschende. Die Religion ist meist katholisch, indessen vermehret sich die Zahl der Evangelischen.

Ueber-

Ueberhaupt waren Einwohner:

Im Jahre 1756 — 2476 Seelen
        1766 — 2459 —

Jahr	Kathol.	Evang.	Juden.	
1770	2360	203	25	2586
1775	2400	222	13	2433
1780	2492	296	15	2703
1782	2350	312	35	2697
1783	2393	351	35	2779
				18132

auf ein Jahr   2590

Liste der Getrauten, Gebohrnen, Gestorbenen.

Jahr.	Paar.	Knab.	Mädg.	Männl.	Weibl.
1773	22	53	52	50	67
1774	13	43	46	47	53
1775	17	50	58	43	54
1776	34	64	45	49	46
1777	16	51	53	62	44
1778	18	60	57	43	43
1779	25	48	42	54	50
1780	32	65	57	44	60
1781	29	61	64	54	67
1782	28	44	53	72	52
	234	539	527	518	536
		1066		1054	
auf 1 Jahr	23	107		105	

Erstere ist blos von der Stadt und Vorstadt ohne die Dörfer.

Auf jede Ehe kommen über 4 Kinder, und auf einen Todten 24 Lebende.

D 3   Das

Das Consumo ist jährlich:

1232 Scheff. Weitzen, 7560 Scheff. Roggen zum backen, 1680 Scheff. Malz zu brauen, 120 Ochsen, 960 Schweine, 1310 Kälber, 1320 Hammel.

Nahrungs-Gewerbe.

Das Gewerbe der Einwohner bestehet:

1. Im Ackerbau, welcher ein ziemlicher Zweig des bürgerlichen Erwerbes ist: denn die städtischen Einwohner besitzen 2357 Scheffel Land.

2. Im Bierbrauen. Dieses Gewerbe war ehehin viel einträglicher wie gegenwärtig; indessen würde, wenn der gemeine Mann nicht so sehr an den Brandwein gewöhnt wäre, die Bräuerey noch von vielem Gewinn für die Stadt Oppeln seyn, weil ausser der Stadt gegenwärtig noch folgende 36 Dörfer das Bier von Oppeln kauffen müssen, als: 1. Stefsdorf oder Czeppanowitz, 2. Voytsdorf, 3. Follwarck, 4. Wino, 5. Goreck, 6 Poppelau, 7. Schlalkowitz, 8. Chroszitz, 9. Grosböbern, 10. Jelowa, 11. Lugniau, 12 Budkowitz, 13. Sacrau. 14. Kollanowitz, 15 Kempa, 16. Luboschütz, 17. Wengern, 18. Kraschiow, 19. Fallmirowitz, 20. Schiobma, 21. Stritzicht oder Zeberzick, 22. Dombrowitz, 23. Chynzboff oder Chronste, 24. Mokrydaniez, 25. Demby, 26. Tarnow, 27. Ruschiow, 28. Nacklo, 29. Kossorowitz, 30. Maline, 31. Grutzitz, 32. Neudorf, 33. Groschowitz, 34. Goslawitz, 35. Burckowitz und 36 Halbendorf. Ehehin waren noch einige Dörfer genöthigt Oppelnsches Bier zu trincken, welches aber nach und nach eingeschlafen.

Die eigentliche Bierbrau-Gerechtigkeit haftet auf 200 Häusern, davon 53 zu 5, 72 zu 4 und 75 zu 3 Gebräuen privilegirt sind. Da aber doch nicht alle Besitzer brauen wollen, so ist eine allgemeine Brauadministration eingeführet, wo jeder jährlich den auf ihn fallenden Theil des Gewinnstes erhält, wobey die Bürger sehr zufrieden sind.

3. In der Brandwein-Brennerey. Dies ist das vorzüglichste Gewerbe der Einwohner des Orts. Gegenwärtig erhalten sich davon 32 Familien, und werden jährlich über 200 Eimer Brandwein gefertigt. Ehemals und vorzüglich in den Jahren 1764 1765, war der Debit an 400 Eimer. Die Gerechtigkeit Brandwein zu brennen haben alle Häuser in der Stadt, die Kramhäuser ausgenommen.

4. In der Bienenzucht. Im Jahre 1777 wurde unter der Anleitung des Königl Oberbienen-Inspectors Riem eine Patriotische Bienengesellschaft errichtet, ein eignes Bienenhaus erbauet, der Bienen Zucht, und der Bau gemeinschaftlich und auf eine ganz neue Art mit Kasten betrieben. Indessen hat dieser Versuch mit Kasten nicht recht glücken wollen; man hat daher die ältere Schlesische Methode, die Bienen in Stöcken beysammen zu behalten wieder erwählt und diese Anlage gewinnt jährlich. Die Anzahl der vollen Bienenstöcke in Oppeln ist 319.

5. Im Handel. Hier sind 12 alte und eine neue Handlungsgerechtigkeiten, wovon eine dergleichen mit 4 bis 500 Rthlr. bezahlt wird. Der Handel bestehet in allerhand Material- Schnitt- und Eisenwaaren im Einzeln. Der Weinhandel war ehe-

hin wichtiger wie jetzt; er wird gegenwärtig von 3 Familien betrieben, und jährlich etwa 300 Eimer consumirt.

Der Handel mit Flachs und Garn ist geringe, dagegen wird mit Eisen mehr Verkehr getrieben.

Jahrmärckte werden jährlich viere gehalten, als: Am Montage nach dem drey Königsfeste, am Montage nach George, nach Lamperti und nach Allerheiligen. Die zwey Viehmärkte an Mitfasten, und den Montag nach Margarete werden noch ziemlich besucht, besonders wird vieles Schwarzvieh hieher getrieben. Die zwey Wollmärkte aber sind von keiner Bedeutung.

6. Im Seidenbau, welchen vorzüglich der Herr Director Bauer betreiben läßt. Im Jahr 1782 sind 20½ Pfund reine Seide gewonnen worden.

7. In allerhand Künsten und Handwerken: Als: 2 Apothecken, 12 Bäcker, die aber 20 Bänke besitzen; 5 Balbier, 2 Bräuer, 1 Buchbinder, 5 Büttner, 1 Cirkel-Schmidt, 1 Drechsler, 1 Färber, 20 Fleischer, 4 Gärtner, 2 Glaser, 2 Goldschmiede, 1 Gürtler, 6 Handschumacher, 3 Hutmacher, 2 Kammacher, 1 Klämpner, 1 Knopfmacher, 1 Kunstpfeiffer, 2 Kupferschmiede, 7 Kirschner, 8 Lederfabrikanten, die über 8000 St. Leder fertigen; 47 Leinweber, die auf 75 Stühlen gegen 3000 Schock Leinwand machen; 1 Mahler, 3 Maurer, 1 Müller, 1 Nagelschmid, 1 Perückenmacher, 2 Pfefferküchler, welche besondere gute Waare fertigen; 1 Posamentier, 4 Rabema-

bemacher, 4 Riemer, 3 Rothgärber, 4 Sattler, 1 Schleiffer, 4 Schlosser, 5 Schmiede, 15 Schneider, 1 Schorsteinfeger, 32 Schuster, 7 Seifensieder, 5 Seiler, 1 Sporer, 1 Strumpfstricker, 5 Tischler, 7 Töpfer, 1 Tuchmacher, 2 Weisgärber, 1 Zeugmacher, 1 Ziegelstreicher, 2 Zimmermeister.

§. 6.

Allerhand.

Die Kämmerey besitzt keine Dörfer, Vorwerke oder Mühlen, hat aber doch über 3600 Rthlr jährliche Einkünfte, welche theils von der Mauth, der Brauerey, Ziegeley, Kalkbrennerey und einigen einzelnen Stück Aeckern erhoben und zu öffentlichen Ausgaben verwendet werden.

Der gegenwärtige Magistrat bestehet: Aus einem Director, Herrn Bauer; Justizburgermeister, Herrn Karl Friedreich; Kämmerer, Herrn Johann Christ. Regeli; Rathmännern, Herrn Johann Daniel Wilde und Herrn Johann Resteiner; Registrator und Kanzellist, Schilling.

Seit der Königl. Preuß. Regierung waren in Oppeln folgende Burgermeister und Directoren:

1. Christian Rolke, war noch bey voriger Regierung, und wurde oft als Deputirter der Oberschlesischen Städte bey Landtagen gebraucht, starb als Emeritus den 29. Juli 1753.
2. v. Wolfsbnrg.
3. v. Stille, beyde waren nur kurze Zeit am Orte.

4. v. Cronhelm wurde 1744 Burgermeister und erhielt den Titel als Director, kam 1746 als Steuerrath von hier.

5. Haacke, wurde aber 1747 Steuerrath in Preussen.

6. Johann Daniel Thiem, wurde 1748 Director, 1764 Hof und Criminalrath.

7. Christian Erdmann Bauer, war bey der Schlesischen ersten Steuercommission, seit 1749 Rathmann, und seit 1764 Director.

Die hiesigen Königl. Bedienten sind:

Das Königl. Domainenamt. Oberamtmann, Herr Früson; Justitiarius, Hr. Krieger; Actuarius, Hr. Kunkel.

Das Accisamt. Einnehmer, Friedrich Hallerworden; Controlleur de ville, Carl Fassung; Cassencontrolleur, Gott. Wirwachs.

Das Bauamt. Bauinspector Hr. Christ. Isemer.

Das Forstamt, wohnet ¼ Meile von der Stadt; Forstmeister, Herr W. S. Burich; Forstsecretair, Chr. Fried. Moor.

Das Postamt. Welches der gewesene Hauptmann, Johann Constantin Marschall von Biberstein verwaltet.

Das Steueramt. Siehe Kreis.

Das Salzamt. Hr. Johann Ernst Emrich, Salz- und Bergfactor; Herr Langer Controlleur.

Das Judentolleranzamt, wird vom Steueramte mit versehen.

Ver-

Verzeichnis der Posten, welche in Oppeln ankommen und ablaufen.

Ankommende.

Sonntag, Abends um 7 Uhr, die fahrende Post aus Tarnowitz und Cracau.

Dienstag, Post aus Cosel, früh um 5 Uhr. Post aus Guttentag.

Mittwoch, die fahrende Post von Brieg, Breslau und andern Ländern, früh um 10 Uhr.

Donnerstag, wie Sonntag.

Freytag, wie Dienstag.

Sonnabend, wie Mittwoch.

Abgehende.

Dienstag, die fahrende Post nach Schürgast, Brieg, Breslau früh um 7 Uhr.

Mittwoch, die fahrende Post nach Gros-Strelitz, Tarnowitz, früh um 10 Uhr; nach Krappitz, um 11 Uhr; nach Guttentag, um 12 Uhr.

Freytag, wie Dienstag.

Sonnabend, wie an der Mittwoche drey Posten.

B. Von Krappitz.

§. 1.

Von den Herrn daselbst.

Die Stadt und da herumliegende Dörfer war ehemals eine Domaine; als aber unter den böhmischen Königen die meisten landesherrlichen Güter verkauft wurden, kaufte die Herrschaft Krappitz 1582 Hans von Reder um 16000 gute unverschlagene Thaler. Dieser erste abliche Besitzer starb den 22. May 1586. Von seinen mit Annen gebohrnen von Logau erzeugten zwey Söhnen erbte Hans Wolf Krappitz; er wurde kurz vor seinem am 8. December 1622 erfolgten Tode in den Reichsfreyherrn Stand erhoben. Sein Sohn George Heinrich, welcher mit seinen im Osterreichischen wohnenden Vettern 1669 zu bömischen Grafen erkläret wurde, erbte diese Herrschaft. Er hatte einen einzigen Sohn Erdmann, unter diesem wurden die seit 100 Jahren obgewalteten Streitigkeiten mit der Stadt beygelegt, er starb 1722 zu Berlin, sein Sohn Erdmann der zweite vermählt mit Johanne Margarete Gräfin von Reuß, starb 1729 den 2. Novemb. Er hatte zwey Söhne, wovon der ältere ihm 1736 nachfolgte; der jüngere Heinrich Adolph war allein einiger Erbe. Dieser Herr besaß vortrefliche Eigenschaften und eine ausgebreitete Gelehrsamkeit, so daß er schon im 26. Jahre seines Alters Chefpräsident der Justiz in Oberschlesien wurde. Er starb 1759 und hinterlies eine Gemalin und Tochter; erstere war

war eine Gräfin von Hoym, leztere starb 1765, und die Herrschaft wurde an den Herrn Baron von Haugwitz für 118000 Rthlr. verkauft.

§. 2.

Von der Stadt.

a. Geschichte.

Schon 1294 war Krappitz eine Stadt, Herzog Boleslaus gab ihr in gedachtem Jahre ein Privilegium über die freye Fischerey in der Hozenploze, einen Wald und eine Wiese, und nennt den Ort: *Civitas Crapicz.* ¹)

Die Herzoge Bolko zu Oppeln, und Heinrich zu Falkenberg bestätigten 1371 „den getrowen liben Bürgern czu Crapicz alle Rechte" ²) Johann und Boleslaus Gebrüder, Herzoge zu Oppeln, befreiten 1391 die Stadt Krappitz von allen Bürgschaften. Krappitz ist also eine alte Stadt, und muß vor Zeiten beträchtlicher als jezt gewesen seyn: denn 1533 ersuchte der Marggraf George von Brandenburg den Rath zu Krappitz Mitbürge für eine von ihm contrahirte Schuld von 10000 Gulden zu seyn.

Wie sehr haben sich die Umstände geändert!

Die Einwohner hatten sich vermuthlich unter dem Pfandsherrn, dem Marggrafen von Brandenburg zur evangelischen Religion bekannt: denn die Pfarrkirche war in den Händen der Evangelischen; bey der allgemeinen Religions-Bedrückung in Oberschlesien 1626 aber wurde sie den Katholischen wieder

---

1) Böhm. dipl. Beitr. 1. Th. S. 50.
2) Ebend. S. 58.

der abgetreten. Der Pfarrer von Dobrau wurde Stadtpfarr, und Dobrau *Filia* von Krappitz.

Die Grafen von Reder ertheilten der Stadt folgende Privilegien als:

Hans von Reder bestätigte 1582. alle Gerechtsamen, 1584 führte er eine bessere Brauordnung ein, und würkte vom Kaiser Rudolph die Verlegung dreyer Jahrmärkte aus; und 1616 verordnete Hans Wolf von Reder, daß da er wahrgenommen, wie die Einwohner zu Krappitz keine gesunde Weine führten, so sollten die Weinschenken von jedem zehneimrigen Fäßel eine Probe auf das Schloß bringen.

George Heinrich von Reder erneuerte 1655 den Bäckern ihr Privilegium, und verordnete, daß niemand in der Stadt, und auf eine Meile davon, ausser den Bäckern, Brodt, Semmeln und Kolatzen zum Verkauf backen solte; und 1670 errichtete er 3 Pfefferkuchen-Tische. Die Stadt hatte 1722 das Unglück ganz abzubrennen, wurde aber bis auf einige Wüstungen wieder erbauet.

Im Jahre 1741 muste die Brücke über die Oder abgetragen und eine Fähre angelegt werden.

Im Jahre 1744 bathen die Vormünder der minorennen Grafen Reder bey dem Könige um die Erlaubniß, ein Bethhaus in Krappitz zu erbauen, so ihnen der König auch bewilligte. Allein es wurde auf dem herrschaftlichen Schlosse blos eine Bethkapelle errichtet, und ein Candidat predigte; bis 1776 der gegenwärtige Besitzer Herr Baron von Haugwitz wiß einen ordinirten Schloßprediger anstellen lies, der alle Actus Ministeriales verrichtet.

Im Jahr 1781 wurde eine ordentliche evangelische Stadt-Schule in einem Hause etablirt, welches 1750 von dem Burgermeister Pflug zu einer guten Sache geschenckt worden.

b. Gegenwärtige Verfassung.

Die Stadt ist eine Mediat-Stadt, liegt auf der deutschen Seite der Oder, am Einfluß der Hoßenploß, gehört zum 6. steuerräthlichen Departement, und die Garnison ist vom Kuirasier Regiment von Podewils. Die Stadt hat Mauern, und mag ehemals eine Festung gewesen seyn.

Gebäude sind darin:

Das herrschaftliche Schloß, ist ein ansehnlich altes Gebäude, worin ein Saal zu Haltung des Gottesdienstes für die evangelische Glaubensgenossen eingerichtet ist. Es liegt auf einer Anhöhe ausser der Stadt.

Die katholische Pfarrkirche, woran ein Pfarrer Herr Andreas Olick und ein Kapelan stehen.

Eine katholische Schule.

Eine evangelische Schule, in der gegenwärtig der Prediger und Rector Thomä und Schulhalter die Jugend unterrichten.

Ein Hospital. Zu Unterhaltung der darin befindlichen Armen trägt das Dominium alles bey; es stehet auch das Hospital unter der alleinigen Aufsicht der Herrschaft.

Bür-

Bürgerhäuser. 161 unter des Magiſtrats, und 8 unter das Dominii Gerichtsbarkeit.

Der Magiſtrat beſtehet aus einem Burgermeiſter, Polizeyburgermeiſter, Kämmerer, Notario und Servisrendanten.

Die Königlichen Bedienten ſind: Das Accis- und Zollamt, und eine Poſtwärterey.

Die Einwohner reden zum Theil pohlniſch zum Theil deutſch, und ſind in Anſehung der Religion vermiſcht.

Ihre Anzahl war:
    1781 — 975 Chriſten 10 Juden.
    1783 — 988 — 20 —

Ihre Gewerbe beſtehet:

a) Im Ackerbau. Die Bürger beſitzen 950 Scheffel Ausſaat.

b) Im Bierbrauen, welches aber geringe iſt; es haftet auf 73 Häuſern.

c) Im Handel, der von 7 chriſtl. Krämern getrieben wird.

Jeder Hausbeſitzer kan handeln.

Jahrmärkte ſind 4, und Donnerſtags iſt ein Wochenmarkt.

d) In Fertigung der Grütze. Jährlich werden viele tauſend Scheffel gemalen, nach Brieg und Breslau verfahren; ehemals, da man in Krappitz allein den Grütze fertigte, war der Ertag reichlicher.

e)

e) In allerhand Handwercken und Künsten: 2 Bader, 5 Bäcker, 1 Barbier, 1 Büchsenmacher, 2 Büttner, 1 Färber, 14 Fleischer, 1 Glaser, 2 Hutmacher, welche etwa über 300 Hüthe fertigen; 1 Kammacher, 9 Kirschner, 21 Leinweber die an 300 Schock Leinwand fertigen; 1 Messerschmid, 2 Müller, 2 Pfefferküchler, 5 Sattler, 1 Schlosser, 8 Schmiede, 10 Schneider, 1 Schornsteinfeger, 20 Schuster, 1 Seifensider, 1 Seiler, 3 Tischler, 4 Töpfer, 1 Zuckerbäcker.

Das jährliche Consumo ist: 216 Schfl. Weitzen, 1860 Scheffel Roggen zum Backen; 720 Scheffel Gerste, 180 Scheffel Malz, 0 Ochsen, 360 Schweine, 450 Kälber, 440 Schöpse.

Fünfter Abschnitt.

Vom Kreise insbesondere.

Namen der Dörfer nach Alphabetischer Ordnung.

I.

Autonia, eine im Jahr 1780 angelegte Kolonie, nahe bey dem Jedlitzer Hüttenwerke, sie stehet unter der Jurisdiction des Oberbergamtes, hat 40 Häuser, deren Einwohner meist Holzschläger sind.

2. Althammer, poln. Stara Kusznia, ein Dorf bey Proskau, woselbst auch die Besitzungen verzeichnet sind.

Beschr. v. Schl. III. B. 1. St. E

Asche, ein Vorwerk bey Tillowitz.

3. **Baumgarten und Michelsdorf,** ist ein Dorf, gehöret dem Herrn Graf Praschma, fasset 30 Gärtner und einige Häuslerstellen, liegt nahe an Falkenberg; die Anzahl seiner Einwohner ist 150.

4. **Biadatz,** nebst dem dabey liegenden kleinen Dörfchen Creuz, poln. Arzisowsky, gehöret zum Stift Czarnowanz, hat ein Herrschaftliches Vorwerk, einen Bauer, 17 Gärtner 10 Häusler, und 104 Einwohner.

5. **Bierdzahn,** bestehet aus 2 herrschaftl. Vorwerken, einer Schule, 14 Bauern, 17 Gärtnern, 9 Häuslern und 182 Einwohnern, gehöret dem Hrn. Grafen Gaschin.

6. **Biestrzinik,** gehöret zum Wirthschaftsamte Oppeln, wovon es 3 Meilen entfernt liegt; bestehet aus 11 Gärtnern, 18 Häuslern, 11 Miethern, 245 Menschen überhaupt, worunter 162 Kinder.

7. **Birkowiz,** dem Königl. Schuleninstitut gehörig; hat ein Vorwerk, 2 Gärtner und 42 Einwohner.

8. **Blumenthal,** eine im Jahr 1772 angelegte Kolonie, an der Karlsruhergränze, ist mit deutschen Reichsländern besetzt, liegt 3¼ Meile von der Stadt Oppeln, gehöret dem Rentamt Kup, hat 20 Häuser, worin 96 ganz freye Menschen wohnen.

9. **Boguschütz,** gehöret zur königlichen Herrschaft Proskau, hat guten Boden, fasset ein Vorwerk, eine Schule, 12 Bauern, 16. Gärtner, einige Häusler und 170 Einwohner.

10.

10. Borec, Borku; bestehet nur aus 17 Gärt-
ner- und Häuslerstellen, ist das Eigenthum des
Kloster Czarnowanz, und hat 60 Einwohner.

11. Bowalno, demselben Kloster gehörig, hat
21 Bauern, 11 Halbhübner, einige Gärtner und
Häusler, die Zahl der Einwohner ist 134.

12. Brinnitze, ebenfals diesem Kloster gehörig, hat 2 Vorwerke, wovon eines vom Dorfe
entfernt liegt, und Sarowine (Surowina) heißt,
eine katholische Kirche, Schule, ein Glashütte,
einen hohen Ofen, 31 Bauern, 29 Gärtner, 33
Häusler und 237 Einwohner.

13. Brode, ist ein kleines Dörfchen zu Czarnowanz gehörig.

14. Budkowitz, Alt, ist zum neuen Rentamte
Kup geschlagen, hat eine Kirche, so Filia von der
zu Jellowa ist; eine Schule, eine Wassermühle,
10 Bauern, 32 Gärtner, 18 Häusler, 528 Einwohner, worunter 305 Kinder befindlich. Das
Dorf liegt 4 Meilen von Oppeln.

15. Budkewitz Neu, oder Kolonie, gehöret e-
benfalls nach Kup, liegt nahe bey dem alten Dorfe, und ist auf die Vorwerksäcker erbauet; hat 14
Gärtner und 84 Einwohner.

Bunkow, siehe Sczedrczik.

16. Carlsruhe, Pokoi, gehöret dem Herrn Herzog von Oels, ist ein sehr angenehmer Ort, wo
sich der Oelsnische Hof im Sommer aufzuhalten
pflegt; hat ein gutes Schloß, eine evangelische Kirche, welche im Jahr 1765 zu bauen angefangen,
1775 aber erst vollendet, und den 8. Aug. gedachten

Jahrs eingeweihet worden; ¹) eine Schule und 19 andere Häuser.

17. **Carmerau,** eine im Jahr 1771 angelegte Kolonie an der Gränze des Gros-Strelitzer Kreises, ²) gehöret zum Wirthschaftsamt Oppeln; hat 10 Stellen und 45 deutsche Einwohner, ist von der Kreisstadt 4 Meilen entfernt.

18. **Chobie,** auch **Mischline** genannt, ist eine von einem entlegenen Amtvorwerke erbaute Kolonie von 15 Stellen, die von 110 Menschen bewohnt sind; gehöret zum Wirthschaftsamte Oppeln, von dem es 4 Meilen entfernt liegt.

19. **Chmiellowiz,** ist ablich, hat ein Vorwerk, 1 Schule, 8 Gärtner, 4 Häusler und 76 Einwohner; gehöret gegenwärtig dem Herrn von Prittwiz.

20. **Chorulla,** ist ebenfals ein ablich Gut, hat ein Vorwerk, 12 Bauern, 10 Gärtner, 1 Windmühle, einige Häusler und 115 Einwohner; gehöret der Baronesse von Lahrisch.

21. **Creutz,** siehe Biadatz.

22. **Creutzthal,** eine im Jahr 1770 mit Amts-Unterthanen besetzte Kolonie, welche zum Wirhschaftsamt Oppeln gehöret, wovon es 3 Meilen entfernt ist, hat 20 Gärtnerstellen und 95 Einwohner.

Creutzburgerhütte, siehe Friedrichsthal.

23. **Chronsto,** gehöret zum Amte Oppeln, von dem es $1\frac{1}{2}$ Meile entfernt liegt, bestehet aus 9 Bauern, 10 Gärtnern, 11 Häuslern, 1 Wassermühle und 299 Einwohnern.

24.

---

1) Fuchs Rel. Gesch. von Oels, S. 93.
2) Beyträge zur Beschreib. v. Schl. 2. Th. S. 258.

24. Chrostzinna, nach Czarnowanz gehörig, fasset eine katholische Kirche, Schule, ein Vorwerk, 18 Bauern, 19 Gärtner, 7 Häusler und Einwohner 127..

25. Chrostzüz, ist 2¼ Meile von Oppeln, hat 36 Bauern, 26 Gärtner, 23 Häusler und 757 Einwohner; es ist hier auch eine Wassermühle, eine katholische Filialkirche von Schalkowiz und eine Schule, und gehöret zum Rentamte Kup.

26. Chrowitz, gehöret zur Herrschaft Proskau, hat 8 Bauern und 6 Gärtner. Der Boden bey diesem Dorfe ist gut.

27. Chrzumbzüz, ebenfals nach Proskau gehörig; hier ist eine katholische Kirche, Schule, 11 Bauern, 11 Gärtner, einige Häusler und 148 Einwohner.

Chwalkowiz, siehe Falkowiz.
Chwalmirowiz, siehe Falmirowiz.
Christianshof, siehe Krogulno.

28. Czarwowanz, nebst dem Dörfchen Brode und einigen Häusern, so Zelazner Ueberfuhr heissen, gehöret dem Prämonstratenser Nonnenkloster daselbst. Herzog Kasimir zu Oppeln verlegte dasselbe 1228 von Riebnik nach Czarnowanz. Herzog Wladislaus vermehrte 1260 die Einkünfte dieses Klosters. Die Prälaten sahen zeitig die Vortheile der deutschen Verfassung ein, schaften nach und nach die pohlnischen Rechte ab, und gaben ihren Dörfern deutsches Recht; schon 1274 geschahe dis bey dem Dorfe Zelasno.¹) Gegenwärtig sind im Kloster ein Prälat, Herr Herrmann Krusche; eine Aebtißin und 23 Nonnen.

1) Böm dipl. Beytr.

Im Dorfe ist auser dem ansehnlichen Klostergebäude eine katholische Kirche und Kapelle, eine Schule, ein herrschaftliches Vorwerk, 18 Bauern, 49 Gärtner, 26 Häusler, 2 Frischfeuer und 1 Zaynhammer und viele Handwerker; die Zahl der Einwohner ist 257.

Das Kloster besitzt 14 Dörfer und einen ansehnlichen Wald; die hiesigen Einwohner haben seit einigen Jahren einen kleinen Anfang mit dem Tabacksanbau gemacht.

29. Daniez, Mocro Daniez, gehöret zum Amte Oppeln, wovon es $2\frac{1}{4}$ Meile entfernt liegt, hat 358 Einwohner, 25 Bauern, 1 Mühle, 13 Gärtner.

30. Damratsch, liegt 5 Meilen von Oppeln, gehöret zum Rentamte Kup; im Dorfe ist eine Wassermühle, 23 Bauern, 17 Gärtner, 24 Häusler und 586 Einwohner.

31. Damratsch-Hammer, liegt noch etwas weiter gegen das Oelsnische Fürstenthum zu und $\frac{1}{2}$ Meile von Oppeln, stehet unter den Rentamte Kup, hat eine herrschaftliche Brau- und Brandtweinbrennerey, eine Mühle, 16 Häusler und 113 Einwohner.

32. Damratsch Kolonie, ist 1765 auf den Vorwerksäckern vorstehenden Dorfes erbauet, und mit Unterthanen besetzt. Hier sind 17 Gärtner und 82 Einwohner. Diese Kolonie gehöret zum Rentamte Kup.

Damsko, siehe Dembie-Hammer.

Dechantsdorf, siehe Djiekainstwo.

33. Dembie, Dembio, gehöret zum Wirthschaftamt Oppeln; im Dorfe ist eine Filialkirche von Ra-
schof,

schow, eine Schule, eine Mühle, 10 Bauern, 7 Gärtner, 4 Häusler und 249 Einwohner; liegt 1¼ Meile von der Kreisstadt.

34. **Dembie-Hammer**, gehöret zum Wirthschaftsamt Oppeln; im Dorfe ist ein Amtsvorwerk, eine Brau- und Brandtweinbrennerey, 33 Häusler und 278 Einwohner; die ehemals hier befindlich gewesene Mühle hat das Königl. Oberbergamt gekauft, und läßt ein Frischfeuer daraus bauen. Das Dorf liegt 1¼ Meile von Oppeln.

35. **Derschau**, eine im Jahr 1773 im Walde angelegte Kolonie von 20 Häusern, die mit 99 Ausländern bewohnet sind. Das Dorf liegt eine Meile von Oppeln, und gehöret zum königlichen Amte daselbst.

36. **Dobersdorf, Dobieschow**, ist adlich, hat 2 Vorwerke, wovon eines Malkowiz heißt, 17 Bauern, 24 Gärtner, zwey Mühlen, gehöret dem Herrn Grafen von Seher-Thoß.

37. **Dombrowiz**, liegt 1¼ Meile von Oppeln, fasset 6 Bauern, 3 Häusler, eine Mühle und 85 Einwohner; gehöret zum königlichen Amt Oppeln.

38. **Dombrowka**, auch **Dambrowka**, gehöret zum Rentamte Kup, liegt von Oppeln 5¼ Meile entfernt, ist der Sitz eines königlichen Oberförsters; im Dorfe ist eine Potaschsiederey, 30 Gärtner und 241 Einwohner.

39. **Dombrowka**, ein kleines Dörfchen zu Lugnian gehörig.

40. **Dombrowka**, ist adlich, gehöret dem Herrn von Disterloh, hat 2 Vorwerke, 10 Bauern, 27 Häusler und 232 Einwohner.

41. Dziekainstwo, deutsch Dechantsdorf, gehöret zur Oppelnschen Pfarrkirche, hat 5 Bauern und 6 Gärtner.

42. 43. Domiesko und Hammer, sind zwar zwey Dörfer gehören aber zusammen, und zwar dem Herrn von Koschützki, haben ein herrschaftliches Wohnhaus, Vorwerk, 19 Gärtner und eine Bretmühle.

Döbern, siehe Gros-Döbern.

Ellgut, diesen Namen haben vier besondere Dörfer.

44. Ellgut Falkenberg, gehöret dem Herrn Graf von Praschma, ist 3 Meilen von Oppeln, hat ein Vorwerk, 9 Gärtner, 22 Häusler und 182 Einwohner.

45. Ellgut Friedland, liegt 5 Meilen von Oppeln, gehöret dem Grafen von Burghaus, und fasset mit dem dabey liegenden Dörfchen Hammer 34 Häuser, worunter 2 Mahl- und 1 Bretmühle sind.

46. Ellgut Proskau, gehöret zur Herrschaft Proskau, ist von Oppeln 1½ Meile entfernt, hat eine katholische Kirche, eine Schule, 19 Bauern, einige Gärtner und Häusler; die Zahl der Einwohner ist 161.

47. Ellgut Turawa, gehöret dem Herrn Grafen von Gaschin, hat ein Vorwerk, eine Kirche, eine Schule, 23 Bauern, 10 Gärtner, 6 Häusler. Dieses Dorf hat schlechten Boden.

48. Falkowiz, Chwalkowize, gehöret zum Rentamte Kup, hat eine katholische Pfarrkirche, Schule, 19 Bauern, 14 Gärtner, 5 Häusler, 463 Einwohner, und ist von Oppeln 5¼ Meile entfernt.

49. Fallmirowiz, Chwalmirowize, gehöret zum Amte Oppeln, wovon es 1½ Meile entfernt ist, hat

hat 6 Bauern, 3 Gärtner, einen Häusler und 97 Einwohner.

50. Floste, Flostowa, ist adlich, hat ein Vorwerk, 10 Bauern, 16 Gärtner, 5 Häusler, 1 Mühle; Einwohner 236. Gehöret dem Herrn Graf v. Burghaus.

51. Finkenstein, eine im Jahre 1771 erbaute Kolonie, zum Rentamte Kup gehörig, liegt 1¼ Meilen von Oppeln; hat 20 Häuser und 109 deutsche ausländische Bewohner.

52. Foigtsdorf, Woitowiwis, auch Vogtsdorf, gehöret zum Wirthschaftsamte Oppeln, wovon es ⅜ Meile entfernt ist; hat 21 Bauern, 5 Gärtner, 9 Häusler und 299 Einwohner.

53. Follwark, liegt ¾ Meilen von Oppeln, hat 1 Schule, 6 Bauern, 1 Gärtner, 7 Häusler und 49 Einwohner, gehöret zum Wirthschaftsamte.

54. Frauendorf, ist das Eigenthum des Stifts Czarnowanz, bestehet aus 18 Bauern, 8 Gärtnern, 4 Häuslern.

55. Friedrichgräz, liegt 4 Meilen von Oppeln, ist eine in den Jahren 1749 und 1750 erbaute Kolonie; hat 100 Häuser, eine reformirte böhmische Kirche und Schule, die 468 Einwohner sind der reformirten Religion zugethan, und stehen in Ansehung der Jurisdiction immediate unter der königlichen Breslauischen Krieges- und Domainenkammer. Die Einwohner haben ihren eignen Brau- und Brandtweinurbar.

56. Friedrichsthal, eine bey dem Kreutzburger Hüttenwerke erbaute Kolonie, liegt 3¼ Meile von Oppeln, gehöret dem schlesischen Oberbergamte; bestehet aus

aus 54 Besitzungen und hat 342 Einwohner, welche meist Hüttenarbeiter sind. Hier werden hölzerne Tabackspfeifenköpfe von der besten Art verfertigt. Hier ist ein Hohofen, 2 Frischfeuer und ein Zaynhammer; auch eine Nagelfabricke, so eigentlich Kreußburger Hütte heißt.

57. **Friedrichsfeld**, eine bey Kadlub angelegte Kolonie von 20 Stellen.

58. **Georgenwerk**, eine in den Jahren 1777 und 1773, $4\frac{1}{2}$ Meile von Oppeln angelegte Kolonie, so zum Rentamt Kup geschlagen worden; die Zahl ihrer Häuser ist 20 und ihrer Einwohner 90 deutsche Ausländer.

59. **Gorasdzie**, ein altes adeliches Dorf, hat ein Vorwerk, 8 Gärtner, einige Häusler und 52 Einwohner; gehöret dem Herrn Baron von Haugwiz.

60. **Goreck**, gehöret zum Amte Oppeln, liegt $\frac{3}{4}$ Meile davon, bestehet aus 10 Bauern, 7 Gärtnern, 4 Häuslern und 173 Einwohnern.

61. **Goßlawiz**, liegt $\frac{1}{4}$ Meile von der Kreisstadt, hat eine Schule, 36 Bauern, 17 Gärtner, 8 Häusler und 548 Einwohner; gehöret zum Wirthschaftsamt Oppeln.

62. **Grabow**, ist adlich, hat ein Vorwerk, 7 Gärtner, einige Häusler und 47 Einwohner; gehöret der Baronesse von Laßrisch.

63. **Grabzok**, eine Kolonie von 14 Häusern, nach Czarnowanz gehörig.

64. **Gräfenorth**, eine im Jahr 1771 erbaute königliche Kolonie von 20 Häusern, gehöret zum Amte Oppeln, und ist davon eine Meile entfernt. Die 86 Einwohner sind Deutsche.

65. **Grodiz und Waldau,** zwey abliche Dörfer, bestehen aus einem Vorwerk und 28 Gärtnern, gehöret dem Herrn Grafen Pückler; die Zahl der Einwohner ist 168.

66. **Groschowiz,** gehöret zum Amte Oppeln, liegt ¾ Meilen davon entfernt; im Dorfe ist eine katholische Kirche und Schule, ein herrschaftliches Vorwerk, eine Wassermühle, 21 Bauern, 16 Gärtner, 19 Häusler und 453 Einwohner.

67. **Gros-Döbern,** hat einen guten Boden, gehöret dem Rentamt Kup; im Dorfe ist eine katholische Kirche, eine Schule, eine Wassermühle, 44 Bauern, 25 Gärtner, 17 Häusler und 796 Einwohner; ist von Oppeln 1¾ Meile entfern.

68. **Gründorf,** siehe Krogulno.

69. **Grutzütz,** (Grudschütz) liegt ¾ Meilen von der Kreisstadt, bestehet aus 6 Bauern, 9 Gärtnern und einigen Häuslerstellen. Die Zahl der Einwohner ist 173, das Dorf stehet unter dem Wirthschaftsamt Oppeln.

70. **Halbendorf, Poluwies,** gehöret dem Schuleninstitut zu Oppeln, hat 2 Vorwerke, eine Schule, 20 Bauern, 19 Gärtner, 3 Häusler und 306 Einwohner.

71. **Neuhammer,** bestehet aus 16 Gärtnerhäusern und gehöret nach Proskau.

72. **Heinrichsfelde,** eine in den Jahren 1772 und 1773 angelegte Kolonie, zum Rentamte Kup gehörig, liegt 3 Meilen von Oppeln, hat 20 Gärtnerhäuser und 103 Einwohner.

73. **Hirschfelde,** eine ähnliche Kolonie von 20 Stellen und 86 Einwohnern, liegt 3¼ Meile von der Kreisstadt und gehöret zum Rentamte Kup.

74. Horst, eine im Jahr 1773 im Walde Schwirkla genannt, angelegte Kolonie von 20 Stellen, so dem Kloster Czarnowanz gehöret, wobey eine Glashütte.

75. Hüttendorf, eine Kolonie, welche 1752 zu dem angelegten Malapaner Hohenofen erbauet worden; die Einwohner sind Hüttenleute, sie haben 23 Häuser, und stehen unter dem Oberbergamte.

76. Jambke, Jameke, gehöret dem Herrn Graf von Seherthoß, hat ein herrschaftliches Vorwerk, eine katholische Kirche, eine Schule, 29 Gärtner und 120 Einwohner.

77. Jaschkowiz, zur Herrschaft Proskau gehörig, hat ein Vorwerk, 9 Gärtner, 3 Häusler.

78. Jedlize; im Jahr 1771 wurde ¼ Meilen von Malapane eine Drathütte auf königliche Kosten, und eine kleine Kolonie angelegt, und erhielt diesen Namen. Die Drathhütte brannte ab, und nun ist ein Zaynhammer und 3 Frischfeuer statt der Drathütte erbaut, und gehört dem königlichen Oberbergamte.

79. Jellowa, zum Rentamte Kup gehörig, hat eine katholische Kirche, Schule, 1 Wassermühle, 28 Bauern, 9 Gärtner, 18 Häusler, 607 Einwohner, und ist 3 Meilen von Oppeln entfernt.

80. Radlub, Radlubia milur, ist das Eigenthum des Herrn Grafen von Gaschin; zu diesem Dorfe gehöret der Straskretscham Iylla, mit den dabey liegenden Häusern, und das nicht weit davon gelegene Dörfchen Prenzow; hier finden sich 20 Bauern, 10 Gärtner, 6 Häusler. Die Anzahl der Menschen ist 193.

81. Kempe, auch Kampa, gehöret zum Wirthschaftsamt Oppeln, hat 7 Bauern, 13 Gärtner, 1

Mühle

Mühle und 218 Einwohner, liegt ¾ Meile von der Kreisstadt.

82. **Klein-Döbern**, dem Stift Czarnowanz gehörig, bestehet aus 15 Bauerhöfen und einigen Häuslern.

83. **Kottors, Klein**, gehöret dem Herrn Grafen von Gaschin, hat 20 Bauern, 25 Gärtner, ein Frischfeuer, welches Irzenczin, heisset und 227 Einwohner.

84. **Kottors, Gros**, gehöret demselben, hat 3 Vorwerke, wovon eines Turawa, (hier ist das herrschaftliche Wohnhaus) das andre Litzin heisset; eine katholische Kirche, Schule, 9 Bauern, 26 Gärtner, 17 Häusler und 326 Einwohner.

85. **Kollanowitz**, gehöret zum Wirthschaftsamt Oppeln, wovon es 1¼ Meile entfernt ist, hat eine Schule, eine Mühle, 6 Bauern, 13 Gärtner, 1 Häusler und 186 Einwohner.

86. **Kompratschütz**, zur Herrschaft Proskau gehörig, hat ein Vorwerk, eine katholische Kirche, 6 Bauern, 13 Gärtner, 14 Häusler und 162 Einwohner.

87. **Konty, Kunde**, eben dahin gehörig, hat 9 Bauern, 11 Häusler.

88. **Kossorowitz**, zum Rentamt Oppeln gehörig, wovon es 2 Meilen liegt, hat 11 Bauern, 12 Häusler und 223 Einwohner.

89. **Krascheow**, gehöret zum Amt Oppeln, hat eine katholische Kirche, so *filia* von Sczedrzick ist; eine Schule, 16 Bauern, 16 Gärtner, 6 Häusler und 320 Menschen; liegt 3¼ Meile von der Kreisstadt.

90. **Krogulsko**, gehöret dem Herzog von Oels, mit dem Dorfe Gründorf und den neuangelegten Vorwer-

werken Waldvorwerk und Christianshof; hier sind 3 herrschaftliche Vorwerke, 1 katholische Kirche, 1 Schule, ein Hoherofen, 3 Frischfeuer, 69 Gärtner und 21 Häusler. Die Zahl der Einwohner ist 540.

Krolewsky, siehe Neudorf und Sakrau.

91. **Krzanowiz,** dem Stifte Czarnowanz gehörig, bestehet aus einem Vorwerk, 11 Gärtnern und einige Häuslern.

Arzis, siehe Creuz.

92. **Kup,** wurde 1780 und 1781 ein Rentamt, die Wohnungen der Officianten, eine evangelische Kirche, Pfarrhaus und 8 Koloniehäuser erbauet, das neue Rentamt eingerichtet. Kup liegt 2¼ Meile von Oppeln und ist der Sitz der Administration der Einkünfte von Rentamt; der gegenwärtige Administrator heißt Herr Senftleben.

93. **Kupferberg,** eine im Jahr 1773 erbaute und mit Ausländern besetzte Kolonie, zum Amt Oppeln gehörig, wovon es zwey Meilen entfernt ist, hat 20 Häuser und 90 Einwohner.

94. **Lentschin,** ist ein neuerbautes königlich Amtsvorwerk.

Lowezko, siehe Klein-Stein.

95. **Lugnian und Dombrowka,** gehören zum Rentamt Kup, liegen 2 Meilen von Oppeln, in beyden finden sich 1 Filialkirche, eine Schule, eine Mühle, 33 Bauern, 23 Gärtner, 13 Häusler und 644 Menschen.

96. **Luboschüz,** gehöret zum Amte Oppeln, hier ist

ist 1 Waſſer- 1 Bretmühle, 10 Bauern, 11 Gärtner, 14 Häusler und 223 Einwohner.

97. Malapane, pohln. Ochimmek, iſt eigentlich der Hauptſitz der königlichen Eiſenhütten, gehöret auch dem Oberbergamt. Hier ſind 2 Hoheofen, die jährlich einige 40 Wochen gehen; 4 Friſchfeuer, einige Wohnungen der Officianten, das ſogenannte Schloß, in welchem die Kirche gehalten wird und der Prediger wohnet. Die Gegend um Malapane iſt angenehmer als die um die Kreutzburger Hütten.

98. Malino, gehöret zum Amte Oppeln, hat 12 Bauern, 8 Gärtner, 10 Häusler und 207 Einwohner.

Malkowiz, ſiehe Dobersdorf.

99. Maſſow, eine im Jahre 1772 erbaute königliche Kolonie zum Amte Kup gehörig, liegt 1¼ Meile von Oppeln, hat 20 Häuſer und 75 Einwohner.

100. Michelsdorf, ſiehe Baumgarten.

Miſchlin, ſiehe Chobie.

101. Muchowiz, gehöret zum Kloſter Czarnowanz, hat 20 Bauern, einige Gärtner und Häusler.

102. Münchhauſen, eine im Jahr 1773 erbaute Kolonie von 20 Stellen, gehöret zum Amte Oppeln, von dem es 4 Meilen entfernt iſt.

103. Naklo, dem Amte Oppeln gehörig, beſtehet aus 14 Bauerhöfen, einigen Häuslern und 208 Einwohnern.

104. Neudorf, Königlich, liegt ¾ Meile von der Kreisſtadt, gehöret zum Amte Oppeln, hat 1 Vorwerk, 17 Bauern, 14 Gärtner, 13 Häusler und 381 Einwohner; heißt auf polniſch: Nowy wies Krolewski.

105. Neudorf, Pohlnisch, gehöret der Kirche zu Falkenberg; hier ist eine Kirche, eine Schule, 13 Bauern, 16 Gärtner, 23 Häusler und 221 Einwohner.

106. Neuwedel, eine Kolonie, welche 1775 erbauet und mit deutschen Ausländern besetzt worden; sie gehöret zum Rentamte Kup, ist 5 Meilen von Oppeln entfernt, hat 20 Häuser und 95 Einwohner.

107. Ochatz, wozu Simsdorf gehöret, ist das Eigenthum des Herrn von Koschützki, hat 2 Vorwerke, 1 Schule, 8 kleine Bauerhöfe, 16 Gärtner, einige Häusler. Der Boden bey diesem Dorfe ist schlecht.

108. Oderwanz, eine im Jahr 1776 bey Ottmuth an der Landstrasse angelegte Kolonie von 17 Häusern.

Ozimmeck, siehe Malapane.

109. Otmuth, Otmante, ist adlich, gehöret dem Herrn Baron von Lahrisch, hat eine katholische Kirche, Schule, ein herrschaftliches Schloß, 1 Vorwerk, 15 Bauern, 14 Gärtner, 6 Häusler, 161 Einwohner. Hier ist eine gute Kalkbrennerey.

110. Pichozuz, in diesem Dorfe ist ein herrschaftliches Vorwerk, 6 Bauern, 12 Häusler, 99 Einwohner; gehöret dem Herrn Grafen von Saher.

111. Plieschniz, ist das Eigenthum des Herrn Grafen von Stahrenberg, hat ein herrschaftliches Schloß, ein Vorwerk, 6 Bauern, 16 Gärtner; der Boden bey diesem Dorfe ist sehr gut.

112. Plümkenau, eine in den Jahren 1772 und 1773 erbaute Kolonie, gehöret zum Rentamte Kup, liegt 4¾ Meilen von Oppeln, hat 15 Häuser und 70 Einwohner.

113. Podewils, eine ähnliche Kolonie, eben dahin gehörig, hat 20 Häuser und 85 Einwohner, liegt 3¼ Meile von Oppeln.

Pokoi, siehe Carlsruhe.

Poluwies, siehe Halbendorf.

114. Poppelau, gehöret zum Rentamt Kup, hat eine katholische Filialkirche und Schule, ein königliches Oberförsterhaus, eine Mühle, 38 Bauern, 35 Gärtner, 31 Häusler und 876 Menschen. Das Dorf liegt 3 Meilen von Oppeln.

115. Poppelau, Kolonie Klink; es war hier ein königlich Amtsvorwerk, so im Jahr 1762 zergliedert und diese Kolonie gebauet wurde; sie bestehet aus 12 Häusern und 63 Menschen.

116. Proskau, Marktflecken, gehört jetzt dem Könige, und hat eine katholische Kirche und Schule, und 38 Bürgerhäuser. An Handwerkern sind hier: 1 Krämer, 2 Schmiede, 1 Seifensieder, 6 Schuster, 3 Schneider, 2 Büttner, 2 Fleischer, 5 Bäcker, 3 Tischler, 2 Weber, 1 Gärber, 1 Glaser, 1 Maurer.

117. Ohnweit davon liegt das Schloß und Dorf Proskau und das Dörfchen Althammer. Hier ist ein herrschäftliches gutes Schloß und Gärten, ein Vorwerk, eine Potaschsiederey, die Fayancefabrique, 2 Wohnhäuser für die Officianten, eine Ziegeley, 46 andere Häuser.

118. Pryschez, gehöret nach Proskau; hier ist ein herrschaftliches Vorwerk 15 Bauern, einige Häusler, ein Theerofen, Einwohner aber 123.

119. Przywor, hat eine Schule, 10 Häusler, gehöret den Oppelner Dohmstift.

Poliwoda, ist der Name eines Hohenofens bey Turawa.

120. Puschin, gehöret dem Herrn Grafen von Seher, hat ein herrschaftliches Schloß, ein Vorwerk, eine Schule, 34 Gärtner und einige Häusler; die Menschenzahl ist 138. Bey diesem Dorfe ist ein guter Eichwald.

121. Quoschüz, ist ein klein Dörfchen bey Rogau, worinn ein Vorwerk und einige Gärtner.

122. Raschow, gehöret zum Amt Oppeln, von dem es 2½ Meile entfernt liegt; hat eine katholische Kirche und Schule, 11 Bauern, 7 Gärtner, 7 Häusler und 225 Menschen.

123. Rogau, gehöret dem Herrn Baron von Haugwitz; im Dorfe ist ein herrschaftliches Schloß und mit Quoschüz 2 Vorwerke, 9 Bauern, 38 Gärtner und Häusler. Die Menschenzahl ist 364.

124. Rzenzow, Szenzow, eine vom Herrn Grafen von Gaschin ohnweit Kadlub angelegte Kolonie von 20 Häuslern.

125. Sabine, Sowin, gehöret dem Herrn Grafen von Burghaus; im Dorfe ist ein herrschaftliches Vorwerk, 18 Bauern, 12 Gärtner, einige Häusler, die Zahl der Einwohner aber 237.

126. Sakrau, Königlich, Sakrzowa Krolewski, gehöret zum Amte Oppeln, wovon es ⅜ Meilen entfernt ist; hat ein Vorwerk, 10 Bauern, 3 Gärtner, 4 Häusler und 219 Menschen.

127. Sakrau, Adlich, gehöret zur Herrschaft Turawa, hat ein Vorwerk, 6 Bauern, 16 Gärtner, 10 Häusler.

128. Saken, eine Kolonie von 40 Stellen so zum Amte Kup gehöret.

129. Salzbrunn, eine im Jahr 1771 erbaute Kolonie; die Einwohner sind freye Leute; gehöret zum Rentamte Kup; hat 18 Häuser und 109 Einwohner.

130. Sawiscz, Zowiz, Schirowanz, gehöret zum Rentamte Kup, liegt 6 Meilen von Oppeln; hat nur 19 Häusler und 134 Einwohner.

Schanzvorwerk, ist ein Vorwerk zu Halbendorf.

131. Seidliz, eine im Jahr 1773 erbaute, zum Rentamt Kup gehörige Kolonie, so beynahe 5 Meilen von Oppeln liegt; hat 20 Häuser und 90 Einwohner.

132. Schedliske, gehöret dem Grafen von Praschma, hat ein Vorwerk und 6 Gärtnerstellen.

133. Schimniz, Gros, Wielki Schemnize, zur Herrschaft Proskau gehörig, hat eine katholische Kirche, Schule, ein Vorwerk, 21 Bauern, 13 Gärtner.

134. Schimniz, Klein, liegt nicht weit davon, welches ebenfalls nach Proskau gehöret; hier ist ein Vorwerk, 12 Gärtner, einige Häusler.

135. Schialkowiz, gehöret zum Rentamt Kup, hat eine katholische Pfarrkirche, Schule, eine Mühle, 45 Bauern, 32 Gärtner, 23 Häusler und 809 Einwohner; liegt 2½ Meile von Oppeln.

136. Schieblo, ist das Eigenthum des Grafen von Praschma, bestehet aus einem Vorwerk, 17 Gärtnern, 3 Häuslern und 86 Einwohnern.

137. Schiodna, auch Skodnia, liegt 2¾ Meilen von der Kreisstadt, gehöret zum Amte Oppeln, und hat eine Mühle, 13 Bauern, 9 Gärtner 6 Häusler und 257 Einwohner.

138. Schulenburg, eine zum Amte Oppeln gehörige Kolonie von 20 Häusern und 112 Einwohnern.

139. Stein, Gros, Wielki Kamin, ist ein abtliches Dorf, so auf der Schubartschen Charte, als zum Gros-Strehlitzer Kreis gehörig, gezeichnet ist; hat eine katholische Kirche, Schule, 2 Vorwerke, wovon eines Lebrischen heisset; 15 Bauern, 14 Gärtner, 5 Häusler, 188 Einwohner; ist das Eigenthum der Baronesse von Lahrisch.

140. Stein, Klein, bestehet aus 2 Vorwerken, wovon eines Lowiezko, (Owiecko) heisset, 15 Bauern, 11 Gärtnern; hat 142 Einwohner und gehöret der Baronesse von Lahrisch.

Sczebrachtschüz, siehe Seifersdorf.

141. Sczedrczick mit Bunkow, gehöret zum Wirthschaftsamt Oppeln; im Dorfe ist eine katholische Pfarrkirche, eine Schule, 2 Mühlen, 38 Bauern, 22 Gärner, 15 Häusler; die Zahl der Einwohner beträgt 671.

142. Sczepanowiz, liegt ohnweit Oppeln, hat ein Vorwerk, 1 Bauer, 13 Gärtner, 2 Häusler und 107.

107 Einwohner; gehöret zum Wirthschaftsamt Oppeln.

143. Seifersdorf, pohlnisch Sczebrachtczüz, der Graf von Praschma ist Grundherr; hat ein Vorwerk, eine Schule, 6 Gärtner, 18 Häusler und 107 Einwohner.

144. Simsdorf, ein kleines Dörfchen zu Ochoz gehörig.

145. Slawiz, gehöret den Grafen von Pückler, hat ein Vorwerk, 16 Bauern, 16 Gärtner, 5 Häusler und 276 Menschen.

146. Sokolnick, ist adlich, gehöret dem Herrn von Prittwiz; hat ein Vorwerk und 12 Gärtner. Einwohner 61.

147. Straduna, ist das Eigenthum des Herrn Baron von Haugwiz; hat ein Vorwerk, eine Schule, 22 Bauern, 19 Gärtner, 16 Häusler und 357 Einwohner.

148. Surowinna, siehe Brinize.

149. Sußenrode, eine Kolonie, zum Amte Kup gehörig; bestehet aus 16 Häusern und 70 deutschen Einwohnern, liegt 4¼ Meile von Oppeln.

150. Tarnow, das Wirthschaftsamt Oppeln ist Grundherr; ist 2 Meilen von der Kreisstadt entfernt; hat eine katholische Kirche und Schule, 19 Bauern, 13 Gärtner, 16 Häusler und 388 Einwohner.

F 3

151.

151. Tauenzienow, eine im Jahr 1773 angelegte Kolonie von 20 Häusern; die 87 Einwohner sind Deutsche; gehöret zum Rentamte Kup.

152. Tempelhof, eine im Jahr 1770 erbaute Kolonie, welche zum Amte Oppeln gehöret, es sind darinnen 20 Gärtnerstellen; die 108 Einwohner reden pohlnisch.

153. Trzenschin, siehe Klein-Kottors.

154. Turawa, siehe Gros-Kottors.

155. Tylli, siehe Kablub.

136. Tyllowiz, nebst dem Vorwerk Asche, gehöret dem Grafen von Praschma, hat 2 Vorwerke, 1 Schule, 15 Bauern, 25 Gärtner, 8 Häusler und 320 Einwohner.

157. Waldau, siehe Grobiz.

158. Waldower-Vorwerk, gehöret zu Krogulno, ist eine kleine Kolonie.

159. Wangern, (Wengern) gehöret zum Amte Oppeln, hat eine Mühle, 16 Bauern, 11 Gärtner, 9 Häusler und 290 Einwohner; liegt $1\frac{1}{4}$ Meile von der Kreisstadt.

160. Weiderwiz, gehöret dem Graf Praschma, hat ein Vorwerk, 14 Gärtner und 83 Einwohner.

161. Wallock, eine Kolonie von 6 Stellen, nach Turawa gehörig.

162. Wino, liegt $\frac{1}{4}$ Meile von der Kreisstadt, gehöret zum Amte Oppeln, hat ein Vorwerk, 10 Gärtner, 4 Häusler und 102 Einwohner.

163. Wostrach, dem Grafen von Burghaus gehörig, hat 9 Bauern, 6 Gärtner und 105 Einwohner.

164. Wrzeske, Wrosk, gehöret dem Kloster Czarnowanz, im Dorfe sind 22 Bauern, 2 Gärtner, 2 Häusler, 105 Einwohner.

165. Zedliz, eine zum Rentamte Kup gehörige Kolonie von 20 Häusern, liegt 5 Meilen von Oppeln, hat 81 Einwohner.

166. Zelasna, gehöret dem Kloster Czarnowanz, wurde schon 1274 auf deutsches Recht gesetzt; hat eine katholische Kirche, eine Schule, ein Vorwerk, 26 Bauern, 4 Gärtner, 2 Häusler und 219 Einwohner.

167. Zelasner Ueberfuhr, sind einige Häuser zu Czarnowanz gehörig.

168. Zlattnick, gehöret zur Herrschaft Proskau, hat 2 Vorwerke, 25 Bauern, 8 Gärtner und 180 Einwohner.

169. Zlönize, ebenfalls nach Proskau gehörig, bestehet aus 2 Vorwerken, 27 Bauern, 17 Gärtnern und 246 Einwohnern. Der Boden bey diesem Dorfe ist gut.

170. Zowade, Sowade, gehöret zum Amte Oppeln, bestehet aus einem Vorwerke, 16 Gärtnern, 6 Häuslern und 155 Einwohnern.

171. Zyrkowiz, dem Herrn von Prittwiz gehörig, hat 6 Bauern, 3 Gärtner, 2 Häusler und 68 Einwohner.

172. Zywozüz, nach Krappiz dem Herrn Baron von Haugwiz gehörig, bestehet aus einem Vorwerk, 13 Bauern, 16 Gärtnern, 7 Häuslern.

173. Juzella, gehöret nach Czarnomanz, hat einen guten Boden; im Dorfe sind ein Vorwerk, 21 Bauern, 16 Gärtner, 11 Häusler.

Dann gehören zum Kreise noch:

174. Fischerey, ein Theil der Vorstadt von Oppeln, und

175. Ostrowez, ein anderer Theil dieser Vorstadt. Beyde stehen unter dem Amte Oppeln, und haben 29 Häuser und 548 Einwohner.

Beschreibung
des
Neustädter Kreises.

Eintheilung.

Erster Abschnitt. Vom Kreise überhaupt.
§. 1. Lage, Gränzen, Größe.
§. 2. Berge, Mineralien.
§. 3. Beschaffenheit des Bodens und Produkte.
§. 4. Waldungen.
§. 5. Gewässer und Fische.
§. 6. Hausthiere.
§. 7. Häuser.
§. 8. Merkwürdigkeiten.
§. 10. Aeuserliche Verfassung.

Zweyter Abschnitt. Vom Kreise insbesondere.
Namen und Beschreibung der Dörfer.

Dritter Abschnitt. Von den Städten.

A. Neustadt.
§. 1. Geschichte.
§. 2. Gegenwärtige Verfassung.
§. 3. Gebäude.
§. 4. Einwohner.
§. 5. Gewerbe.
§. 6. Allerhand.

B. Zülz.
§. 1. Geschichte.
§. 2. Von der Kirche.
§. 3. Verfassung der Juden daselbst.
§. 4. Gegenwärtige Verfassung der Stadt.
§. 5. Einwohner.
§. 6. Allerhand.

C. Von Oberglogau.
§. 1. Geschichte.
§. 2. Gegenwärtige Verfassung.

Erster Abschnitt.
Vom Neustädter Kreise überhaupt.

§. 1.
Lage, Gränzen, Größe.

Zum Neustädter Kreise gehöret nach gegenwärtiger Eintheilung noch der Oberglogauer, als der gröſte, und der Zülzer Kreis diese 3 Kreise zusammen haben eine Größe von 3 bis 14 Quadratmeilen, die Gränzen sind: der Oppelnsche, der Falkenbergsche, der Koselsche, der Leobschützer, der Neißer, und vom kaiserlichen Antheil Schlesiens, der Weydenauer Kreis.

§. 2.
Berge und Mineralien.

Der eigentliche Neustädter Kreis ist auf der Mittagsseite bergicht, die Berge machen mit dem Mährischen eine Kette; unter ihnen ist der Burgberg, welcher der Cämmerey zu Neustadt gehöret, der höchste; dann folgen die Berge bey Langenbrück und Kunzendorf.

Der Glogauer Kreis ist meist eben, der Zülzer hingegen hat beträchtliche Anhöhen.

Erze finden sich nicht, Torf aber bey Zabzrize.

Mauersteine sind zu Kunzendorf, Wiese und Langenbrück.

§. 3.
Beschaffenheit, Fruchtbarkeit des Bodens und Produkte.

Man kan füglich zwey Drittheile vom ganzen Kreise einen guten fruchtbaren Boden heissen; der vorzüglichste ist bey Deutsch-Mülmen, auf der Mittag- und Abendseite von Glogau und um Zülz; der schlechteste zu Dobrau, Steblau, Waworzinzowiz, Mockrau, Riezniz und auf denen da herumliegenden Dörfern, wo er sehr sandigt ist.

Die Brache ist durchgehends üblich, obgleich ein Theil davon benutzet wird. Ein Vierteil des Win-

terfeldes wird im Ganzen genommen mit Weitzen, und drey Vierteile mit Roggen besäet. Die Erndte gehet im platten Lande und in den Sandgegenden gegen den 16. Julii, im Gebürge aber erst gegen Ende Julii an.

In den Gegenden um Schnellewalde, Dittmannsdorf, Riegersdorf, Leiber und Zülz, wird viel und schöner Flachs erbauet, in den übrigen Distrikten aber wenig, an einigen Orten auch keiner.

Heu wird vorzüglich auf der Herrschaft Chrzelitz gewonnen, die jährliche Einfechsung beträgt etwas über 5000 Fuder.

Obstbäume waren 1783 70669 Stück.

Maulbeerbäume, aber 3830 Stück.

Hopfen wird etwas und ohngefähr 300 Scheffel erbauet.

§. 4.

Waldungen.

Die Mitternachtseite des Kreises zu Chrzelitz und Dobrau hat beträchtliche Waldungen, desgleichen die Stadt Neustadt, besonders Kiefern; auf den Kunzendorfer Bergen wächset der in Schlesien so selten gewordene Lerchenbaum, auch Leerbaum genannt; jetzt ist vieler junger Anwuchs davon vorhanden. Ehemals war hier eine Menge altes dergleichen

chen Holz, es wurde aber im siebenjährigen Kriege ruinirt.

-Waldbienen giebt es nicht. Wild zur Nothdurft.-

§. 5.
Gewässer und Fische.

Seen sind nicht, aber ansehnliche Teiche. Zu Chrzeliz ist einer, welcher mit 1000 Schock besetzt wird; zu Wiese und Langenbruck sind die grösten nach dem Chrzelizer Teiche.

Die Fischarten sind die gewöhnlichen: Karpfen, Hechte, Karauschken. Bey Langenbruck gehet ein Arm der Oppa, der hier der Steinbach heißt, worinnen Forellen von beträchtlicher Größe gefangen werden.

Flüsse sind: die Prudnig, die Braune, das Zülzer Wasser, die Hotzenplotze und eine Menge kleinere Bäche, keiner aber ist schifbar; die Hotzenplotze macht oft viele Ueberschwemmungen.

§. 6.
Haus = Thiere.

Die Pferde und Kühe in der Gegend um Neustadt und im Dorfe Schönau sind vom großen Schlage, in den übrigen Gegenden aber klein.

Ihre Zahl war im Jahre 1783: 4670 Pferde, 1413

1413 Ochsen, 8302 Kühe, 35430 Schafe, 3469 Schweine, 1559 volle Bienenstöcke.

§. 7.
Häuser.

Das beste adliche Schloß ist zu Dobrau; zu Dobrau, Zülz und Proskau sind gute Gärte.

In Chrzeliz ist ein altes maßives Schloß mit ungewöhnlich dicken Mauern.

Die Wohnungen der Bauern in der Gegend bey Neustadt sind zum Theil gemauert, und auch die von Holz oder Bindwerk sind doch gut gebauet; in der pohlnischen Gegend hinter Glogau, gegen die Oder zu, in den Dobrauer und Chrzelitzer Dörfern aber meist sehr schlecht.

Im Kreise sind:

 3 Städte.
 2 Marktflecken.
 113 Dörfer; und in den beyden letzten
 97 Vorwerke.
 34 Kirchen.
 1902 Bauerhöfe.
 1881 Gärtner.
 1291 Häusler.
 1 Bleiche.

§. 8.

§. 8.

Einwohner.

Die Sprache ist im Neustädtschen Kreise zwar deutsch, der Ton aber ist singend; der gemeine Mann im Glogauschen und Zülzer spricht pohlnisch.

Die Religion der Einwohner zu Elsnig ist ganz evangelisch; zu Schnellewalde, Dittmannsdorf, Riegersdorf, Wiese, Langenbrück, Buchelsdorf, Leiber, Schlagwitz und Laswitz sind die Einwohner theils Lutheraner, theils Katholiken; in den übrigen Dörfern aber ist alles katholisch.

Der gemeine Mann ist in den deutschen Dörfern, besonders um Neustadt, fleißig und arbeitsam; in der pohlnischen Gegend um Glogau und vorzüglich gegen die Oder und Waldungen zu, zeigt er zu Verbesserung seiner Vermögensumstände wenig Betriebsamkeit, und ist nach der allgemeinen Neigung der Pohlen zum Theil dem Trunk ergeben. In den Gebürgsgegenden besonders ist das Hauptgeschäft, nach dem Ackerbau, die Flachsspinnerey.

Die Anzahl der Einwohner im Kreise, ohne die drey Städte, war: 1755 — 26422.

     1765 — 28897.

     1775 — 31006.

     1783 — 39120.

Actus

97

Actus ministeriales sind verrichtet im Jahr 1782.

	Getr. Paar.	Gebohrene.							Gestorbene.		
		Knaben.			Mädchen.			Summa			
		Ehelich	Unehlich	Summa	Ehelich	Unehlich	Summa		Männlich	Weiblich	Summa
Dem Militair [in den Städten	11	17	—	17	16	—	16	33	9	11	20
Dem Militair [in den Dörfern	52	47	—	47	40	—	40	87	19	21	40
Dem Civile [in den Städten	59	149	7	156	168	7	175	331	124	126	250
Dem Civile [in den Dörfern	219	620	22	642	587	25	612	1254	467	490	957

Die Vermehrung ist sehr ansehnlich und von 31 Lebenden stirbt einer.

§. 9.
Merkwürdigkeiten.

Nahe am Burgberge im Neustädtschen ist ein altes zerstörtes Schloß, auch finden sich zu Schweinsdorf Rudera eines dergleichen; beyde sollen der Sage nach von den Tempelherrn erbauet seyn. Zu Golschowitz, dem Grafen von Schafgotsch gehörig, ward ehedem eine katholische Kirche, sie wurde baufällig, und ist vor 12 Jahren gänzlich caßirt worden.

Von Urnen und andern Alterthümern findet man nichts. Im Jahr 1783 hat der König die Herrschaft Chrzelitz erkauft, und läßt solche als Domaine administriren.

§. 10.
Aeuserliche Verfassung.

Diesem Creis ist ein Landrath in der Person des Herrn George David Wenzel von Tschepe; zwey Kreisdeputirten, Herr Kaspar Heinrich von Näse, und Herr Franz von Hoschzeck; und ein Steuereinnehmer, Herr Friedrich Karl Grimm, vorgesetzt. Der Kreisphysikus ist Herr D. Kurz.

Das Steueramt ist in der Stadt Glogau.

In Justizsachen stehen die Einwohner unter jeder Gerichtsobrigkeit des Orts; der Adel und die vornehmern Bürgerlichen aber unter der Briegschen Oberamtsregierung.

Der Kreis gehöret, betreffend die Viehassekuranz, zur zweyten Societät, und wegen der Steuer zur zweyten Classe.

Die

Die Werbung hat das Regiment von Arnim.

Die Städte stehen in Kammeralsachen unter dem sechsten Steuerräthlichen Departement. Der Steuerrath wohnet in Neustadt.

Zweyter Abschnitt.
Vom Kreise insbesondere.

Namen der Dörfer nach alphabetischer Ordnung.

Achthuben, siehe Huben.

1. **Altstadt**, pohln. Staramiesta, gehöret dem Grafen Matuschka, liegt ohnweit Zülz; hat 2 Vorwerke, wovon eines Josephsgrund heißt, ein katholische Kirche so *Filia* von Zülz ist, 1 Schule, 18 Bauern, 12 Gärtner, 9 Häusler und 277 Einwohner. Die Kirche war ehemals eine *Mater*, sie brannte aber 1690 ab, und seit dieser Zeit ist solche zur Stadtkirche gekommen; eingepfarrt sind die Dörfer Schönowiz und Waschelwiz.

2. **Berndau**, gehöret dem Stift Leubus, im Dorfe ist ein Vorwerk, 17 Gärtner, 1 Mühle; Einwohner sind 66.

3. **Blaschwiz**, liegt eine Meile von Glogau,[1] bestehet aus einem Vorwerk, 14 Bauern, 16 Gärtnern, 2 Häuslern; die Zahl der Einwohner ist 261.

4.

---
1) Die Entfernung ist von derjenigen Stadt angegeben, in deren Distrikt das Dorf liegt.

4. **Brzeznitz**, ist 2¼ Meile von Glogau, gehöret zur königlichen Herrschaft Chrzelitz, hat ein Vorwerk, 13 Gärtner, 5 Häusler, 141 Einwohner.

5. **Broschütz**, liegt 2 Meilen von Glogau, hat eine katholische Kirche und Schule, 22 Bauern, 8 Gärtner, 10 Häusler, und gehöret zur Herrschaft Oberglogau.

6. **Buchelsdorf**, gehöret den Grafen von Mettich, bestehet aus 2 Vorwerkern, wovon eines Münsterhof heißt; 1 Schule, 33 Bauern, 12 Gärtnern, 25 Häuslern, 1 Mühle; die 3⸳6 Einwohner sind theils der evangelischen, theils der katholischen Religion zugethan. Dies Dorf liegt im Neustädter Kreise.

Bude, ist ein Vorwerk bey Dobrau.

Butt, siehe Neu-Vorwerk.

Boreck, ein Vorwerk bey Piethna.

7. **Casimir**, im Glogauschen, gehöret dem Herrn Grafen von Oppersdorf, hat 18 Bauern, 24 Gärtner, 14 Häusler und 357 Einwohner, katholischer Religion.

8. **Chrzelitz**, gehörte ehemals den Grafen von Dietrichstein, jetzt dem Könige; liegt 2¼ Meile von Glogau, hat ansehnliche Teiche, einen schönen Wald, worauf das Servitut haftet, das Pauliner Kloster und Dom. Oberglogau mit Holz zu versorgen, wegen des erstern ist es in Geld reuliret; ein altes Schloß, und bestehet aus einem Vorwerk, 17 Bauern, 1 Müller, 15 Gärtnern, 7 Häuslern. Die Zahl der Einwohner ist 323.

9.

9. **Charlottendorf**, eine im Jahre 1776 bey Moschen erbaute Kolonie von 8 Stellen, worin 31 Menschen wohnen.

10. **Czartowiz**, eine Meile von Glogau, gehört dem Grafen von Seher, hat ein Vorwerk, 1 Mühle, 11 Gärtner und 2 Häusler; die Zahl der Einwohner ist 76.

11. **Czellin**, 1½ Meile von Glogau, gehöret dem Grafen von Schafgotsch, bestehet aus einer Mühle, 13 Bauern, 18 Gärtnern, 7 Häuslern und 219 Einwohnern.

Czendrowize, siehe Stubendorf.

Carlsberg, ein klein Dörfchen bey Stubendorf.

Carlshof, ein Vorwerk bey Dobrau.

Czinawa, siehe Steinau.

Czekai, ist ein Vorwerk bey Körniz.

Czartowiz, siehe Golschowiz.

Czernowiz, ist der Name einiger vom Dorfe Kramelau abgesondert liegenden Häuser.

12. **Damasko**, wird auch Probsten Casimir genannt, gehöret dem Kloster Leubus, eine Meile von Glogau; hat ein Vorwerk, 1 Kirche, 1 Schule, 25 Gärtner, 15 Häusler; die Einwohner zählt man auf 224.

13. **Dirschelwiz**, hat zwey Antheile.

    a) Eines gehöret zur Herrschaft Oberglogau, und hat 25 Bauern, 2 Mühlen, 23 Gärtner, 5 Häusler und 300 Einwohner.

b) Das

b) Das andere dem Baron Grutschreiber, so aus einem Vorwerk und 11 Gärtnern bestehet; die Zahl der Einwohner ist 87. Das Dorf liegt $\frac{1}{2}$ Meile von Glogau.

14. **Dittersdorf**, gehöret der Kämmerey zu Neustadt, liegt eine Meile davon, hat eine katholische Kirche, Schule, 35 Bauern, 10 Gärtner, 10 Häusler, 365 Einwohner.

15. **Dittmannsdorf**, liegt 1$\frac{1}{2}$ Meile von Neustadt, gehöret dem Grafen Mettich, hat ein Vorwerk, 1 Schule, 61 kleine Bauershöfe, 6 Gärtner, 16 Häusler; die 406 Einwohner sind theils Protestanten, theils katholisch.

16. **Dziedzitz**, gehöret zur königlichen Herrschaft Chrzelitz, liegt im Glogauschen, hat 17 Bauern, 14 Gärtner und Häusler; Einwohner aber 224.

Dambina, einige von dem Dorfe Lontschnig abgesonderte Häuser.

17. **Dobrau**, gehört dem Grafen Seher-Thos, liegt beynahe 2 Meilen von Oberglogau, hat eines der besten herrschaftlichen Schlösser in Oberschlesien, auserdem 3 Vorwerke, wovon eines Bude, das andere Carlhof heisset; eine Schule, 10 Bauern, eine Mühle, 23 Gärtner, 2 Häusler, 176 Einwohner.

18. **Elsnig**, gehöret dem Herrn von Näse, heißt auf pohlnisch Olzincka, liegt im Glogauer Kreis an den Gränzen des Neustädter, hat ein Vorwerk, 6 Bauern, 15 Gärtner, einige Häusler; die 91 Einwohner sind meist alle evangelisch.

19. **Ellgut, Ligotta,** ¼ Meile von Zülz, gehöret dem Grafen Matuschka, hat eine katholische Kirche und Schule, ein Vorwerk, 8 Bauern, 17 Gärtner, 5 Häusler und 161 Einwohner.

20. **Eichhäufel,** ist ein kleines Dörfchen, eine Meile von Neustadt.

21. **Friedersdorf,** poln. Piedrzichowiz, gehört dem Herrn Grafen von Seher-Thos, liegt eine Meile von Neustadt, hat 3 Vorwerke, wovon eines Capolka, das andere Neu-Friedersdorf oder Wiedscheraz heisset, eine katholische Kirche und Schule, 26 Bauern und einige Häusler; die Zahl der Einwohner ist 364.

23. **Fronzke,** zur königlichen Herrschaft Chrzeliz gehörig, hat 10 Gärtner, 3 Häusler und 103 Einwohner.

24. **Gläser, Glitschina,** eine Meile von Glogau, hat 1 Vorwerk, eine Kirche, Schule, 23 Gärtner, 20 Bauern, 22 Häusler, 1 Mühle und 540 Einwohner; das Dorf gehöret dem Baron von Grutschreiber.

25. **Gloglich, Glogowiz, Glöchlichen,** gehöret zur Herrschaft Oberglogau, hat ein Vorwerk, 12 Gärtner, 3 Häusler.

26. **Golschowiz,** alt und neu, wird auch Czartowiz und Muskau genannt, gehöret dem Grafen von Schafgotsch, hat 13 Gärtner, 15 Häusler, liegt eine Meile von Glogau; hier war ehedem eine Kirche, so aber eingefallen. Es wohnen 148 Menschen hieselbst.

27. Grabin, liegt eine Meile von Zülz, gehöret dem Grafen Matuschka, hat ein Vorwerk, eine Mühle, 28 Gärtner, 1 Häusler; die Zahl der Einwohner ist 171.

28. Grocholub, hat ein Vorwerk, 17 Bauern, 16 Gärtner, 5 Häusler und 231 Einwohner, gehöret in Glogauschen Kreis, dem Grafen von Oppersdorf.

Gostomi, siehe Simbsdorf.

29. Hinterdorf, pohln. Oratsche, nahe an der Stadt Glogau, gehöret auch der Kämmerey daselbst, bestehet aus 17 Bauerhöfen, 5 Gärtner, 33 Häusler; die Zahl der Einwohner ist 287.

30. Achthuben, gehöret dem Kreuzstift in Neisse, liegt ½ Meile von Neustadt, fasset 13 Bauern, 9 Gärtner, 10 Häusler und 162 Einwohner.

Haynowiz, siehe Mülmen.

Hausbeck, siehe neu Kuttendorf.

Hahnvorwerk, ist ein Vorwerk bey Kohlsdorf.

Hartstein, ist eine Vorstadt von Zülz.

31. Jartschowiz, liegt 1¼ Meile von Glogau, gehöret dem Grafen von Oppersdorf; im Dorfe ist ein Vorwerk, 11 Gärtner, 7 Häusler, 106 Einwohner.

32. Jaßen, liegt im Neustädter Kreise, gehöret der Kämmerey daselbst; hat eine Schule, 20 Bauern, 11 Gärtner, 13 Häusler; hier wohnen 244 Menschen.

Josephgrund, siehe Altstadt.

33. Kerpen, gehöret dem Stift Leubus, liegt im Glogauer Kreise; hier ist ein Vorwerk, 1 Kirche, Schule, 17 Bauern, 1 Mühle, 24 Gärtner, 16 Häusler, 375 Einwohner.

34. Körniz, gehöret dem Grafen von Seher-Thoß, liegt 1 Meile von Glogau, hat 2 herrschaftliche Vorwerke, wovon eines Czekai oder Kudowa heisset, 25 Bauern, 26 Gärtner, 9 Häusler und 383 Einwohner.

35. Kohlsdorf, Kolnowice, gehöret dem Baron von Haugwiz, liegt eine Meile von Zülz; hat 2 Vorwerke, wovon eines Hahn heisset, 18 Bauern, 19 Gärtner, 3 Häusler.

36. Komornik, hat zwey Antheile, eines gehöret dem Grafen von Oppersdorf, in dem eine katholische Kirche, Schule, 9 Bauern, 21 Gärtner, 4 Häusler und 197 Einwohner sind.

Das zweyte Antheil gehöret dem Stifte Leubus, bestehet aus 2 Bauern, 1 Mühle und 26 Einwohnern, liegt 1½ Meile von Glogau.

37. Kramelau, liegt 1½ Meile von Glogau, gehöret dem Grafen von Oppersdorf, und hat nebst einigen besonders liegenden Häusern, die den Namen Czernowiz führen, 22 Bauern, 1 Mühle, 9 Häusler und 204 Einwohner.

28. Kreuwiz, gehöret der Kämmerey zu Neustadt, liegt ¾ Meilen von dieser Stadt; hier sind 27 Bauern, 11 Gärtner, 6 Häusler, 273 Einwohner.

39. Kreschendorf, gehöret ebenfals nach Neustadt, liegt eine Meile davon gegen Hozenploz zu,

Beschr. v. Schl. III. B. 2. St.   H   hat

hat ein Vorwerk, 23 Bauern, 1 Mühle, 8 Gärtner, 7 Häusler und 268 Einwohner.

40) **Krobusch,** liegt im Glogauer Kreis, gehöret dem Grafen von Schafgotsch, hat ein Vorwerk, 12 Bauern, 1 Mühle, 10 Gärtner, 4 Häusler.

41. **Kunzendorf,** liegt ⅛ Meile von Neustadt, gehöret dem Kreuzstift zu Neisse, hat ein Vorwerk, 1 katholische Kirche und Schule, 38 Bauern, 2 Mühlen, 36 Gärtner, 24 Häusler, 727 Einwohner. Dies Dorf liegt ganz nahe an der kaiserlichen schlesischen Gränze.

42. **Alt=Kuttendorf,** liegt ½ Meile von Glogau, gehöret dem Grafen Oppersdorf, hat ein Vorwerk, eine katholische Kirche, 13 Bauern, 13 Gärtner, 4 Häusler, 177 Einwohner.

43. **Neu=Kuttendorf,** ein besonders liegendes Dorf, so den Namen Hausbeck führet, gehöret gleichgedachtem Grafen, hat ein Vorwerk, 7 Bauern.

44. **Kujau,** Kajawy, liegt 1¼ Meile von Glogau, gehöret dem Grafen von Schafgotsch, hat ein Vorwerk, eine Kirche, Schule, 16 Bauern, 15 Gärtner, 9 Häusler und 303 Einwohner.

Kolnowiz, siehe **Kohlsdorf.**

Kozem, ein Vorwerk, der Kämmerey zu Neustadt gehörig.

Kozem, ein ander Vorwerk bey Wiese.

Kudowa, siehe **Körniz.**

45. **Langenbruck,** eine halbe Meile von Neustadt, gehöret dem Grafen Mettich, hat ein Vorwerk, eine

eine Kirche, 1 Schule, 56 Bauern, 4 Mühlen, 50 Gärtner, 32 Häusler. Die 771 Einwohner sind zum Theil der lutherischen Religion zugethan.

46. Laßwiz, 1½ Meile von Glogau, gehöret dem Grafen von Mettich, hat ein Vorwerk, 9 Bauern, 12 Gärtner.

47. Leopoldsdorf, ein im Jahr 1757 angelegtes Dorf von 14 Häusern, gehöret zur Herrschaft Chrzeliz.

48. Legelsdorf, Logebniz, gehöret dem Grafen von Seher-Thos, hat 13 Bauern, 18 Gärtner und 126 Einwohner.

49. Leuber, eine halbe Meile von Neustadt, gehöret der dasigen Kämmerey, hat eine katholische Kirche, Schule, 57 Bauern, 18 Gärtner, 6 Häusler. Die Zahl der Einwohner ist 498.

50. Lobkowiz, liegt 1½ Meile von Glogau, bestehet aus 23 Bauern, 7 Gärtnern, 8 Häuslern, 273 Einwohnern. Das Dorf gehöret dem Grafen von Oppersdorf.

51. Lontschniz, Locznick, Longeznick, hat nebst einigen dabey liegenden Häusern, die Damblna genannt werden, eine katholische Kirche, Schule, 15 Bauern, 1 Mühle, 26 Gärtner, 12 Häusler, 431 Einwohner; liegt 2 Meilen von Glogau, gehöret zur Königl. Herrschaft Chrzeliz.

Leschniz, siehe Wiese.
Lehnkretscham, siehe Stubendorf.
Ligotta, heißt Ellgut.

52. **Machau,** hat drey Antheile:

a) Eines gehöret dem Baron von Grutschreiber, hat 14 Bauern, 22 Gärtner, eine Mühle, 9 Häusler.

b) Das zwente gehöret dem Kloster Wiese, und hat 23 Feuerstellen.

c) Das dritte dem Grafen von Oppersdorf, worin ein Bauerguth, 4 Gärtner und eine Mühle sind.

53. **Mockerau,** liegt 2 Meilen von Glogau, gehöret zur Königl. Herrschaft Ehrzeliz, hat 1 Vorwerk, 1 Mühle, 14 Gärtner, 7 Häusler, 137 Einwohner.

54. **Moschen,** gehöret dem Grafen von Seher, hat 1 Vorwerk, 11 Gärtner, 3 Häusler; liegt 2 Meilen von Glogau.

55. **Mühlsdorf,** gehöret dem Kreußstift nach Neiß, hat ein Vorwerk, 16 Bauern, 13 Gärtner, 9 Häusler.

56. **Deutsch-Mülmen,** pohln. Wiercz, gehöret dem Herrn Grafen von Seher-Thos, liegt eine Meile von Glogau gegen Neustadt zu, hat ein herrschaftliches Wohnhaus, Vorwerk, 1 katholische Kirche, Schule, 27 Bauern, 32 Gärtner, 4 Häusler, 379 Einwohner. Bey diesem Dorfe ist vorzüglich guter Boden.

57. **Pohlnisch-Mülmen,** Minolowa, wozu noch das kleine Dörfchen Haynowiz, auch Hannowice genannt, gerechnet wird; gehöret eben dem Grafen von Schafgotsch, liegt eine Meile von Glogau nach Zülz zu;

zu; hier sind 18 Bauern, 1 Mühle, 19 Gärtner, 2 Häusler, 188 Einwohner.

Malkowiz, ist ein Vorwerk bey Twardawa.

Münsterhof, ein Vorwerk bey Buchelsdorf.

Minolowa, siehe Pohlnisch-Mülmen.

Nuzkau, siehe Golschowiz.

58. Neudeck, ein kleines Dörfchen von 10 Häusern, so nach Neustadt gehöret.

59. Neudorf, gehöret zur Herrschaft Chrzelitz, hat ein Vorwerk, 10 Gärtner, 15 Häusler und 113 Einwohner.

60. Neuhof, Nowiedwor, gehöret dem Grafen von Oppersdorf, hat 1 Vorwerk, 22 Gärtner, 3 Häusler.

Schloß Neustadt, hierunter werden die kleinen Dörfer Eichhäusel, Neudeck, Wilschgrund und die 2 Kämmereyvorwerke, Vogtey und Kozem verstanden.

Näschenhof, siehe Neuvorwerk.

61. Oberwiz, gehöret dem Herrn Grafen von Gesler, liegt im Glogauschen, hat 1 Vorwerk, 13 Bauern, 17 Gärtner, 7 Häusler uud 185 Einwohner.

62. Oratsche, liegt 2 Meilen von Glogau, nahe bey dem Marktflecken Klein-Strehliz, gehöret zu der Königl. Herrschaft Chrzelitz, bestehet aus einem Vorwerke, 26 Bauern, 7 Gärtnern, 3 Häuslern.

63. **Olbersdorf, Olbrachschütz,** gehöret dem Kloster Wiese, liegt 1¼ Meile von Glogau gegen Neustadt zu, hat ein Vorwerk, 22 Bauern, 9 Gärtner, 15 Häusler und 271 Einwohner.

64. **Ottog,** lieg ⅜ Milen von Zülz, gehöret dem Grafen Mattuschka; hier ist ein Vorwerk, 8 Bauern, 18 Gärtner, 2 Häusler und 146 Einwohner.

Ohratsche, siehe Hinterdorf.

65. **Piethna,** gehöret dem Grafen von Oppersdorf, liegt 2 Meilen von Glogau, hat 2 Vorwerke, wovon eines besonders liegt und Boreck heisset; eine Mühle, 16 Gärtner, 3 Häusler und 122 Einwohner.

66. **Potzorz,** gehöret zur Königl. Herrschaft Chrzeliz, hat 23 Bauern, eine Mühle, 19 Gärtner, 10 Häusler, 363 Einwohner.

67. **Pramsen, groß,** liegt nicht weit von der Stadt Zülz, gehöret dem Grafen Mattuschka, hat eine katholische Kirche, Schule, ein Vorwerk, 22 Bauern, 20 Gärtner, 12 Häusler, 328 Einwohner.

68. **Pramsen, klein,** liegt eine Meile von Zülz, gehöret den Kaufleuthen Gregor und Brichta zu Neustadt, bestehet aus 2 Vorwerkern, wovon eines Neuhof heisset, 18 Bauern, 33 Gärtner, 15 Häusler und 401 Einwohner.

69. **Probniz, deutsch,** liegt eine Meile von Glogau, gehöret dem Grafen Oppersdorf, hier ist ein herrschaftliches Vorwerk, 18 Bauern, 8 Gärtner, 19 Häusler und 277 Einwohner.

70. **Probnitz,** pohln. gehöret demselben, liegt 1½ Meile von Glogau, bestehet aus 10 Bauerhöfen und 4 Häuslerstellen.

71. **Probstberg,** wird auch Wischkoff genannt, hat ein herrschaftlich Vorwerk, 1 Mühle, 6 Gärtner, gehöret dem Grafen von Oppersdorf, liegt 1 Meile von Glogau.

72. **Przicho, Prziod,** gehöret zur Herrschaft Chrzelitz, hat eine katholische Kirche und Schule, 26 Bauern, 1 Mühle, 10 Gärtner und Häusler.

Pißarchowitz, siehe Schreibersdorf.

Piedrzichowitz, siehe Friebersdorf.

Piorowitz, siehe Schweinsdorf.

73. **Deutsch-Raßelwitz,** 1¼ Meilen von Glogau, gehöret dem Grafen von Oppersdorf, hat eine katholische Kirche worin ein Gnadenbild, zu dem Wahlfahrten geschehen; eine Schule, 57 Bauern, 43 Gärtner, 38 Häusler und 928 Einwohner.

74. **Pohlnisch-Raßelwitz,** gehöret dem Grafen von Schafgotsch, hat ein herrschaftliches Vorwerk, eine Kirche und Schule, 18 Bauern, 21 Gärtner, 3 Häusles 247 Einwohner.

75. **Rathstein,** liegt 2 Meilen von Glogau, gehöret zur Königl. Herrschaft Chrzelitz, hat ein Vorwerk, 21 Bauern, eine Mühle, 15 Gärtner, 9 Häusler und 311 Einwohner.

76. **Riegersdorf,** hat 2 Antheile, worinn 719 Menschen wohnen, liegt eine Meile von Neustadt.

a) Die katholische Kirche, Schule, 63 Bauern, 9 Gärtner, 20 Häusler gehören den Grafen von Mettich.

b) 6 Bauern, 20 Gärtner, 14 Häusler aber nebst dem Vorwerke der Kämmerey zu Neustadt.

77. **Riegniz,** gehöret nach Chrzeliz, hat 21 Bauern, 14 Gärtner, 7 Häusler und 277 Einwohner.

78. **Rosenberg,** Roskowiz, gehöret dem Grafen von Schafgotsch, hat ein Vorwerk, 19 Bauern, 10 Gärtner und 180 Einwohner.

79. **Rosnochau,** liegt eine Meile von Glogau, gehöret dem Grafen von Pückler, hat ein Vorwerk, eine Kirche, eine Schule, eine Mühle, 27 Bauern, 17 Gärtner, 5 Häusler und 269 Einwohner.

80. **Roswadze,** gehöret dem Grafen von Reichenbach, hat ein Vorwerk, 3 Mühlen, 11 Bauern, 21 Gärtner, 3 Häusler, 203 Einwohner.

81. **Rzeptsch,** zur Herrschaft Glogau gehörig, bestehet aus einem Vorwerk, 12 Bauern, einer Mühle, 20 Gärtnern, einigen Häuslern, 203 Einwohnern.

82. **Schiegrau,** gehöret zur Herrschaft Chrzeliz, hat 14 Bauern und 7 Gärtner; die Zahl der Einwohner ist 163.

83. **Schlogwiz,** pohln. Slokon, liegt eine halbe Meile von Glogau, gehöret der Frau Gräfin von Mettich; hat ein Vorwerk, 4 Bauern, 9 Gärtner und 104 Einwohner.

84. **Schmiez,** liegt eine halbe Meile von Zülz, gehöret dem Grafen Mattuschka, hat 1 Vorwerk, eine

ne katholische Kirche, Schule, 46 Bauern, 20 Gärtner, 10 Häusler, 516 Einwohner.

85. Schnellewalde, liegt eine Meile von Neustadt, gehöret der Kämmerey des letzten Orts; hat eine katholische und evangelische Kirche, eine Schule, 143 Bauern, 50 Gärtner, 67 Häusler, 1283 Einwohner.

86. Schönau, gehöret dem Kapitul zu Ober-Glogau, liegt von dieser Stadt eine Meile; hat eine Kirche, Schule, 38 Bauern, 44 Gärtner, 78 Häusler und 857 Einwohner.

87. Schreibersdorf, Pißarchowiz, gehöret dem Herrn Grafen von Oppersdorf, liegt 1¼ Meile von Glogau, hat ein Vorwerk, 1 Kirche, eine Schule, 13 Bauern, 22 Gärtner, 19 Häusler und 357 Einwohner.

88. Schonowiz, liegt nahe bey Zülz, gehöret dem Grafen Mattuschka, hat eine Mühle, 17 Bauern, 8 Gärtner und 210 Einwohner.

89. Schüslau, Syslau, eine Meile von Glogau, gehöret dem Grafen von Schafgotsch, hat 7 Gärtner- und 6 Häuslerstellen.

90. Schwärze, ist ein klein Dörfchen, hat nur ein Vorwerk und 11 Gärtner.

91. Schweinsdorf, Piorowiz, gehöret der Kämmerey Neustadt, hat 1 Vorwerk, 9 Bauern, 1 Mühle, 26 Gärtner, 6 Häusler und 185 Einwohner.

92. Schwesterwiz, Zwiastowice, gehöret dem Grafen von Pückler, hat ein Vorwerk, eine Mühle, 12 Bauern, 19 Gärtner, einige Häusler.

93. Simsdorf, Gostomi, hat 3 Antheile, eins hat ein Vorwerk, 1 katholische Kirche und Schule, 10 Bauern, 14 Gärtner. Das zweyte hat ein Vorwerk und 6 andere Häuser. Das dritte 7 Bauern, 3 Gärtner. Das Dorf liegt 1½ Meile von Glogau.

94. Steblau, liegt 2 Meilen von Glogau, gehöret dem Grafen von Seher-Thos, hat ein Vorwerk, 8 Bauern, 15 Gärtner, 3 Häusler 133 Einwohner.

Siebenhuben, siehe Huben.

Solez, siehe Altzülz.

Stiebendorf, siehe Stieborowiz.

Stara miesta, siehe Altstadt.

95. Steinau, ein Marktflecken, so ehemals zum Falkenbergschen Kreise gehörte, ist das Eigenthum des Baron von Haugwitz; zum Marktflecken gehören 3 Mühlen und 72 Bürgerhäuser, zum Dorfe, oder wie es heißt zur Schloßgemeine, ein herrschaftliches Schloß, Vorwerk, eine Kirche, Schule, 18 Bauern, 25 Gärtner, 7 Häusler.

96. Stubendorf, pohln. Czendrowiz, wozu noch Karlsberg und Lehmkretscham gehöret, hat ein Vorwerk, eine Kirche, eine Schule, 31 Bauern, 2 Mühlen, 18 Gärtner, 33 Häusler und 625 Einwohner.

97. Klein-Strehlitz, male Strehletzke, ist ein Marktflecken, liegt 2 Mellen von Glogau, gehöret zur Königl. Herrschaft Chrzelitz; hat eine katholische Kirche und Schule und 90 Bürgerhäuser. Hier ist eine Bleiche.

98. Stiborowiz, wird auch Stiebendorf genannt, liegt 1¼ Meile von Glogau, gehöret dem Grafen

fen von Oppersdorf, hat ein Vorwerk, 8 Bauern, 14 Gärtner und einige Häusler.

99. Thomniz, gehöret dem Stift Leubus, hat 1 Vorwerk, 16 Gärtner und Häusler.

100. Twardawa, gehöret dem Grafen von Pückler, liegt 1¼ Meile von Glogau, hat 2 Vorwerke, wovon eines Malkowiz heißt, eine katholische Kirche und Schule, 20 Bauern, eine Mühle, 32 Gärtner und 291 Einwohner.

Vogtey, ein Vorwerk, der Stadt Neustadt gehörig.

101. Neu=Vorwerk, pohln. Put, und Näsche=Hof; gehöret dem Grafen von Schafgotsch, besteht aus 2 Vorwerkern und 8 Häusern.

102. Wackenau, ein dem Creutzstift zu Neiß gehöriges Dorf, hat ein Vorwerk, 10 Gärtner, 18 Häusler.

103. Walzen, hat drey Autheile und 457 Einwohner.

Ober=Antheil gehöret dem Baron von Saß, darinn ist ein Vorwerk, eine katholische Kirche, Schule, 5 Bauern, 16 Gärtner, 8 Häusler.

Nieder=Antheil gehöret demselben, hat 1 Vorwerk, 5 Bauern, 12 Gärtner, 8 Häusler.

Drittes Antheil, gehöret dem Herrn von Kochschützki, hat ein Vorwerk, eine Mühle, 7 Bauern, 11 Gärtner, 6 Häusler. Das Dorf liegt 1¼ Meile von Glogau.

104. **Waschelwiz**, Waschlawice, liegt nahe bey Züls, hat 1 Vorwerk, 7 Bauern, 13 Gärtner, 3 Häusler und 140 Einwohner.

105. **Wawrzinzowiz**, dem Grafen von Schafgotsch gehörig, hat ein Vorwerk und 8 Gärtner, liegt 1¼ Meile von Glogau.

106. **Weingaßen**, pohln. Winari, gehöret der Stadt Oberglogau, bey welcher es auch nahe liegt; hat 5 Bauern, 12 Gärtner, 6 Häusler.

107. **Wiese**, nebst dem Vorwerk Koczem, liegt eine halbe Meile von Neustadt, gehöret dem Grafen Mettich, fasset 2 Vorwerke, 1 Schule, 61 Bauern, 2 Mühlen, 13 Gärtner, 41 Häusler und 679 Einwohner.

108. **Wiese**, ein Kloster, nahe bey der Stadt Glogau, heißt sonst Leschnig auch Wiedrowiz. Im Jahr 1388 schenkte Ladislaus, Herzog zu Oppeln und Vielum,¹) den Pauliner-Mönchen die Zinsen aus den Dörfern Albrechtsdorf, Mochau, einen Theil der Fischerey in der Hoczenploße, und giebt ihnen die Erlaubniß, zu seiner Seelen Heil, auf der ihnen bey Glogau ebenfalls geschenkten Wiese, ein Kloster und Kirche zu bauen, und letztere der heiligen Dreyeinigkeit zu Ehren St. Trinitatis zu nennen. Hier ist ein Vorwerk, ein Kloster, worinnen ausser dem Prior 4 Geistliche sind; eine Mühle, 16 andere Häuser.

Wischkof, siehe Probstberg.

109.

---

1) Der Stiftungsbrief ist zu Oberglogau am Tage Fabian Sebastian ausgefertigt.

109. **Willkau**, eine Meile von Glogau, gehöret dem Kloster Wiese, fasset 20 Bauern, 7 Häusler und 159 Einwohner.

110. **Wilschgrund**, ein an der Kaiserlichschlesischen Gränze im Walde gelegenes Dörfchen, so aus einer Mühle und 13 andern Häusern bestehet; es gehöret der Kämmerey zu Neustadt; von diesem Orte ist es 1¼ Meile entfernt.

111. **Zabrizau**, dem Grafen von Oppersdorf gehörig, hat 13 Bauern, 5 Gärtner, 2 Häusler, Einwohner 122.

112. **Zabnich**, dem Grafen von Schafgotsch gehörig, hat 1 Vorwerk, 11 Gärtner, 61 Einwohner.

113. **Zeiselwiz**, gehöret der Kämmerey zu Neustadt, hat 1 Vorwerk, 20 Bauern, 23 Gärtner, 5 Häusler, 208 Einwohner.

114. **Zowode**, dem Grafen von Schafgotsch gehörig, hat 1 Vorwerk, 10 Gärtner und liegt eine Meile von Glogau.

115. **Alt-Zülz**, pohln. Solez, liegt 1¾ Meilen von Glogau, gehöret dem Grafen von Oppersdorf, hat 1 katholische Kirche, 1 Schule, 8 Bauern, 10 Häusler und 116 Einwohner.

Dritter Abschnitt.
Von den Städten.

A. Von Neustadt, pohln. Prudnik.

---

§. 1.
Geschichte.

Wenn Neustadt erbauet worden, ist unbekannt, sie hieß ehemals Prudnik, soll nach einer Sage von: den Tempelherrn fundiret, und von ihnen eine geraume Zeit besessen worden seyn; sie hatten auf einer Anhöhe daselbst ein festes Schloß, Wogenbrüssel genannt, und einige Dörfer, welche zu diesem Schlosse gehörten.

Nach ihrer Vertreibung wurde das Schloß und die Güter im Jahre 1312 das Eigenthum der Herzoge.

Im Jahr 1373 war in Neustadt eine schreckliche Pest, daß nur ein Bürger am Leben blieb.[1] Das älteste Dokument, welches Neustadt aufzuweisen vermag, ist vom Jahr 1389,[2] so Herzog Ladislaus am Donnerstag vor Oculi ausstellen lassen, nach welchem er der Stadt das Dorf Alt=Kozem, die Gerichte, wie er sie genüßt, mit allen Bussen, Todtschlägen, Gewalt und Nothzüge schenkte, und die

---

[1] Henel. Sil. renov. P. I. c. VII. p. 330.
[2] Rathhäußlich Archiv.

die Erlaubniß ertheilte, eine Walkmühle zu erbauen.¹) Dies Privilegium bestätigte Herzog Konrad 1420.

Im Jahre 1402 kaufte die Stadt einige Huben Acker zu Riegersdorf. Herzog Bolko zu Oppeln schenkte 1430 zum bessern Aufkommen der Stadt, das im Hußitenkriege wüste gewordene Dorf Neu-Kozem erblich.

Noch waren keine ordentliche Zünfte zu Neustadt, daher ich fast auf die Vermuthung gerathe, daß Neustadt nicht so gar alt ist, wenigstens spät deutsches Recht erhalten, denn ordentliche Zünfte waren immer Folgen desselben.

Die Schumacher waren die ersten, denen der Herzog Hans 1506 ordentliche Innungsartikul gab.

Die Bäcker erhielten solche von der Königin Isabella 1555, und die Büttner, Kirschner und Züchner errichteten blos nach dem Beyspiel anderer Städte, und da die Zahl ihrer Handwerksgenossen wuchs, 1564, 1568 und 1567 Innungen unter sich, ohne erst darüber Privilegia zu suchen. Die Tuchmacher privilegirte Kaiser Rudolph 1597.

Der Handel mit Wein und Garn mochte die Einwohner in vermögende Umstände gesetzt haben, denn die Bürger konnten 1561 die Domaine Neustadt Pfandweise an sich bringen. Der Kaiser Maximilian mit der Verpfändung zufrieden, gab 1567

1) Es müssen damals viele Tuchmacher im Orte gewesen seyn.

1567 der Stadt das Recht mit rothen Wachs zu siegeln.

Im Jahr 1570 kaufte die Gemeine Stadt von Sebastian Buttler und Hans Engelbrecht die Vogten, den Freyhof in der Stadt, eine Badstube, die Fleisch- und Brodtbänke, einen Kuchentisch, eine Mühle und einen kleinen Wald; welchen Kauf Kaiser Maximilian II. den 22. Febr. gedachten Jahres bestättigte. Vom Freyherrn von Proskau kaufte Neustadt 1598 das Dorf Kreisewitz, 1604 aber von Ludomilla Djarowski Kreschendorf; und endlich brachte 1607 die Kämmerey die innengehabten Pfandsgüther der ehemaligen Domaine käuflich an sich, welche aus den Dörfern Schnellewalde, Riegersdorf, Leuber, Jaßen und Wilschgrund, dem Stadt-Zoll, den Gebürgen und Wäldern, welche letztere Neubeck, Rosenau, Haus- und Burgberg heissen, bestand. Das Schloß sollte zwar mit der Stadt verbunden bleiben, doch behielt sich der Kaiser das Eigenthumsrecht darüber vor. Bey dieser Gelegenheit erhielt Neustadt eine Vermehrung ihres Stadt-Wappens.

Der dreyßigjährige Krieg erschien und mit ihm vieles Ungemach, besonders hatte Neustadt das Unglück in einer heftigen Sterbe vom Jahre 1624-1625 einen großen Theil seiner Einwohner zu verliehren, durch eine gewaltige Theurung, wo der Neustädtsche Scheffel Korn von 4 bis 10 Thlr. Schl. stieg, gedrückt, und den 1. Julii 1627¹) ein Raub der Flammen

1) Pohl Brandspiegel setzt zwar 1629, es ist aber vermöge der Archival-Nachrichten 1627 geschehen, wie auch Henel in Silef. Vol. I. c. VII. p. 330 bezeugt.

men zu werden, nur 4 schlechte Häuser blieben übrig. Kirche, Schule, Rathhaus gieng im Feuer auf. Dieser Brand und die überhandnehmenden Religionsverfolgungen trieben viele Einwohner von Neustadt weg.

Herr Senior Fuchs hat die Religionsgeschichte umständlich aus den Originalakten beschrieben, und ich will daraus nur etwas entlehnen.¹)

Die Lehre Lutheri hatte bald anfänglich in Neustadt Eingang gefunden: denn als 1554 der katholische Pfarrer starb, hatte er keine Kirchkinder mehr. Die Evangelischen erhielten die Pfarrkirche und der Magistrat 1556 das Patronatsrecht, worüber er vom Könige Ferdinand privilegirt wurde; allein sie waren nicht zu lange im Besitz der Kirche: denn 1625 würkte der Landeshauptmann von Oppersdorf einen Befehl aus, daß sie zurück gegeben und mit katholischen Pfarrern besetzt werden sollte; und den 11. Febr. 1629 wurde diese Verfügung durch den Capitain la Morbi und einer Fahne Soldaten ausgeführt. Die Evangelischen sandten zwar Deputirte nach Wien; allein die Antwort war keinesweges nach Verlangen, und man fuhr mit der gewaltsamsten Reformation fort.

Die schwedischen Truppen setzten zwar den verjagten Prediger wieder ein; allein kaum hatten die Schweden die Stadt verlassen, als die Verfolgungen wieder anfiengen. Man trieb die Bürger mit Ge-

---

1) Materialien zur evangelischen Religionsgeschichte von Oppeln, 2. St. S. 26. f. f.

Gewalt zur Beichte, und wer einmal gebeichtet hatte, durfte nicht mehr seine Meinung ändern.

Der Graf Hodiz kaufte 1653 einen Garten nahe an der von den Evangelischen erbauten Begräbniß-Kirche, schenkte solche den Kapuzinern, die durch Unterstützung des damaligen Weyhbischofs Lisch ein Kloster erbauten, wozu auch noch die neben anstehende Begräbnißkirche gegeben wurde.¹)

Im Jahr 1708 bekam durch ein besonderes kaiserliches Dekret die Stadt den Beynamen: Königlich, man nannte sie vorher gewöhnlich Pohlnisch-Neustadt.²) Es wurde 1727 eine weisgarnigte Leinwandmanufaktur errichtet, weshalb der Kaiser einige Vorrechte wegen der Zölle und der Einquartirung ertheilte.

Die Stadt wurde Preußisch, und 1742 erhielten die evangelischen Glaubensgenossen durch Vermittelung des Grafen von Dohna die Erlaubniß zu Erbauung einer Kirche, wozu der König das Schloß gab nnd ein Salarium für den Prediger bestimmte. Der erste evangelische Pastor war Johann Albrecht Schüßler 1742, diesem folgte Samuel Raticke 1764.

1744 den 13. Decemb. wurde Neustadt von den Oesterreichern geplündert.

Auf

---

1) Es schreibt zwar Fibiger in Henel. Sil. P. I. c. VII. p. 330. daß dieses Kloster 1657 vom Weihbischof Joh. Balth. Lisch 1657 sey fundirt worden; es geschah aber durch den Graf Hodiz, wie die Neustädt. Rathhäusl. Akten im Original beweisen.

2) Walth. Dipl. p. 459.

Auf dem sogenannten Kapellenberge bey Neustadt wohnten zwey Einsiedler, die vom Allmosen lebten. Im Jahr 1747 fand sich der dritte dazu und der Kaufmann Paul Weidinger machte eine Stiftung von 2400 Rthlr. Capital, daß von den Interessen die Eremitten erhalten werden sollten; der Bischof zu Breslau, Cardinal von Sinzendorf, gab hierzu nicht allein seinen Consens, sondern schrieb den Eremitten auch gewisse Ordensregeln vor, und gab sie unter die Aufsicht des Erzpriesters.

Der Stifter starb, und sein Sohn der Commerzienrath Weidinger fand für gut, dieser Stiftung noch etwas zuzufügen, ein größer Haus und eine Kapelle maßiv zu erbauen, und brachte es beym Bischof Schafgotsch 1751 dahin, daß sie unter die Aufsicht der Kapuziner kamen, auch jederzeit 2 Kapuziner in der Erimetage wohnen sollten; hierüber entstanden Beschwerden, bis endlich die Sache dahin gediehe, daß der König den 4. April 1753 diese Anstalt bestätigte und darüber ein besonders Privilegium gab.

Der siebenjährige Krieg war für Neustadt zwar schädlich, da es gegen 30000 Rthlr. Kriegesschulden bezahlen muste; indessen trafen die Lasten mehr im Anfange als gegen das Ende.

Bald nach Beendigung des siebenjährigen Krieges kamen die Regimenter wieder in ihre ehemaligen Standquartiere, und so kam der Obristlieutnant von Röder nach Neustadt; er war bleßirt, und seine Wunde konnte nicht geheilet werden; ein barmherziger Bruder aus Breslau, welcher sich in dasiger

Gegend einige Zeit aufhielt, war so glücklich ihn wieder herzustellen. Diese Cur erwarb dem Frater, der Probus hieß, viel Zutrauen; man suchte ihn zu bewegen, Neustadt zu seinem bestimmten Aufenthalt zu machen; dies konnte er nicht anders thun, als wenn eine kleine Stiftung für diesen Orden daselbst errichtet würde. Es fanden sich gleich Wohlthäter, und der König, vom Nußen dieses Ordens überzeugt, ertheilte den 11. Merz 1764 die Erlaubniß, für die barmherzigen Brüder in Neustadt ein Kloster anzulegen. Es geschahe, und nun wird dicht am Neisser-Thore ein neues maßives Klostergebäude und Krankenstuben erbauet, da das alte baufällig und klein ist.

Der 28. Febr. 1779 war wohl der schrecklichste Tag, den die Einwohner Neustadts je gehabt haben. Es rückte früh gegen 6 Uhr der General Graf von Wallis mit einem starken Corps Oesterreicher gegen Neustadt, ließen um 7 Uhr den Königl. Preußischen Obristen von Winterfeld zur Uebergabe auffordern, und da die Aufforderung abgeschlagen wurde, so zündeten die Oesterreicher zuerst diejenige Vorstadt, durch welche sie noch am ehesten zur Stadt kommen konnten, an; dann schossen sie auch in die Stadt, und als der größte Theil der Häuser niedergebrannt war, zogen sie wieder heim.

Die Stadt verlohr durch dies Bombardement das Rathhaus, Schule, einige Mühlen, 184 Häuser (in der Stadt und 48 in der Vorstadt.

Der König sahe dies Elend mit gerührtem Herzen an, versprach gleich Hülfe, und gab zum bessern

Aufbau der Häuser nach und nach eine Summe von 127500 Rthlr. wovon auch Neustadt jetzt eine Menge maßive Häuser aufzuweisen hat.

§. 2.
Gegenwärtige Verfassung.

Neustadt ist eine königliche Immediatstadt, gehöret zum Fürstenthum Oppeln, liegt an der Prudnig, 14 Meilen von Breslau, 3 Meilen von Neiß, eine halbe Meile von der Oesterreichschlesischen Gränze. Die Stadt ist an und vor sich etwas bergigt, aber regelmäßig gebauet; hat 4 Thore und ist rings um mit einer ziemlichen hohen Mauer umgeben.

Der Steuerrath des sechsten Departements wohnt daselbst; zur Garnison liegt der Stab und 4 Compagnien vom Kuiraßierregiment von Arnim.

Die Gegend um Neustadt ist angenehm, besonders hat man auf dem Kapellenberge eine gute Aussicht.

§. 3.
Gebäude.

Hier sind folgende Gebäude, wovon der größte Theil maßiv ist:

1. Ein Rathhaus, mit Thurm und Uhr, alles ist neu und gut gebauet.

2. Eine katholische Pfarrkirche, ist ein altes Gebäude mit einem durch das Bombardement beschä-

schädigten Thurm. An dieser Kirche stehet ein Erzpriester, der gegenwärtige heißt Joseph Weidinger, und ist zugleich Canonikus zu Neisse; und ein Kapelan.

3. **Eine evangelische Kirche,** auf dem ehemaligen Schlosse; der daran stehende Pastor Christian Nerling ist zugleich Königl. Oberconsistorialrath und Inspector der evangelischen Kirchen und Schulen in Oberschlesien.

4. **Ein Kloster der barmherzigen Brüder,** nahe am Neißer Thore. In diesem Kloster ist ein Prior, Probus Martini; und 9 Mönche. 1779 sind in diesem Kloster 108 Kranke gewesen, wovon nur 12 gestorben und 96 gesund worden.

5. **Ein Kapuzinerkloster und Kirche,** in der Vorstadt, in welcher sich gegenwärtig ein Guardian und 16 Ordensbrüder befinden.

6. **Die sogenannte Eremitage und Kapelle** auf dem Berge; hier ist ein Superior, ein Koch und 3 Eremitten.

7. Eine katholische Schule.

8. Eine evangelische Schule.

9. Das Hospital, welches jährlich über 500 Rthl. Einkünfte hat.

10. Ein Weiber-Hospital, so eine neue Stiftung ist.

Bür-

Bürgerhäuser, in der Stadt 207, in der Vorstadt 212, zusammen 419; unter den letztern sind 4 Mühlen und eine Tuchwalke.

§. 4.
Von den Einwohnern.

Die Sprache der Einwohner ist deutsch, die Religion gemischt, doch ist der größere Theil katholisch. Ihre Anzahl war: 1754 — 2905
1764 — 2722
1774 — 3048
1784 — 3326

L i s t e
der Getrauten, Gebohrnen, Gestorbenen.

Jahre	Kath.	Evang.	Kath.	Evang.	Kath.	Evang.
1777	47	9	140	32	143	20.
78	37	5	160	30	200	34.
79	03	3	135	40	187	32.
80	53	7	156	38	85	26.
81	31	19	151	44	148	34.
82	36	7	142	36	123	37.
6 Jahr	227	52	883	220	886	183.
	279		1103		1069	
1 Jahr	46		184		178	

Das

Das Consumo von Neustadt ist jährlich: 960 Scheffel Weitzen, 860 Scheffel Roggen, 792 Scheffel Gerste, zum Backen; 1464 Scheffel Brandtwein-Schroot, 3260 Scheffel Malz zum Brauen, 120 Ochsen, 956 Schweine, 1100 Kälber, 2090 Hammel.

§. 5.
Gewerbe der Einwohner.

Die Nahrungszweige der Einwohner Neustadts sind folgende:

1. **Ackerbau.** Die Bürger besitzen über 4300 Scheffel Aussaat.

2. **Bierbrauen.** Diese Gerechtigkeit haftet auf 160 Häusern. Folgende Dörfer müssen Stadtbier kaufen als: Jassen, Kreiwitz, Dittersdorf, Kreschendorf, Lenber, Neubeck, Wilschgrund, Schnellewalde, Schweinsdorf, Antheil-Riegersdorf, Zeiselwitz.

3. **Fertigung der Spitzen, Leinwand und Tuche.** Kinder und Dienstbothen beschäftigen sich mit Kleppeln, und es ist eine wahre Freude, an einem Sommernachmittag oder gegen Abend die Stadt auf- und abzugehen; keine Hausthür ist leer von Weibspersonen, und alle machen Spitzen. Es sind theils die sogenannten pommerschen, theils andere starke Spitzen, so meist nach Pohlen gehen, auch vom gemeinen Manne zur Zierde um die Bettücher gekauft werden. Gefertigt und versandt sind:

1778 — 18980 Ellen.
1779 — 13560 —
1780

1780 — 16050 Ellen.
1781 — 13316 —
1782 — 12990 —
1783 — 19224 —

Die Leinwand-Manufaktur ist ganz ansehnlich, es sind hier 234 Weberstühle, worauf im Jahre 1782 gefertiget worden:

2635 Dutzend Schnupftücher.
319 Schock blaue Leinwand.
400 Schock weiße Leinwand.
350 Schock Schürzenleinwand.
250 Schock bunte Leinwand.
172 Schock Schachwitz.

Hierdurch werden 341 Personen beschäftigt.

An Tuchen und Flanellen werden über 400 Stück gefertigt und an 600 Stein Wolle verarbeitet. Diese Arbeit erhält über 120 Menschen.

4. Im Handel. Dieser Zweig ist ansehnlich, vorzüglich mit Garn, Leinwand und Wein. Ersterer hat zwar wegen der verbotenen Ausfuhre etwas abgenommen, indessen ist der zweyte beträchtlicher worden. Garn wurde nach Neustadt gebracht.

1780 — 2264 Schock.
1781 — 1887 —
1782 — 1616 —
1783 — 507 —

Der Weinhandel bestehet meist in Hungarischem Wein. Dann sind hier 11 Kram-Gerechtigkeiten, deren Besitzer mit allerhand Specerey und Schnittwaaren handeln.

Zwey privilegirte Tuchhändler.

Jahrmärkte werden 4 gehalten: an Lichtmeß, Himmelfahrt, Michael und Andreä.

5. Allerhand Künste und Handwerke: Eine Apotheke, 1 Bader, 12 Bäcker, 4 Barbier, 1 Blattbinder, 1 Bleicher, 2 Buchbinder, 2 Büchsenmacher, 1 Bürstenbinder, 6 Büttner, 1 Damastweber, 4 Drechsler, 3 Färber, 19 Fleischer, 3 Glaser, 1 Goldschmied, 7 Grützmacher, 4 Gürtler, 8 Handschuhmacher, 5 Hutmacher, 1 Kammacher, 1 Klempner, 1 Knopfmacher, 5 Kraftmehlmacher, 1 Kunstpfeiffer, 1 Kupferschmidt, 9 Kirschner, 1 Mahler, 2 Maurer, 4 Müller, 3 Nabler, 2 Perückenmacher, 2 Pfefferküchler, 3 Posamentier, 2 Rademacher, 5 Riemer, 6 Rothgärber, 5 Sattler, 1 Schleifer, 5 Schlosser, 11 Schmiede, 18 Schneider, 1 Schornsteinfeger, 24 Schuster, 4 Seifensieder, 8 Seiler, 1 Sporer, 1 Steinmetzer, 7 Strumpfstricker, 1 Strumpfwürker, 8 Tischler, 5 Töpfer, 4 Tuchmacher, 1 Tuchscherer, 1 Wachsbleicher, 1 Wachszieher, 5 Weisgärber, 1 Ziegelstreicher, 3 Zimmerleute, 1 Zinngiesser, 2 Zuckerbäcker.

§. 6.

§. 6.
Allerhand.

Die Kämmerey besitzt folgende Dörfer: Schnellewalde, Leuber, Dittersdorf, Jaßen, Kreiwitz, Kröschendorf, Vogtey, Schweinsdorf, Antheil-Riegersdorf, Zeiselwitz, einen ansehnlichen Wald, Ziegeley, Teiche ꝛc. Ihre jährliche Einkünfte sind 12000 Rthlr. die zu Salarirung der Städtischen Officianten, zu den offentlichen Bauten ꝛc. verwandt werden.

Der Magistrat ist in das Polizey- und Justiz-Departement getheilet, und bestehet aus einem Direktore, Herrn Johann Daniel Schwechten; Burgermeister, Herrn Johann Gottl. Rieck; Rathmann, Herrn G. F. Balde; Syndicus, Herrn Theod. Ludw. Gros; Rathmann, Herrn Carl Peter Meiring; Kämmerer, Herrn J. And. Zingiesser; Rathmann und Registr. Herrn Lud. Cannabäus; Secretair und Assessor, Herrn Christ. Gott. Schüttner.

Die Königl. Bedienten sind:

Accisamt. Herr Joh. Gottl. Nitsche, Einnehmer; Herr Joh. Christ. Lehmbruch, *Controlleur de Ville*; Herr Hofmann, Controlleur.

Inquisitoriat. Inquisitor publicus ist der Stadtdirektor Schwechten; hat den Neustädter, Koseler, Meißer, Grottgauer, Rattiborer, Leobschützer und Plesner Kreis.

Post

Postamt. Herr Johann Ludwig Schefler.

Die Posten in Neustadt kommen an:

Montag. Die fahrende Post aus Rattibor, Leobschütz, in der Nacht um 12 Uhr. Die fahrende Post aus Kosel, Zülz.

Dienstag. Die fahrende Post von Wien über Troppau. Die reitende Post daher früh um 10 Uhr.

Mittwoch. Die fahrende Post aus Breslau, über Neiß, Nachmittag um 4 Uhr.

Donnerstag. Wie am Montage.

Sonnabend. Die reitende Post von Troppau, und die fahrende von Breslau.

Gehen ab:

Sonntag. Die fahrende Post nach dem Kaiserlichen bis Jägerndorf.

Dienstag. Die fahrende Post nach Breslau über Neiß, früh um 6 Uhr. Die reitende nach Neiß früh um 10 Uhr.

Mittwoch. Die fahrende Post nach Leobschütz, Rattibor, Pohlen, Nachmittag um 4 Uhr. Die fahrende nach Zülz, Abends um 6 Uhr. Die reitende nach Troppau.

Freytag. Wie Dienstag.

Sonnabend. Wie Mittwoch.

Salz-

Salzfactorey.

Steuerrath, Herr Christian Wilhelm Schröder ist Krieges- und Steuerrath des sechsten Departements über die Oberschlesischen Städte auf der deutschen Seite der Oder. Herr Johann Carl Sander ist Kreiscalculator.

Das Wappen der Stadt ist ein silbern Schild mit einem Stück Stadtmauer, einer ofnen Pforte und zwey schmalen Thürmen, und zwischen denselben ein aufrecht stehender Löwe mit doppeltem Schweife.

§. 7.
Von den Statuten.

Hier sind nicht eigentliche Statuten, sondern nur folgende Gewohnheitsrechte eingeführet:

1. *Communio bonorum* unter Eheleuten, daß wenn Eheleute Kinder erzeuget, alsdenn das vorhandene Vermögen, aus welchem Erwerb es auch herrühren mag, als ein gemeinschaftliches Gut betrachtet werde.

2. Wenn aber nach eines der Ehegatten Tode keine Kinder mehr am Leben vorhanden, so höret *Communio bonorum* auf, und wird alsdenn folgendergestalt verfahren:

Der

Der überbleibende Ehegatte, ist berechtiget sein zugebrachtes und erweislich habendes Vermögen aus der Erbesmasse zu fordern, und kann nicht angehalten werden, die etwannigen Paßivschulden zu bezahlen. Ueberdem fällt ihm zu:

a) Des abgelebten Ehegatten Hochzeitkleidung, wozu aller Schmuck, Wäsche ꝛc. gerechnet wird, was am Hochzeittage getragen worden.

b) Das Ehebette.

c) Der halbe Theil der Hochzeitgeschenke.

3. Ist Gewohnheit, daß wenn einerley Kinder vorhanden, der am Leben bleibende Ehegatte zu keiner Inventur anzuhalten sey.

4. Daß der jüngste Sohn bey Theilung der Immobilien den Vorzug habe.

B. Von der Stadt Zülz. (Biala.)

§. 1.
Geschichte der Stadt.

Böhm in seinen diplomatischen Beyträgen hat das älteste Dokument von Zülz aufbewahret, es ist ein Kaufbrief Herzog Heinrichs zu Falkenberg, nach welchem er 1380 dem Peter Heidereich 12 Morgen Acker zu Czülze verkauft.

Die

Die meisten Zünfte wurden zu Anfange des sechszehnten Jahrhunderts gestiftet; so gab Herzog Hans zu Oppeln 1502 den Leinwebern, 1503 aber den Schneidern, Bäckern und Schumachern im innerlichen Handwerksmäßige Einrichtung; 1564 aber, nachdem die Domaine Zülz an den Kaiser gefallen, ertheilte Ferdinand den Fleischern, Schmieden, Schlossern und Tischlern ihre Privilegien.

Den 28. October 1544 brannte die Stadt ab.

Der Kaiser versetzte die Domaine an die Grafen Christoph von Proskau, und 1602 verkaufte solche Kaiser Rudolph.

Die Pest wüthete 1632 und 1633 in Zülz.

Den 22. Sept. 1769 ward durch ein Feuer die jüdische Synagoge und 12 Häuser ein Raub der Flammen.

§. 2.

Von der Kirche.

Die Pfarrkirche brannte 1544 mit der Stadt ab, und wurde 1550 durch die besondere Unterstützung eines von Horbstein, welcher eine Copie vom Marienbilde in Czenstochau darein schenkte, wieder hergestellt. Zu dieser Kirche kam 1690 die Kirche zu Altstadt, letztere wurde *filia* von der erstern. Als im Jahr 1632 und 1633 die Pest wüthete, so baute man zum Andenken des Pestpatrons 1655 noch eine Kapelle, wozu die Baroneße von Kochtzitz das
mei-

meiste beytrug. In dieser Kapelle sind verschiedene Grabmäler; besonders zeichnet sich eines gut aus, welches einem 1662 daselbst verstorbenen Joachim von Mitzlaf zu Ehren errichtet worden.

§. 2.
Von der Verfassung der Juden zu Zülz.

Die Stadt Zülz ist von jeher eine allgemeine Freystadt der Juden gewesen; wie es aber zugegangen, daß sich die Juden diesen Ort zu ihrem besondern Aufenthalt gewählt, ist aus Mangel der Nachrichten nicht zu erforschen. So viel ist indessen gewiß, daß sich schon 1562 eine besondere jüdische Gemeinde daselbst befunden hat. Denn als das Fürstenthum Oppeln durch das Absterben des letzten Herzogs eine Domaine der Krone Böhmen wurde, versetzte der Kaiser die Herrschaft Zülz an den Graf George Christoph von Proskau, und in dem gefertigten Anschlage wird auch der Einkünfte von der Judengemeinde zu Zülz gedacht. Als der Kaiser Rudolph 1606 die Herrschaft Zülz den Pfandinnhabern verkaufte, wurde ihnen auch die Judengemeinde überlassen.

Kaiser Ferdinand *II.* privilegirte 1627 und 1628 die Prager und Schlesischen Juden dahin, daß sie alle schlesische und andere öffentliche Jahr- und Wochenmärkte, gleich andern christlichen Kaufleuten, zu bereisen und zu handeln Macht haben, auch mehr Abgaben als die Christen geben sollten. Die

Zülzer Juden aber trauten diesem Gesammt-Privilegio nicht recht, sondern bemühten sich um ein auf sie eigentlich gerichtetes, so sie 1699 den 17. Julii empfiengen. Indessen enthält dieses Privilegium nichts neues, es werden blos die den Prager und Schlesischen Juden verliehenen Gerechtsame auch den Zülzern besonders zugestanden.

Die Vorfahren der Juden von Zülz wohnten, nach einer alten Sage, in der Vorstadt gegen Neiß; weil sie sich aber verschiedener Verhelungen der Diebsbanden schuldig gemacht, mußten sie, um bessere Aufsicht über ihr Verhalten haben zu können, nach der Stadt ziehen, wo sie anfänglich 6 Häuser besaßen.

Sie vermehrten sich aber gar sehr, und besonders dadurch, daß die Grundherrschaft alle fremde Juden auf und annahm. Hierüber entstand nach der Eroberung von Schlesien mit dem Königl. Fisco ein Prozeß, welcher viele Jahre dauerte, aber zum Vortheil des Dominii dergestalt entschieden wurde, daß, da ihm die Toleranz der Juden in Zülz gebühre, es auch Schutzgelder und so weiter zu nehmen berechtigt sey.

Gegenwärtig besitzen die Juden 40 Häuser; der mehrere Ankauf wird ihnen etwas erschwert. Die mit diesen Häusern verbundene Braugerechtigkeiten und Aecker haben die Christen an sich gekauft, dagegen aber sich verbindlich gemacht, die Einquartirung in Friedenszeiten zu tragen.

Als Besitzer der Häuser stehen die Juden unter dem Magistrat, für ihre Person aber unter dem Dominio.

Beschr. v. Schl. III. B. 2. St.   K   Die

Die Juden haben ihr eignes Gericht, so aus den Rabinern, Juristen und Aeltesten bestehet, welche in Ehe- Erbschafts- und Personal-Schuldsachen Recht sprechen, und von deren Spruch an das Dominium appellirt, an das Oberamt zu Brieg aber revidirt werden kann. In Streitigkeiten, welche von der Posseßion herkommen, wird der Prozeß beym Magistrat geführt, und nicht an das Dominium, sondern an das Oberamt appelliret.

Die Aeltesten werden von der Gemeinde, so wie die sogenannten 15 Mann, welche den Ausschuß der Gemeinde vorstellen, gewählt, und ersters vom Dominio bestätiget und vereidet. Die Gewalt der Aeltesten bestehet ausser gleicherwähnter Jurisdiction darin, daß sie die Gemeinbedienten, als Schammesse, Caßirer, Fleischer ein- und absetzen können, daß sie die Aufsicht auf Religion und Polizey haben, und dann dafür sorgen, damit die Abgaben bestritten werden. Sie sind auch verbunden, das Geburtsbuch der dasigen Juden genau zu führen.

Die Judengemeinde hat ihre eigne Gemeinkasse, woraus sie alle Onera bezahlt. Sie geben ein festgesetztes Quantum an Canon zur Königl. Domainenkasse, bezahlen die Silberlieferungs-Zuschußgelder mit der ihnen aufgelegten Summe, müssen dem Dominio ansehnliche Abgaben, dem Bischof zu Breslau, der katholischen Geistlichkeit zu Zülz und der Kämmerey zu Oppeln Zinsen entrichten. Diese Gelder nun bringen sie, theils nach jährlich auf ihr Vermögen gemachten Schatzungen, theils durch die Auflagen, so sie aufs Fleisch, auf die Tauche gelegt, zusammen; wozu auch die beständig ausserhalb Zülz

woh-

wohnenden, aber von Zülz gebürtigen oder daher abstammenden Juden beytragen müssen.

Die Zülzer Juden können in Oberschlesien mit allerhand Kleinigkeiten hausiren gehn; vermuthlich ist diese Gerechtsame durch das anfänglich zu weit ausgedehnte Privilegium, alle Jahr- und Wochenmärkte zu besuchen, entstanden.

§. 4.
Gegenwärtige Verfassung der Stadt.

Zülz ist eine Mediatstadt, gehöret dem Grafen von Matuschka, liegt eine Meile von Neustadt, drey von Neisse, und hat zur Garnison eine Kompagnie vom Kuirasierregiment von Arnim.

Hier sind folgende Gebäude:

Ein herrschaftliches Schloß.

Eine katholische Kirche; sie ist ziemlich groß, und maßiv gebauet; es stehet an derselben der Erzpriester und Stadtpfarrer Anton Jaschik seit 1755 und ein Kapelan. Zu dieser Erzpriesterey gehören folgende acht Parochien: Altzülz, Deutschmülmen, Simsdorf, Loncznick, Ellgoth, Schmierz, Stinau und Pramsen; auch stehet das Kloster Wiese bey Glogau unter der Aufsicht des hiesigen Erzpriesters.

Bey dieser Kirche standen ehemals: Jeremias Lange aus Oppeln, Erzpriester; Stanislaus Trzanschiglowsky, Johann Begala aus Trebnitz, D. Theologiæ, bis 1755.

Zur Stadtkirche sind eingepfarrt: Altstadt, Schönowitz und Waschelwitz.

Die kleine katholische Kirche zum St. Fabian und Sebastian.

Das Hospital nebst der Kirche St. Rochus genannt, liegt am Neisser Thore, hat jährlich 167 Rthlr. Einkünfte, so blos Interessen von ausgelehnten Kapitalien sind. Hier werden 7 Arme verpflegt.

Eine Schule, an der ein Rektor stehet.

Ein Rathhaus.

Eine Synagoge der Juden.

Privathäuser: 199 christliche und 40 jüdische, welche aber von elender Beschaffenheit sind.

§. 5.

Einwohner.

Das Gewerbe der Einwohner ist:

1. Ackerbau; die Bürger besitzen 540 Scheffel Aussaat.

2. Bierbrauen, so aber von keinem sonderlichen Belange ist.

3. Handel; es sind hier zwar 9 Kramgerechtigkeiten, allein die Menge der Juden benimmt den christlichen Händlern alle Nahrung und Verdienst.

Jahrmärkte werden fünfe gehalten.

4.

4. **Handwerke und Künste.** Hier sind: Ein Apotheker, 6 Bäcker, 3 Barbier, 9 Brandteweinbrenner, 1 Buchbinder, 3 Büttner, 1 Färber, 8 Fleischer, 1 Glaſer, 2 Goldschmiede, 7 Kürschner, 2 Maurer, 3 Müller, 1 Pfefferküchler, 1 Rademacher, 5 Riemer, 2 Rothgärber, 2 Sattler, 3 Schloſſer, 9 Schmiede, 16 Schneider, 1 Schornsteinfeger, 16 Schuster, 3 Seifensieder, 4 Seiler, 1 Strumpfſtricker, 6 Tischler, 2 Töpfer, 14 Weber.

5. Eine Menge Frauenzimmer machen grobe Spitzen, jährlich werden etwan 5 höchstens 6000 Ellen gefertiget.

Die Sprache der Einwohner ist pohlnisch und deutsch, die Religion katholisch und jüdisch, und ihre Zahl war:

1780 — 1035 Christen. 1001 Juden.
1781 — 1037 — 1024 —
1782 — 961 — 1061 —

Liſte der in der Stadt Zülz ohne die Eingepfarrten

Jahr.	Paar.	Getrauten.		Gebohrnen.		Gestorbenen.
		Knab.	Mädg.	Männl.	Weibl.	
1779	6	15	14	14	25.	
80	9	26	29	24	14.	
81	12	23	18	28	21.	
82	5	30	42	25	23.	
83	5	29	19	22	26.	
5 Jahr	37	123	122	113	108.	

245   221
1 Jahr über 7 Ehen   49   44

Also auf eine Ehe 7 Kinder, aber auf 25 Lebende ein Todter.

Das jährliche Consumo ist: 336 Scheffel Weitzen, 4320 Scheffel Roggen, 144 Scheffel Gerste, zum Backen; 816 Scheffel Malz, 317 Stück Ochsen,[1] 300 Stück Schweine, 309 Stück Kälber, 560 Hammel.

§. 6.
Allerhand.

Der Magistrat bestehet aus einem Burgermeister, Franz Moser; Polizeyburgermeister, Franz Joseph Scholz; Kämmerer, Jeremias Geyer; Notario, Franz Weis; Rathmann, Franz Marquis.

Die Königl. Bedienten sind:

Das Accis- und Zollamt.

Das Juden-Tolleranzamt.

Das Postwärteramt.

C. Von Ober- oder Klein-Glogau, Gorny Glogov.

NB. Die Beschreibung dieser Stadt wird bey Leobschütz vorkommen.

---

1) Die gegen die Personenzahl in Betracht anderer Städte stärkere Consumtion der Ochsen und weniger der Schweine mag wohl von der Menge der Juden herrühren.

Beschreibung

des

Rattiborschen Kreises.

Eintheilung.

Erster Abschnitt. Vom Rattiborer Kreise überhaupt.
  §. 1. Lage, Gränzen, Größe.
  §. 2. Beschaffenheit, Fruchtbarkeit des Bodens.
  §. 3. Berge und Mineralien.
  §. 4. Waldungen.
  §. 5. Seen, Teiche, Flüsse.
  §. 6. Hausthiere.
  §. 7. Einwohner.
  §. 8. Wohnungen.
  §. 9. Aeuserliche Verfassung.

Zweyter Abschnitt. Von der Regentengeschichte.

Dritter Abschnitt. Vom Kreise insbesondere.
  §. 1. Namen und Beschreibung der Dörfer.
  §. 2. Vom Kloster Rauden.

Vierter Abschnitt. Von den Städten.
  A. Von Rattibor.
  B. Von Rübnick.
  C. Von Sohrau.

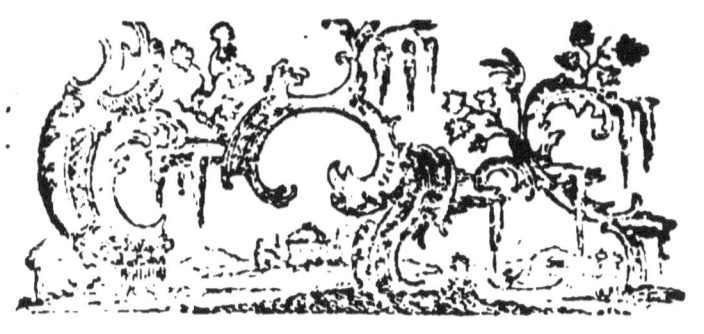

Erster Abschnitt.
Vom Rattiborer Kreise überhaupt.

§. 1.
Lage, Gränzen, Größe.

Das Fürstenthum Rattibor gränzt gegen Norden an das Fürstenthum Oppeln, gegen Westen an die Fürstenthümer Troppau und Jägerndorf, gegen Süden an die freyen Minderherrschaften Oderberg und Loslau, und an die freye Standesherrschaft Pleß, welche letztere auch gegen Osten die Gränze macht. Es ist das kleinste unmittelbare Fürstenthum in Schlesien, und macht deshalb nur einen Kreis aus, ist an manchen Orten zwar 4 Meilen breit und 7 Meilen lang;

lang; an andern aber schmäler, und mag etwan 14 bis 15 Quadratmeilen enthalten. Seit der Preußischen Regierung sind 4 Dörfer vom Koselschen Kreise ab- und diesen zugeschlagen worden.

§. 2.
Berge und Mineralien.

Der Kreis bestehet meist aus Hügeln, indessen giebt es eigentliche Berge nicht. Die Gegend um Sohrau und gegen Oderberg zu ist eben. In der Erde sind:

Steine. Ein Kalksteinbruch bey Pschoch; die Steine sind 1 bis 2 Klaftern tief, theils weis, theils blau, und brauchen solche mehr Feuer als gewöhnlich; der blaue giebt beym Brennen einen starken Schwefelgeruch.

Gipssteine, bey eben diesem Dorfe in einem Berge bey dem Walde, so aber mühsam ausgegraben werden müssen; und bey Czerniz.

Mühlensteine, zu Rydultau, Niwiadorn.

Bausteine, zu Ober-Radaschau.

Thon sehr wenig.

Torf gar nicht.

§. 3.
Beschaffenheit, Fruchtbarkeit des Bodens und Produkte.

Der Boden auf der deutschen Seite ist gut und ergiebig, der auf der pohlnischen Seite der Oder aber san-

sandig, kalt und naß. Die Beackerung geschiehet auf den Dörfern der deutschen Seite wie in Niederschlesien, es wird ein Drittel Brache gehalten und Weitzen gebauet; auf der pohlnischen Seite aber nur Roggen, etwas Gerste und Haber. Die Brache ist hier eigentlich nicht üblich, dagegen bleiben große Distrikte aus Mangel des Düngers und wegen schlechter Beschaffenheit oft viele Jahre unbearbeitet.

Heu wird gewonnen jährlich 4320 Fuder.

Flachs wird nicht so häufig, doch mehr, als der eigne Bedarf erfordert, angebauet; dagegen erzeugt man in den Dörfern, die an Rattibor und Oderberg liegen, eine Menge Hanf, der nach Rattibor auf einen besonders dazu eingerichteten Markt gebracht und im ganzen Lande verfahren wird.

Obstbäume waren 33459 Stück; der Obstbau ist also geringe.

Maulbeerbäume nur 1632 Stück.

§. 4.

Von den Waldungen,

Der Kreis hat ansehnliche Waldungen und beynahe die Hälfte ist Wald; die Forsten bestehen meist aus Nadelholz, doch giebt es hin und wieder Eichwälder, besonders an der Oder. Waldbienen sind keine.

§. 5.

§. 5.
Seen, Teiche, Flüsse.

Eigentliche Seen werden hier nicht angetroffen, dagegen aber viele ansehnliche Teiche. Es ist ein Ueberfluß an Fischen, welcher in die weniger fischreichen Gegenden verfahren wird.

Flüsse sind die Oder, so den Kreis in zwey ungleiche Theile scheidet, ist schifbar; und eine Menge kleiner Bäche, die keine bestimmte Namen haben.

§. 6.
Hausthiere.

Pferde und Kühe auf der deutschen Seite sind von ziemlichem Schlage, dagegen die auf der pohlnischen desto kleiner. Ihre Anzahl ist 4089 Pferde, 2189 Ochsen, 8772 Kühe, 32816 Schaafe, 5801 Schweine, 2589 volle Bienstöcke.

§. 7.
Einwohner.

Die Anzahl der Einwohner war ohne die Städte
im Jahr: 1756 — 19495.
    1766 — 20162.
    1776 — 20648.
    1783 — 20795.

Liste

Liste der Getrauten, Gebohrnen und Gestorbenen.

Jahr.		Paar.	Knab.		Mädg.		Mänl.	Weibl.	
			Ehl.	Unehl	Ehl.	Unehl			Sum.
1782	Civil.	296	662	37	652	33	1384	406	404.
	Milit.	49	80	8	66	—	66	80	73.

Die Religion ist durchgehends die katholische, und die herrschende Sprache die pohlnische; hin und wieder reden einige Einwohner deutsch. In den Städten aber trift man mehr deutsche, auch evangelische Glaubensgenossen an.

Der gemeine Mann auf den Dörfern hat eine große Neigung zum liederlichen Leben, vorzüglich zum Fressen und Saufen, und ist widerspenstig.

§. 8.
Wohnungen.

Die Schlösser Tworkau, Rybnick, Slawickau, Brzeznitz, Listoch und Krzizanowz, sind schön und groß; das Rattiborer war auch gut, nähert sich aber dem Untergange.

Die Wohnungen der Landleute auf der deutschen Seite sind ziemlich gut von Bindwerk, die auf der pohlnischen aber meist von Schrotholz.

Im Kreise sind:
3 Städte.
1 Marktflecken.
143 Dörfer, worunter 8 Kolonien.
1 Feldkloster.

In den Dörfern:
134 Vorwerke.
33 Kirchen.
1297 Bauern.
2780 Gärtner.
642 Häusler.
3 Hohe Oefen, worinn über 14000 Centner Eisen gefertigt wird.
13 Frischfeuer.
1 Drathzug; hier werden gegen 200 Centner Drath fabriciret.
1 Kupferhammer, welcher jährlich 200 bis 250 Centner Kupfer schmiedet.
4 Bleichen.

§. 9.
Verschiedene äuserliche Verfassung.

Der Rattiborsche Kreis gehöret, was die Steuersätze betrift, zur dritten Classe, und wegen der Vieh-Assekuranz zur dritten Societät.

Ihm ist in Kameralsachen vorgesetzt der Landrath, gegenwärtig in der Person Herrn Johann Heinrich von Wrochem; der Marschkommissarius, Herr von Adelsfeld; die Kreisdeputirten, Herr von Laschoffs und Holli.

Der Kreysphysikus, Herr D. Kratochwil; und der Steuereinnehmer, Herr von Birckhahn.

Der Stadt Rattibor und Riebnick gehören zum sechsten, Sohrau aber zum siebenten Steuerräthlichen

chen Departement. Die Justiz verwaltet jeder Ort durch die Magiſträte oder Juſtitiarien, und ſtehet der Adel und diſtinkte Perſonen unter dem Oberamte zu Brieg.

Das Cuiraßierregiment von Dalwig hat die Werbung.

Zweyter Abſchnitt.
Von der Regentengeſchichte des Fürſtenthums Rattibor.

Der erſte beſondere Herzog von Rattibor war Premislaus, ein Sohn Uladislai, Herzoges in Oberſchleſien; er erhielt 1273 das Fürſtenthum, und ſtarb 1309; er hatte 3 Kinder.

Euphemia erwählte den geiſtlichen Stand, und lebte als Priorin im Kloſter zu Rattibor.

Anna war an den Herzog Nicolaus II. zu Troppau verheurathet, und

Lesco wurde nach ſeines Vaters Tode Herzog zu Rattibor; er unterwarf ſich 1327 dem Könige in Böhmen, und ſtarb 1340 ohne Erben.

Seiner Schweſter Sohn Nicolaus III. folgte ihm, und dieſem Johann I. deſſen Sohn Johann II. nach ſeines Vaters Tode das Herzogthum Rattibor erhielt; er war einige Zeit am pohlniſchen Hofe und ſtarb 1429.

Sein

Sein ältester Sohn kam zur Regierung, welcher Johann *III.* hinterließ; dieser fiel, weil er ein eifriger Anhänger des Königs von Pohlen war, in die Ungnade des Königs von Ungarn. Seine 3 Söhne, Nicolaus, Johann und Valentin, regierten gemeinschaftlich, und Valentin starb zuletzt 1516; nach dessen Tode das Fürstenthum an Herzog Hans zu Oppeln, und nach dessen Tode an den König von Böhmen fiel, der es mit Oppeln verschiedentlich verpfändete; wie bey Oppeln umständlicher erwehnt worden.

Die eigentlichen Domainengüter, Stadt und Schloß Rattibor, wollten die Bürger zu Rattibor gleich den Neustädtern pfandsweise übernehmen, so auch 1589 geschahe; weil aber die Bürger in Rattibor nicht so vermögend, wie die Neustädter waren, und das Geld nicht baar bezahlen, sondern Schulden machen mußten, auch die Güter nicht zum besten bewirthschafteten: so sahe sich der Hof genöthigt, die Domainengüter den Creditoren zu überlassen, wovon der vorzüglichste der Graf Oppersdorf war; der die Domaine ohne die Stadt 1642 erkaufte, aber mit der kaiserlichen Kammer in Streit gerieth, und sie endlich wieder an die Grafen von Sobeck 1712 verkaufte. Dann besaß sie der Graf von Schlaberndorf, und itzt der Herr von Wilczeck.

Dritter

Dritter Abschnitt.
Vom Kreise insbesondere.

§. 1.
Namen der Dörfer nach alphabetischer Ordnung.

1.

Adamowiz, gehöret dem Nonnenkloster zu Rattibor, hat ein herrschaftliches Vorwerk, 9 Bauern, 20 Gärtner und 137 Einwohner.

2. Altendorf, pohln. Starowies, ist das Eigenthum des Herrn von Wilczek; bestehet aus 2 Vorwerken, einer katholischen Kirche, Schule, 33 Bauern, 16 Gärtnern, 15 Häuslern und 299 Menschen. Hier hat das Dohmkapitul und das Nonnenkloster zu Rattibor einige Ländereyen.

3. Autischkau, pohln. Uczißkowiz, gehöret dem Nonnenkloster zu Rattibor; bestehet aus 1 Vorwerk, 1 katholischen Kirche, Schule, 29 Bauern, 26 Gärtnern, 2 Häuslern und 219 Einwohnern.

4. Barnowiz, hat 2 Vorwerke, eine Schule, 13 Bauern, 18 Gärtner, 201 Einwohner; und gehöret dem Herrn von Reisewiz.

5. Barglowka, ist das Eigenthum des Herrn von Wilczek; hat 22 Gärtner und 86 Einwohner, worunter viele mit Theer handeln und im Lande verfahren.

6. Babiz, gehöret dem Herrn von Wilczeck, bestehet aus 2 Mühlen, 25 Bauern, 16 Gärtnern und 259 Einwohnern.

Badzin, siehe Markowiz.

7. Ober=Beleck, gehöret dem Herrn von Twardawa, hat 2 Mühlen, 1 Vorwerk, 13 Bauern, 7 Gärtner, 2 Häusler und 112 Einwohner.

Nider-Beleck, gehöret demselben, bestehet aus 1 Vorwerk, 1 Kirche, Schule, 14 Bauern, 7 Gärtnern, einiger Häuslern und 111 Einwohnern.

8. Beinkowiz, Benkowiz, hat 1 Vorwerk, eine Kirche, eine Schule, 48 Bauern, 34 Gärtner, 46 Häusler und 533 Einwohner, worunter viel Leinweber. Diß Dorf ist das Eigenthum des Nonnenklosters zu Rattibor.

9. Birtultau, gehöret dem Herrn Grafen vor Wengerski, hat 1 Vorwerk, 8 Bauern, 7 Gärtner und 87 Einwohner.

10. Bluschzau, gehöret dem Herrn Grafen von Lahrisch, bestehet aus 3 Vorwerken, 2 Mühlen, 5 Bauern, 57 Gärtnern und Häuslern; die Zahl der Menschen ist 223.

Bidzin, siehe Markowiz.

11. Boguschowiz, fasset 1 Vorwerk, eine Kirche, 1 Schule, 12 Bauern, 1 Mühle, 10 Gärtner, 122 Einwohner und gehöret dem Grafen von Wengerski.

12. Boguniz, hat 1 Vorwerk, 2 Bauern, 20 Gärtner, 97 Einwohner, und ist das Eigenthum des Nonnenklosters zu Rattibor.

13. **Bojanow**, gehöret dem Grafen Bernini, hat 1 Vorwerk, 15 Bauern, 31 Gärtner, 2 Häusler; die Menschenzahl ist 257.

14. **Bosatz**, gehöret dem Herrn von Wilczeck, fasset eine Mühle, 11 andere Häuser und 57 Einwohner.

15. **Brodeck**, der Herr von Schalscha ist Grundherr, hat 1 herrschaftlich Wohnhaus, 1 Vorwerk, 4 Bauern, 6 Gärtner, einige Häusler und 55 Einwohner.

16. **Brzezin**, gehöret der Kämmerey zu Rattibor, hat 1 Vorwerk, 1 Kirche, 3 Mühlen, 16 Bauern, 32 Gärtner, 16 Häusler und 322 Einwohner.

Brzusich, ist ein Vorwerk dem Herrn von Wilczeck gehörig.

17. **Brzeznitz**, gehöret der Frau von Schimonski, bestehet aus 2 Vorwerken, 3 Mühlen, 8 Bauern, 44 Gärtner und 223 Einwohner.

Brunken, ist der Name der Vorstadt von Rattibor, wovon ein Theil dem Nonnenkloster daselbst, das andere dem von Wilczeck gehöret, lezteres bestehet aus 2 Vorwerken, die die Namen Budzin und Markowitz haben.

18. **Bukow**, gehöret dem Baron von Eichendorf, hat 1 Schule, 11 Bauern, 20 Gärtner, 11 Häusler und 163 Einwohner.

19. **Budziska**, dem Herrn von Wilczeck gehörig, fasset 24 Gärtner und 5 Häusler; die Zahl der Einwohner ist 91.

20.

20. Chwallensiz, gehöret dem Kloster Rauden, hat ein Vorwerk, 15 Bauern, 5 Gärtner, 98 Einwohner.

21. Chwalkowiz, gehöret dem Grafen von Wengerski, hat 1 Vorwerk, 2 Mühlen, 8 Bauern, 12 Gärtner und 196 Einwohner.

22. Czerniz, dem Herrn von Koschützki gehörig, fasset 1 Vorwerk, 3 Bauern, 25 Gärtner, 4 Häusler und 128 Einwohner.

23. Czerwonka, ist das Eigenthum des Herrn von Wilczeck, hat ein Vorwerk, 7 Bauern, 14 Gärtnern und 159 Einwohnern.

24. Czerwenziz, gehöret dem Herrn Landrath von Wrochem, bestehet aus 2 Vorwerken, 19 Gärtnern und 119 Einwohnern.

25. Cziprzanow, pohln. Pieprzanow, dem Dohmkapitul zu Rattibor gehörig, hat 6 Bauern, 12 Gärtner und Häusler; die Zahl der Einwohner ist 193.

26. Czuchow, gehöret dem Herrn von Rattnowski, hat 1 Vorwerk, 1 herrschaftliches Wohnhaus, 10 Bauern, 2 Mühlen, 24 Gärtner und 139 Einwohner.

27. Dobischau, gehöret dem Kloster Rauden, hat 1 Vorwerk, 1 Windmühle, 5 Bauern, 19 Gärtner und 136 Einwohner.

28. Dobroslowiz, demselben gehörig, bestehet aus einem Vorwerke, 11 Bauern, 11 Gärtnern und 126 Einwohnern.

29.

29. Alt-Dubensko, gehöret dem Herrn von Paczinski, hat 1 Vorwerk, 1 Mühle, 8 Bauern, 8 Gärtner, einige Häusler und 93 Einwohner.

30. Groß-Dubensko, dem Herrn von Wilczek gehörig, hat 2 Vorwerke, 1 Kirche, 1 Schule, 20 Bauern, 20 Gärtner und 179 Einwohner.

31. Dziermierz, gehöret dem Grafen von Bernini, bestehet aus 1 Vorwerk, 1 Mühle, 4 Bauern, 24 Gärtnern, 1 Häuslern und 115 Einwohnern.

32. Egersfelde, eine im Jahr 1775 erbaute Kolonie bey dem Dorfe Leschczin, hat 12 Häuser.

Ellgut, pohln. Ligotta, diesen Namen führen drey besondere Dörfer.

33. Ellgut, gehöret dem Nonnenkloster zu Rattibor, hat 10 Bauern, 2 Häusler und 66 Einwohner.

34. Ellgut, mit dem Beynamen Tworkau, gehöret dem Baron Eichendorf; hat ein Vorwerk, 4 Bauern, 7 Gärtner, 7 Häusler.

35. Ober-Ellgut, gehöret dem Grafen von Wengerski; hier ist 1 Vorwerk, 2 Frischfeuer, 11 Bauern, 22 Gärtner und 174 Einwohner.

36. Gammau, Gammou, gehöret dem Dohmkapitul zu Rattibor, fasset 1 Vorwerk, eine Schule, 14 Bauern, 10 Gärtner, 12 Häusler und 193 Einwohner.

37. Ganniowiz, gehöret demselben, hat 7 Bauern, 2 Gärtner, 5 Häusler und 63 Einwohner.

38. Gaschowitz, ist ein Eigenthum des Nonnenklosters zu Rattibor, bestehet aus einem Vorwerk, 1 Schule, 2 Mühlen, 8 Bauern, 24 Gärtnern.

39. Galnow, dem Grafen von Wengerski gehörig; hier sind 2 Vorwerke, wovon eines

Grabowine heisset, hat 1 Mühle, 5 Bauern, 20 Gärtner und 122 Einwohner.

40. Gottartowitz, gehöret demselben, hat 1 Vorwerk, 1 Mühle, 3 Bauern, 10 Gärtner.

41. Grabowka, dem Fürsten Lichnowski gehörig, fasset 1 Vorwerk, 1 Schule, 15 Gärtner und 2 Häusler; die Zahl der Einwohner ist 86.

42. Grzegorzowitz, hat 2 Antheile:

a) Gehöret dem Dohmkapitul zu Rattibor; hier findet sich 1 Vorwerk, 23 Gärtner, 13 Häusler.

b) Gehöret dem von Drechsler, hat 1 Vorwerk, 10 Gärtner und Häusler.

43. Gurreck, ist das Eigenthum der Frau von Drechseler, fasset 2 Bauern, 13 Gärtner und 66 Einwohner.

44. Hammer, pohl. Kusnia, gehöret dem Herrn von Wilczek, hier ist 1 Vorwerk, 1 katholische Kirche und Schule, 53 Gärtner, 5 Häusler und 270 Einwohner.

45. Henriettendorf, eine Kolonie, die im Jahr 1778 bey Vorbigen auf 9 Stellen angeleget worden.

46. Janowitz, gehöret dem Dohmkapitul zu Rattibor, hat 1 Kirche, Schule, 16 Bauern, 16 Gärtner, 5 Häusler und 198 Einwohner.

47. **Jeykowiz**, dem Grafen von Wengerski gehörig bestehet aus 2 Mühlen, 12 Bauern, 11 Gärtnern und 100 Einwohnern.

48. **Jonkowiz**, diesen Namen führen 2 besondere Dörfer; eines gehöret dem Kloster Rauden, so aus einem Vorwerk, 1 Bauer, 20 Gärtnern und Häuslern bestehet; Einwohner sind 125.

49. Das andere gehöret zur Herrschaft Riebnik, hat 1 Vorwerk, 2 Mühlen, 14 Bauern, 13 Gärtner und 149 Einwohner.

50. **Kamin**, ist das Eigenthum des Baron von Eichendorf, hier sind 8 Bauern, 6 Gärtner, 8 Häusler und 87 Einwohner.

Kamin, noch ein Dorf, heißt auch Stein, siehe daselbst.

51. **Kaminiz**, gehöret dem Herrn von Köhler, hat einige Bauern und 2 Häusler.

Klajowez, ein Vorwerk.

52. **Klyschczow**, ist das Eigenthum der Stadt Sohrau, hat 3 Mühlen, 16 Bauern, 12 Gärtner und Häusler; die Zahl der Einwohner ist 143.

Kleischen, ein Vorwerk bey Bruncken.

53. **Klonatschin**, auch Klokoschin, gehöret dem Grafen von Wengerski, hat 1 Vorwerk, 8 Bauern, 3 Gärtner, 70 Einwohner.

54. **Krizeniz, Ksiagienez**, gehöret demselben, bestehet aus einer Schule, 12 Bauern, 20 Gärtnern und 146 Einwohnern.

55. **Kobilla**, dem Herrn von Wilczeck gehörig, hat 11 Bauern, 1 Mühle und einige andere Häuser.

56. **Korniz**, gehöret dem Grafen von Bernini, fasset 1 Vorwerk, 1 Mühle, eine Bleiche, 30 Gärtner und 5 Häusler; die Zahl der Einwohner ist 185.

57. **Kornowatz**, gehöret dem Herrn von Holli, hat ein herrschaftliches Wohnhaus, ein Vorwerk, 1 Mühle, 8 Bauern, 20 Gärtner und 112 Einwohner.

58. **Krawarn**, mit dem Beynamen Pohlnisch, ist das Eigenthum des Herrn Generallieutenant von Dallwig, hat 2 Vorwerke, 1 Kirche, 1 Schule, 16 Bauern, 42 Gärtner und 6 Häusler; die Zahl der Einwohner ist 394.

59. **Krziskowiz**, gehöret dem Herrn von Schartowez, bestehet aus 1 Vorwerk, 13 Bauern, 16 Gärnern.

(56. **Krzizanowiz**, dem Herrn Fürsten von Lichnowski gehörig, hat 2 herrschaftliche Vorwerke, eine katholische Kirche, Schule, 17 Bauern, 52 Gärtner und 296 Einwohner, worunter viele Handwerker sind.

Kusnia, siehe Hammer.

61. **Lekarkow**, gehöret dem Herrn Grafen von Bernini, bestehet aus einem Vorwerk, so den Namen Ottig führet, 10 Bauern, 9 Gärtnern.

62. **Longa**, dem Herrn von Wilczeck gehörig, hat 11 Bauern, 16 Gärtner, 11 Häusler und 152 Einwohner.

63. **Leschczin, Leßina, Lisczin**, gehöret dem Herrn von Laschowski, hat ein herrschaftlich Wohnhaus,

Haus, 2 Vorwerke, 1 Kirche, 1 Schule, 2 Mühlen, 8 Bauern, 31 Gärtner, 134 Einwohner.

64. Lißeck, hat 2 Antheile, beyde gehören dem Herrn von Tluck, und bestehen in 2 Vorwerken, 1 Kirche, 1 Schule, 2 Mühlen, 13 Bauern, 20 Gärtnern und 152 Einwohnern.

Lenga, siehe Rzuchow.

65. Lohniz, gehöret dem Herrn von Schweinchen, hat ein Vorwerk, 10 Bauern, 5 Gärtner, 8 Häusler und 98 Einwohner.

66. Lubowiz, ist das Eigenthum des Herrn von Kloch, bestehet aus einem Vorwerk, 1 Kirche, 1 Schule, 25 Gärtnern und 6 Häuslern.

67. Lubom, dem Herrn Fürsten von Lichnowski gehörig, hat ein Vorwerk, 1 Kirche, 1 Schule, 38 Bauern, 24 Gärtner, 36 Häusler, 4 Mühlen und 450 Einwohner.

68. Lukow, hat nur 10 Gärtnerstellen, gehöret dem Herrn von Reisewiz.

69. Mathesthal, eine im Jahr 1777 erbaute Kolonie von 17 Stellen.

70. Makkau, hat 2 Antheile, beyde aber gehören dem Herrn General von Dallwig; hier sind 3 Vorwerke, 17 Bauern, 42 Gärtner, 8 Häusler.

71. Markowiz, Bidzina, Badzina, gehöret dem Herrn von Wilczeck, hier ist 1 Kirche, 1 Schule, 26 Bauern, 13 Gärtner, 13 Häusler und 217 Einwohner.

72. Mazkirch, pohln, Macieowkiez, gehöret dem Kloster Rauden, hat 1 Vorwerk, 1 Kirche, 1 Schule, 23 Bauern, 19 Gärtner, 1 Windmühle und 266 Einwohner.

Medani, siehe Niedani.

73. Nensa, gehöret dem Herrn von Wilczeck, im Dorfe sind 39 Gärtner, 4 Häusler und 149 Einwohner, worunter viele Gerber sind.

74. Neudorf, hat 2 Antheile, wovon eines Rogoisk, das andere Twardawa heisset; beyde gehören dem Herrn von Tluck, und enthält 1 Vorwerk, 24 Gärtner und Einwohner 86.

75. Neugarten, pohln. Nowesogrodi, gehöret dem Herrn von Wilczeck, hat 5 Bauern, 23 Gärtner, 22 Häusler und 168 Einwohner.

76. Nicdobschüz, ist das Eigenthum des Grafen von Wengerski, fasset 1 Schule, 18 Bauern und 7 Gärtner; die Zahl der Einwohner ist 150.

77. Niebotschau, gehöret dem Fürsten Lichnowski, hat 1 Vorwerk, 16 Bauern, 15 Gärtner, 26 Häusler, worunter 12 neue, und 250 Einwohner.

78. Niwiadon, hat 5 Antheile, den Herrn von Labrisch zum Grundherrn; 1 herrschaftlich Wohnhaus, 4 Vorwerke, 7 Bauern, 31 Gärtner und 153 Einwohner.

79. Ochejes, gehöret dem Grafen von Wengerski, hat 1 Mühle, 5 Bauern, 7 Gärtner und 68 Einwohner.

80. Oschin, hat 3 Antheile, Ober- Mittel- und Nieder, gehören alle drey dem Herrn von Reisewiz;
hier

hier sind 3 Vorwerke, 8 Bauern, 26 Gärtner und 186 Einwohner.

81. Ostrok, Osrog, gehören dem Herrn von Wilczeck, hier ist 1 Vorwerk, so den besondern Namen Brzuchow führet; 1 Kirche, 1 Schule, 30 Gärtner, 21 Häusler und 164 Einwohner.

Ottiz, ein Vorwerk zu Lekartau gehörig.

82. Ortowiz, eine im Jahr 1773 angelegte Kolonie von 8 Häusern.

83. Ozuppowiz, gehöret dem Herrn Grafen von Wengerski, hat 1 Mühle, 1 Schule, 9 Bauern, 6 Gärtner und 76 Einwohner.

84. Pallowiz, dem Herrn von Wilczeck gehörig, hier ist 1 Vorwerk, 1 Mühle, 1 Frischfeuer, 6 Bauern, 26 Gärtner und 2 Häusler; Einwohner sind 149.

85. Paulsdorf, eine Kolonie von 17 Stellen, sie wurde 1776 ohnweit dieses vorstehenden Dorfes erbauet.

86. Paulau, gehöret dem Herrn von Poser, hat 1 Vorwerk, 1 herrschaftlich Wohnhaus, 1 Kirche, 10 Bauern, 26 Gärtner, 4 Häusler und 193 Einwohner.

Peterkowiz, ein Vorwerk.

Pieprzanow, siehe Cziprzanow.

87. Plania, gehöret der Stadt Rattibor, hier ist eine auf holländischen Fuß eingerichtete Kuhmelkerey; 19 Gärtner, 33 Häusler und 222 Einwohner.

88.

88. Pogrzebin, hat 2 Antheile, beyde gehören dem Herrn von Kalckreuth, hier ist 1 Kirche, 1 Schule, 1 herrschaftlich Wohnhaus, 2 Vorwerke, 7 Bauern, 28 Gärtner und 186 Einwohner.

89. Ponienziz, ist das Eigenthum des Herrn von der Marwiz, hat 2 Vorwerke, ein herrschaftliches Wohnhaus, 5 Bauern, 25 Gärtner und 1 Häusler; die Zahl der Einwohner ist 176.

90. Popelau und Radzcow, ist ein Dorf, gehöret dem Herrn von Zmiskal; hat 1 Vorwerk, 2 Mühlen, 10 Bauern, 24 Gärtner und 128 Einwohner.

91. Proschowiz, gehöret dem Herrn von Wilczeck, hat 6 Bauern, 16 Gärtner, 6 Häusler und 126 Einwohner.

92. Przegenza, dem Herrn Grafen von Wengerski gehörig, hier ist 1 Mühle, 8 Bauern, 3 Gärtner, einige Häuser und 66 Einwohner.

93. Pschow, gehöret dem Fürsten Lichnowski, hat 2 Mühlen, 1 Kirche, 1 Schule, 34 Bauern, 58 Gärtner, 10 Häusler und 486 Einwohner, worunter viele Handwerker.

94. Pstronza, gehöret dem Herrn von Schweinchen, hier ist 1 Vorwerk, 1 Kirche, 1 Schule, 1 Potaschbrennerey, 1 Mühle, 6 Bauern, 11 Gärtner und 173 Einwohner.

95. Radoschau, Ober- auch gräflich, gehöret dem Grafen von Wengerski; hat 1 Vorwerk, 1 Bauer und 22 Gärtner. Das andere Antheil Nieder-

der-Radoschau genannt, ist das Eigenthum des Herrn von Prusczinski, bestehet aus 1 Vorwerk und 7 Gärtnern; die Zahl der Einwohner ist überhaupt 130.

Radzeov, siehe Popelau.

96. Gros-Rauden, gehöret, so wie das folgende besondere Dorf, dem hiesigen Kloster; hier ist 1 Kloster, wovon der folgende Abschnitt handelt; 1 Vorwerk, 2 Mühlen, 12 Bauern, 44 Gärtner, 6 Häusler; Einwohner 510.

97. Klein-Rauden, hat 15 Bauern, 18 Gärtner, 3 Häusler, einen Kupferhammer.

98. Raschüz, gehöret dem Herrn von Wilczeck, hier ist eine Kirche, ein Vorwerk, 13 Bauern, 24 Gärtner, 6 Häusler, 3 Mühlen und 174 Einwohner.

99. Rennersdorf, eine bey Gros-Rauden im Jahr 1779 angelegte Kolonie von 25 Häusern und 106 Einwohnern.

100. Ridultau, gehöret dem Fürsten Lichnowski, hat 2 Vorwerke, 1 Kirche, 1 Schule, 1 herrschaftliches Schlos, 5 Bauern, 30 Gärtner und 222 Einwohner.

101. Rogau, bestehet aus 2 Vorwerken, 1 Kirche, 1 Schule, 7 Bauern, 47 Gärtnern und 210 Einwohnern; es gehöret dem Herrn Gräfen von Lahrisch.

102. Rogoißna, hat 2 Antheile, beyde gehören dem Herrn von Görz; hier sind 2 Vorwerke, 5 Bauern, 12 Gärtner und 72 Einwohner.

103. Roi, ist das Eigenthum des Herrn Grafen von Wengerski, hat 1 Vorwerk, 1 Schule, 4 Bauern, einige Gärtner und Häusler, auch 2 Mühlen; Einwohner aber 66.

104. Roschkau, dem Herrn Fürsten von Lichnowski gehörig, hier ist 1 Vorwerk, 17 Bauern, 12 Gärtner und 2 Häusler.

105. Rownia, dem Herrn Grafen von Wengerski gehörig, hier sind 2 Mühlen, 7 Bauern, 4 Gärtner, 69 Einwohner.

106. Ruda, gehöret dem Herrn von Wilczeck, fasset 1 Mühle, 18 Gärtner, 3 Häusler und 57 Einwohner.

107. Rudelsdorf, siehe Wilhelmsberg.

108. Rudischwald, Ruderswalde, gehöret dem Fürsten Lichnowski, hat 1 Vorwerk, 1 Kirche, 1 Schule, 13 Bauern, 21 Gärtner, 2 Häusler und 159 Einwohner.

109. Rudnick, ist das Eigenthum des Herrn Marschkommissär von Adlersfeld; hier findet sich 1 herrschaftliches Wohnhaus, 1 Vorwerk, 1 Kirche, 1 Schule und 12 Bauern; die Zahl der Einwohner ist 142.

110. Rzuchow, ein Theil von diesem Theil heißt Lengo, gehöret dem Herrn von Schweinchen; hat 1 Vorwerk, 1 Mühle, 8 Bauern, 14 Gärtner und 96 Einwohner.

111. Schlechtendorf, eine Kolonie mit 12 Stellen, im Jahr 1773 erbauet.

112. Schichowiz, gehöret dem Herrn von Wilczeck, hat 1 Mühle, 8 Bauern, 8 Gärtner, 10 Häusler und 105 Einwohner.

113. Schönowiz, gehöret dem Herrn Grafen von Neuhaus, hier ist 1 Vorwerk, 4 Bauern, 23 Gärtner und 140 Einwohner.

114. Schumowiz, hat 2 Antheile, beyde gehören dem Herrn von Wilczeck; hier ist 1 Vorwerk, 2 Bauern, 8 Gärtner und 67 Einwohner.

115. Ober- und Mittel-Schwircklau, gehöret dem Grafen von Wengerski, hat 2 Vorwerke, 7 Bauern, 17 Gärtner. Das Niederdorf gehöret dem Herrn von Ziemiezki, hat 2 Vorwerke, 8 Bauern, 53 Gärtner; hier ist eine Kirche.

116. Schurbutz, gehöret dem Herrn von Koschützki, hat 1 Vorwerk, 5 Bauern, 23 Gärtner und 153 Einwohner.

117. Scszeykowiz, ist das Eigenthum des Herrn Grafen von Wengerski, bestehet aus 1 Mühle, 10 Bauern, 10 Gärtnern und 89 Einwohnern.

118. Seibersdorf, pohln. Sibrzidowiz, gehöret dem Herrn von Prachowski, hat 1 Vorwerk, ein herrschaftliches Wohnhaus, 2 Bauern, 22 Gärtner, 9 Häusler und 80 Einwohner.

Segenberg, ist der Name eines hohen Ofens, und 4 dabey befindlichen Frischfeuer, dem von Wilczeck gehörig

119. Silberkopf, pohln. Erzybrick, gehöret dem Herrn von Drechsler, hat 1 Vorwerk, 1 Windmühle,

le, 2 Bauern, 22 Gärtner, 9 Häusler und 143 Einwohner.

120. Sirien, gehöret dem Fürsten von Lichnowski, hier sind 1 Kirche, 3 Mühlen, 24 Bauern, 40 Gärtner, 19 Häusler und 435 Einwohner.

121. Skrzeczkowiz, gehöret dem Herrn von Tluck, hat 1 Vorwerk, 1 Bauer, 8 Gärtner und 28 Einwohner.

122. Slawickau, gehöret dem Herrn von Drechsler, hat 1 Vorwerk, 1 Kirche, 1 Schule, 5 Bauern, 44 Gärtner, 4 Häusler und 307 Einwohner.

123. Schmolna, ist das Eigenthum des Herrn Grafen von Wengerski, hierzu wird das Vorwerk bey Rybnik gerechnet; überhaupt sind hier 3 Vorwerke, 10 Bauern, 6 Gärtner und 91 Einwohner.

124. Sollarina, gehöret dem Herrn von Wilczek, hat 19 Gärtner, 4 Häusler und 189 Einwohner.

Sowade, siehe Zowada.

125. Staniz, gehöret dem Kloster Rauden, fasset 1 Kirche, ein Vorwerk, 1 Schule, 2 Mühlen, 15 Bauern, 22 Gärtner und 260 Einwohner.

126. Stein, auch Kamin genannt, hat 2 Antheile, das ganze Dorf gehöret dem Herrn von Fragstein; fasset 2 Vorwerke, 4 Bauern, 14 Gärtner und 98 Einwohner.

127. Stanowiz, ist dem Herrn Grafen Arcko gehörig, hier findet sich ein herrschaftliches Wohnhaus,

haus, 1 Vorwerk, 10 Bauern, 12 Gärtner, 4 Häusler und 121 Einwohner.

128 Stodoll, gehöret dem Kloster Rauden, hat 1 Vorwerk, 1 Hohenofen, 2 Frischfeuer, 2 Mühlen, 14 Bauern, 17 Gärtner und 204 Einwohner.

129. Studzinna, hat 2 Antheile, das erste gehöret der Kämmerey zu Rattibor, und hat 1 Vorwerk, 25 Bauern, 15 Gärtner, 17 Häusler und 270 Einwohner. Das andere Antheil ist das Eigenthum des Dohmkapituls zu Rattibor, hat 5 Bauern, einige Gärtner und Häusler.

130. Sudçoll, hat 2 Antheile, eines mit dem Beynamen Brzesniz, gehöret der Frau von Schimonski, hat 11 Bauern, 3 Gärtner, einige Häusler und 87 Einwohner. Das andere Kornizer Antheil genannt, hat 11 Bauern, 10 Gärtner, 3 Häusler, und gehöret dem Herrn Grafen von Wengerski.

131. Summin, gehöret dem Herrn von Drechsler, bestehet aus 1 Vorwerk, 2 Mühlen, 16 Gärtnern und 91 Einwohnern.

132. Thurzy, gehöret dem Herrn von Wilczeck, hat 1 Schule, 3 Mühlen, 8 Bauern, 63 Gärtner, 10 Häusler und 278 Einwohner.

133. Tworkau, gehöret dem Baron von Eichendorf, hat 2 Vorwerke, Kirche, 1 Schule, ein herrschaftliches Wohnhaus, 2 Mühlen, 21 Bauern, 47 Gärtner und Häusler; Einwohner 463.

Uzieskowa, siehe No. 3.

134. Vorbigen, gehöret dem Herrn von Gordon, hat 1 Vorwerk, 2 Bauern, 10 Gärtner und 70 Einwohner.

135. Warmuntau, ist das Eigenthum des Nonnenklosters zu Rattibor, bestehet aus 1 Vorwerk, 3 Bauern, 16 Gärtnern, 3 Häuslern u. 89 Einwohnern.

136. Wiellopolle, gehöret dem Grafen von Wengerski, hat 1 Vorwerk, 2 Frischfeuer, 5 Bauern, 19 Gärtner und 108 Einwohner.

137. Wilhelmsberg auch Rudelsdorf, ist eine im Jahr 1777 erbaute Kolonie von 10 Stellen.

138. Woinowiz, gehöret dem Grafen von Bernini, hat 1 Kirche, 1 Schule, ein Vorwerk, 19 Bauern, 25 Gärtner, 6 Häusler, 1 Mühle.

139. Jamislau, gehöret dem Herrn Grafen von Wengerski, hat 1 Vorwerk, 13 Gärtner und 56 Einwohner.

140. Zittna, ist das Eigenthum des Herrn Grafen von Bernini, hier findet sich 1 Mühle, 12 Bauern, 8 Gärtner, 97 Einwohner.

Zowada, diesen Namen führen 2 besondere Dörfer.

141. Zowada, Jungfräulich, gehöret dem Nonnenkloster zu Rattibor, hier sind 32 Gärtner und 5 Häusler; Einwohner 159.

142. Zowada, Pschow, gehöret dem Fürsten Lichnowski, hat 2 Mühlen, 7 Bauern, 33 Gärtner.

143. Zordzin auch Zardzin, gehöret dem Dohmkapitul zu Rattibor, bestehet aus einem Vorwerk und 13 Gärtnern.

144. Zwonnowiz, gehöret dem Stift Rauden, hat 1 Vorwerk, 11 Bauern, 17 Gärtner, einige Häusler und 174 Einwohner.

§. 2.
Vom Kloster Rauden.

Herzog Vladislaus verschrieb 1220 aus dem Kloster Andreow in Pohlen einige Cisterzienfermönche zum Unterricht der Jugend, bauete ihnen ein eignes Kloster, Schule und Kirche; da aber der Mönche noch wenig waren, so hatte das Kloster noch keinen eignen Abt, sondern stand unter dem Abte ihres Stammortes. Die Mönche erhielten darauf mehrere Güter und ihre Zahl wuchs; sie wählten sich also 1263 den ersten Abt.¹⁾

Herzog Kasimir gab dem Kloster 1292 die Zinsen aus dem Dorfe Dobraslowiz.²⁾

Die Klostergebäude waren von Holz, 1648 aber nach Beendigung des dreyßigjährigen Krieges wurden solche maßiv aufgeführet und das Kloster mit einer Mauer umgeben.

Der Unterricht der Jugend war bisher sehr elend gewesen. Im Jahr 1744 machte der Abt Bernhard Thiel eine neue Einrichtung, vermehrte die Lehrer und der Unterricht war gemeinnütziger.

Die Lernenden zahlen für den Unterricht nichts, und ihre Zahl ist gegenwärtig 207 Einländer, Ausländer meist pohlnische adeliche 21. Die Zahl der Ordensgeistlichen überhaupt 31.

Die Kirche mag bey Fundation des Klosters wahrscheinlich erbauet worden seyn; es ist ein altes Gotisches

1) Nachrichten vom Kloster.
2) Böhm dipl. Beyträge.

tisches Gebäude in Form eines Kreutzes, mit 3 Kapellen und 10 Altären gezieret. Die eine Kapelle ist nach neuem Geschmack 1715 angelegt.]

Dem Kloster gehören viele Dörfer. Der gegenwärtige Herr Prälat sucht einen Theil der Vorwerke den Unterthanen zu verkaufen, und sie dadurch zu freyen Leuten zu machen; o möchten diesem Beyspiel mehrere Herrschaften folgen!

Das Kloster besitzt auch eine Drathhütte, welche 1764 erbauet worden, in der ein Meister mit zwölf Gesellen jährlich an 200 Centner Drath fertigen; und einen Kupferhammer.

§. 3.
Namen der Prälaten seit Stiftung des Klosters.

1. Petrus I. 1263. 2. Bartholomäus, 1282. 3. Nicolaus I. 1296. 4. Petrus II. 1301. 5. Joannes I. 1303. 6. Bernardus I. 1310. 7. Joannes Wolent, 1337. 8. Nicolaus II. 1339. 9. Petrus III. 1385. 10. Nicolaus III. 1407. 11. Joannes III. 1421. 12. Martinus I. 1456. 13. Petrus IV. 1471. 14. Joannes IV. 1492. 15. Mathias 1509. 16. Nicolaus IV. 1510. 17. Emerius, 1552. 18. Martinus II. 1560. 19. Leonardus Tworzanski I. 1578. 20. Leonardus II. 1585. 21. Michael Walter, 1586. 22. Jacobus Zuretius, 1591. 23. Petrus V. Zebitius, 1594. 24. Joannes V. Dom. 1608. 25. Laurentius Merkel, 1616. 26. Franciscus Stezechius,

zechius, 1624. 27. Blasius Rachwald, 1626. 29. Andreas Pospelius, 1648. 30. Josephus Hering, 1678. 31. Bernardus Qernek, 1696. 32. Josephus v. Strachwitz. 33. Bernardus Thill, 1735. 34. Augustinus Renner, 1753. 35. Benedictus Galli, 1783.

A. Von der Stadt Rattibor.

§. 1.
Geschichte. ¹)

Die Erbauung der Stadt Rattibor wird in den Kirchenbüchern daselbst in das Jahr 1164 gesetzt; ob nun gleich diese Angabe keine völlige Gewißheit hat, so erwehnen doch die Schlesischen Geschichtschreiber, daß der Herzog Mieslaus der ältere, Ober-Regent in Pohlen 1177 nach der Flucht aus Pohlen sich auf das Schloß Rattibor begab, und daselbst wohnte. ²) Vielleicht wurden durch die Gegenwart des Hofes der Anbau mehrerer Häuser bewirkt, denn 1205 stand schon eine Kirche. ³)

---

1) Nachrichten von der Stadt Rattibor haben außer den Schlesischen Chronickenschreibern, Cureus, Schickfuß, Henel, Lucä, auch Panfratius, Cunrad in Silesia Poliographiæ, Vol. II. Sect. XII. und unter den neuern Büsching in der Erdbeschreibung IV. Th. hinterlassen.

2) Schickfuß, B. 4. S. 130. Henel. Siles. ren. P. 1. C. VII. p. 434.

3) Handschriftliche Nachrichten.

Die Mungeln streiften bey ihren Uebergange über die Oder 1241 um Rattibor, und Bischof Bruno zu Ollmüz eroberte 1249 die Stadt, und zündete solche an,¹) das Schloß aber erhielt er nicht; indeß nöthigte der Bischof den Herzog Vladislaus zu einem Geschenk von 3000 Mark Silbers²)- und dann zog er ab.

Den 14. April 1258 stiftete Vladislaus das Dominikanerkloster, nennt die Stadt Ratribor in Fundationsbriefen nur Oppidum, und schenkte dem Kloster Zinsen und Gärte. ³)

Der Herzog Boleslaus aus Pohlen fiel 1273 ins Ratriborsche, plünderte die Gegend und zündete die Vorstädte an; die Stadt aber konnte wegen der tapfern Gegenwehr der Bürger, so wenig wie das Schloß, erobert werden. ⁴)

Nach verschiedenen Streifzügen und Verwüstungen, vermuthlich um die Stadt bald wieder aufzubauen, gab Vladislaus 1267 auf dem Schlosse zu Schlawenzit,⁵) der Stadt das Privilegium des freyen Bau- und Brennholzes in seinen Waldungen. ⁶)

Der

1) Schickfuß 4.B. S.131. Henel l.c. p.434 setzt 1251.
2) Brandsp. S. 181.
3) Handschriftliche Nachrichten.
4) Pal. S. 181.
5) Walth. dipl. pag 458.
6) Dieses wichtige Recht war durch die Länge der Jahre etwas eingeschlafen, so daß nur noch das freye Brennholz einigen Bürgern zugestanden wurde; diese immermehr überhandnehmende Einschränkung und der Brand vom Jahr 1774 nöthig-

Der Bischof Tomas II. zu Breslau, weigerte sich die vom Herzoge Heinrich IV zu Breslau geforderten Steuern zu bezahlen; letzterer wollte den Bischof durch Krieg dazu nöthigen, worüber der Herzog in den Bann kam, der sich aber an der Geistlichkeit rächte und sie aus Breslau verjagte. Tomas floh nach Rattibor, Heinrich forderte von Vladislaus, Herzogen daselbst, den Flüchtling zurück, der aber die Auslieferung verweigerte. Heinrich belagerte 1287 Ruttibor; endlich gieng Tomas freywillig aus der belagerten Stadt in seinem bischöflichen Ornat zum Herzog und versöhnte sich mit seinem Feinde.¹)

Die fernern Unterhandlungen geschahen in der Nicolaikirche des Dorfes Altendorf, worinn Heinrich sein Quartier genommen hatte.²) Aus Dankbarkeit wegen des genossenen Schutzes stiftete dieser Bischof 1288 auf dem Schlosse die Collegiatkirche St. Mariä, oder verwandelte vielmehr die Schloß-

M 4   Kä-

thigte den Magistrat, dieses Recht wieder hervor zu suchen, und führte einen Prozes durch alle drey Instanzen, der aber noch nicht gänzlich beendigt ist, aber doch soviel erhalten worden: daß die Stat alles zum Bauen nöthige Holz, und diejenigen Bürger, welche Pferde halten, durch 14 im Winter zwischen Weihnachten und Fasten zu bestimmende Tage lebendiges Brennholz für ihren Bedarf erhalten müssen.

1) Briefe über Breslau 1. T. S. 551.
2) An der Straße ohnweit der Kirche stehet eine gemauerte Säule, von welcher man erzählt, daß dies der Ort der erstern freundschaftlichen Umarmungen Heinrichs und Tomä gewesen, und zum Andenken der Versöhnung aufgerichtet worden.

Kapelle in eine Kirche. Herzog Johann erweiterte dies Stift, schenkte dazu einige Dörfer, und ließ es 1416 in der Stadt neu erbauen. Die Treue und Tapferkeit der Bürger, welche sich in den Kriegen mit den Polen und in der lezten Belagerung zeigte, erhob Herzog Premislaus in einer besondern Urkunde, welche zu Rattibor 1290 ausgestellt ist, worinn er den Angrif der Bürger, mit der von hungrigen Löwen vergleichet, welche sie auf die Viehställe thun.

1292 fundirte Herzog Premislaus in der Ober-Vorstadt an den Usern des Stroms die Probstchey, zu Peter und Paul genannt, samt einem dazu gehörigen Hospital für 10 betagte Personen; die Stiftung bestätigten nach der Zeit Herzog Lesko und die Bischöfe zu Breslau.

1300 Freytag vor Lätare brannte die Stadt ab. Die Erbauung der Probsitey war für Premislaum nicht genung, er baute 1306¹) das Jungfernkloster zum heiligen Geist,²) schenkte dazu verschiedene ansehnliche Dörfer, und seine Tochter Euphemia war die erste Priorin dieses Klosters. Der Stifter liegt in diesem Kloster begraben. Ihr Bruder Lesko that zu den Schenkungen seines Vaters noch vieles hinzu. Die erste fürstliche Priorin starb den 17. Januar 1359 und erhielt ein herrlich Grabmahl in der Kapelle

---

1) 1336 Schickfuß 4 B. S. 130. u. a. m. ist aber würklich 1306.

2) Ehrhardt im verderbten Zustande ɾc. S. 87. beruft sich zwar n. ü. wegen des Namens dieses Klosters auf den angezogenen Ort, verwechselt aber unrichtig das Stiftungsjahr, das ihm deutlich verzeichnet stund, ins Jahr 1330.

pelle St. Dominici. Dies Grabmaal wurde 1738 renoviret.¹) Der Ort scheinet in jenem Zeitraum ansehnlich gewesen zu seyn, dies beweisen nicht allein die Menge der Kirchen, sondern auch das den Fleischern 1326 ertheilte erste Zunftsprivilegium, worin es heisset: daß nun nicht mehr als 36 Fleischer sich ansetzen, und so viele Bänke errichtet werden sollten. Dies ist eine sehr große Anzahl; und denn auch die Verordnung Herzog Premislaus von Jahr 1299, daß die Stadt durch 5 Burgermeister regieret werden sollte. ²) Dies lässet doch wohl einen ziemlichen und starck bewohnten Ort vermuthen. Aus einigen Datis gehet hervor, daß der Handel mit Wein, Salz, Taback und Getraide gewesen.

Herzog Lesco gab der Stadt Rattibor dies Recht: Quod, quando quis, qui sub gremio Ducis Ratibor tegitur, & sub ipso jure moritur, post se Uxorem relinquens & pueros, quod de dotali substantia bonorum suorum ac hereditarum relicta ipsius mortui non plus pro sua portione accipiat nisi tertiam partem, residuas vero duas partes pueri ejus accipiant aut legitimi hæredes. 1319. Böhm 1. St. S. 55.

1426 streiften die Hußiten um Rattibor, und zündeten die Stadt an. Den Schneidern gab der Magistrat 1475 ihre zunftmäßige Einrichtung und

M 5   1483

---

1) Diesem Grabmaal schreibt man verschiedene Wunderkräfte zu; daher soll auch gekommen seyn, daß das Kloster bey den verschiedenen großen Bränden, und besonders die Kapelle stets erhalten worden.

2) Rathhäusliches Archiv.

1183 ¹) bestätigte Johann Herzog zu Troppau und Rattibor der Stadt ihre Rechte; unter andern bestimmte er, daß bey den Todesfällen der nichtbürgerlichen Einwohner nicht der Herzog,²) sondern die näheſten Erben ⅔ und die Stadcaſſe ⅓ erhalten ſolle.

Zur Zeit als die Herzoge in Rattibor wohnten, beſaßen einige ihres Hofeſtaats Häuſer daſelbſt, der Herzog Valentin befreyte ſolche 1520 nicht allein von allen Abgaben, ſondern auch von der magiſtratualiſchen Gerichtsbarkeit.

Es fanden ſich 1491 Franciskaner ³) nach Rattibor, und erhielten die Erlaubniß eine Kirche und Kloſter außer der Stadt zu erbauen; ſo auch durch Allmoſen bewerkſtelliget wurde, und es dem heiligen Wenceslaus und der heiligen Hedwig weiheten. Die ganze Stadt und alſo das Kloſter brannte 1519 den 31. Julii völlig aus, die Mönche konnten nicht mehr bauen, ſich auch nicht erhalten, und verließen die Stadt 1544 den 23. Julii wurde die Stadt abermals bis auf die Häuſer der Odergaſſe ein Raub der Flammen, und ein ähnliches Unglück geſchah den 23 April 1574 durch einen Büchſenſchuß, wo alles bis auf die Henkergaſſe vom Feuer verzehret wurde. Man ſuchte nun zwar durch Einführung ordentlicher Zünfte Einwohner hin zu locken; es erhielten

1560

---

1) Böhm dipl. Beytr. T. 2. S. 84.
2) Es ſcheinet alſo da erſt die eigentliche Leibeigenſchaft völlig aufgehört zu haben, welche noch in einigen Gegenden Deutſchlands üblich iſt, nach welcher die Kinder nicht, ſondern der Grundherr erbt.
3) Henel l. c. P. I. c. VII. p. 433.

1560 die Schneider vom Kaiser Ferdinand II., die Fleischer von Rudolphen 1578, die Tuchmacher 1559, die Büttner 1548 und die Krämer 1560 vom Kaiser Ferdinand II. neue Zunftsartikul.¹) Die Herrschaft Rattibor wurde an Privatpersonen verkauft. Kaiser Rudolph gab 1609 am Tage Simon Judä das Privilegium, daß sie beständig eine Königliche Immediatstadt bleiben und nicht veräusert werden sollte; allein seit dieser Zeit, scheinet der Flor Rattibors etwas gefallen zu seyn, wozu die Verpfändungen und Religionsverfolgungen das ihre beytragen mochten.

Schon frühzeitig hatte die Aufklärung in der Religion bey den Einwohnern Rattibors Eingang gefunden,²) aber auch zeitig wurden sie verfolgt; sie übten den Gottesdienst wahrscheinlich wohl in keiner Kirche aus, denn ich habe keine Spur gefunden, daß eine der dasigen Kirchen in evangelischen Händen gewesen, sondern hatten ein Privathaus dazu bazu bestimmt. 1607 schon wurden sie verfolgt, und ihre Prediger vertrieben, den Lutheranern das Bürgerrecht versagt, das Gotteshaus erbrochen und alles weggenommen.

1643 entstand zwischen einem Trupp Wallachen, und einem unter des Kaiserl. Obristen von Brill stehenden Commando in der Stadt ein öffentlicher größer Tumult, wobey von den Wallachen 23 auf eine grausame Art ermordet, und 27 verwundet wurden.

Die

1) Böhm 4. Theil S. 171.
2) Fuchs Rel. Gesch. 4. St. 24.

Die wahrscheinlichste Ursache dieses blutigen Streits mag wohl diese seyn: Die Wallachen kamen von Oppeln und giengen nach Hungarn durch Rattibor mit völliger Musik, die in Dudelsacken bestand. Die regulairen Truppen machten sich über diese Feldmusik lustig; darüber geriethen sie an einander, und die Soldaten fielen die Wallachen an. Zum Andenken dieses Gefechts ließ ihr Herr, der damalige Besitzer der Herrschaft Zaudek, in der Odervorstadt eine Kapelle bauen, und diese Geschichte darinn mahlen.

1622 schenkte ein gewisser Jakob Kay einen Garten zu Erbauung des Hospitals St. Lazari. 1625 wurde diese Fundation durch einige Wiesen vergrössert, wovon aber ein Theil von der Oder versandet und weggerissen worden; und 1679 ließ der Custos Sondesius eine Kapelle bey dem Hospital erbauen.

Nach dem letztern Brande kauften sich einige adeliche Gutsbesitzer bürgerliche Häuser, welche durch Vermittelung der Landeshauptleute sowohl von Abgaben als von der städtschen Gerichtsbarkeit, gleich wie jene ältern, welche die Hofbedienten der Herzoge besessen hatten, befreyet worden.

Folgende Handwerker erhielten zum Theil neue, zum Theil nur Bestätigung ihrer ältern Privilegien, als: Die Schuhmacher den 19. Febr. 1629, vom Kaiser Ferdinand; die Bäcker den 17. März; die Schneider 1651 den 30. April vom Bischof Ferdinand; die Posamentirer, Seiler und Weber 1662 vom Magistrat; die Schmiede 1671, die Sattler 1675, die Stricker 1681, die Riemer 1682 vom Magistrat;

die

die Salzhändler vom Bischof Karl Ferdinand 1653, und die Töpfer vom Kaiser Leopold 1668 den 12. Junii. Die Stadt hatte an Vermögen und Einwohnern abgenommen, und den Bürgern fiel es zu schwer 5 Burgermeister zu unterhalten; sie wandten sich an den Kaiser und der Kaiser, hob 1682 den 21. Febr. das alte Recht auf, und befahl, daß künftig nur ein Burgermeister angesetzt werden sollte.

Die Franziskaner hatten sich von Rattibor entfernt, indessen fanden sich einige neue Ordensbrüder aus Pohlen ein, die Einwohner unterstützten sie auch; die unter der böhmischen Provinz sahen dies als einen Eingriff in ihre Rechte an, führten 1679 einen Prozes, der durch einen Sentenz des Kaisers Leopoldi vom 17. April 1686 dahin entschieden wurde, daß die aus der pohlnischen Provinz ihre Residenz verlassen und den aus der Böhmischen überlassen mußten; letztere kauften von der Stadt 1686 den Platz zum Kloster, und den 1. May 1689 wurde der Grundstein zu dem neuen Gebäude gelegt, welches 1692 vollendet war.

Den 30. May um 11 Uhr des Nachts im Jahr 1698 entstand ein Feuer, wodurch der beste Theil der Stadt, nehmlich 178 Häuser samt Kirchen, Hospital und Salzniederlage ein Raub der Flammen wurde. Der Altendorfer Pfarrer, Lorenz Klenzka, erbaute durch Unterstützung einiger Einwohner 1727 die sogenannte Matki boga, Mutter Gottes-Kirche.

1733 errichteten die zu keiner Innung gehörigen Bürger eine eigene freye oder große Zeche, welche vom Kaiser Karl VI. bestätigt wurde, und 1736 den
5. May

5. May gab gedachter Kaiser den Reichkrämern ein Privilegium dahin: daß nur ausgelernte Kaufleute die 9 Kramhäuser besitzen und Handel treiben könnten, behielt sich aber vor, wenn er für das Wohl der Stadt es zuträglich hielte, die Anzahl zu vermehren, er solches durch Special-Privilegia thun könne.

Die Stadt wurde 1742 preußisch. Im zweyten Schlesischen Kriege wurde 174... Rattibor den Hungarischen Völkern mit stürmender Hand von den Preussen abgenommen. In dem siebenjährigen Kriege hat die hiesige Stadt ungemein viel ausgestanden, denn es stunden beständig feindliche Truppen, auch dann und wann starke Korps hier, die mit allen möglichen Erfordernissen versehen werden musten; und giengen sie weg, oder wurden sie vertrieben, so kamen Königl. Truppen hier wieder zu stehen. Bey den Durchmärschen der feindlichen Korps, die gegen Neisse, Cosel oder sonst weiter zogen, war die Einquartirung sehr stark und drückend; vieles Getraide und vieles von den Waldungen allwo die Kroaten stunden, wurde verdorben. Man zog mehrere Tuchmacher dahin, so daß 1754 eine Schönfärberey angelegt werden konnte. Es fanden sich auch einige Evangelische dahin, und es wurde 1755 eine Schule für ihre Kinder errichtet.

Den 27. Jan. 1774 in der Nacht stürzte der an der Kollegiatkirche angebaut gewesene schöne Stadt-Uhrthurm ein, zerschmetterte sowohl die große deutsche, als kleinere pohlnische Kirche, samt Kanzel, Orgel und Altären.

Der

Der auf dem Thurm befindlich gewesene Wächter fiel mit seinem Bette auf die Kanzel der pohlnischen Kirche, und nahm keinen Schaden; starb aber bald darauf für Schrecken. Den 31. Julii '776 in der Nacht um 2 Uhr traf Rattibor ein größeres Unglück, es entstand bey einen Färber auf der Braugasse ein Feuer, und legte 101 Häuser, die Kirche und Corporis Christi Hospital in die Asche. Der König gab, ohne die erhaltene Societätshülfe von den andern Städten, 53000 Rthlr. zum Wiederaufbau, und die Häuser wurden besser als ehehin wieder hergestellt. Der evangelischen Einwohner wurden immer mehr, hatten aber keine Kirche, sondern der Feldprediger hielt in einem städtischen Hause am Ringe, wo einige Zimmer dazu eingerichtet waren, Gottesdienst.

Der Platz war zu klein, und der Magistrat brachte es dahin, daß eine ordentliche Kirche auf der Krämergasse erbauet, und auser dem Garnisonprediger noch ein ordinirter Rektor angestellt wurde. Die Legung des Grundsteins der Kirche geschah den 12. Oct. 1779, wobey der Feldprediger Herr Wilde, eine Einsetzungsrede hielt.

§. 2.
Gegenwärtige Verfassung.

Rattibor ist eine Immediatstadt, liegt auf der linken Seite der Oder 20 Meilen von Breslau, hat einen Markt, regelmäßige Gassen, ist durchgehends gepflastert, mit Mauern umgeben, hat drey
Thore

Thore und eine Pforte; zum Wappen einen weissen halben Adler, und ein halbweißes Rad im rothen Schilde.

Die Stadt wird durch eine besondere Wasserkunst aus der Oder mit Wasser versehen.

Zur Garnison liegt der Staab und 4 Kompagnien vom Küraßierregiment von Dallwig. Die Vorstädte, wovon eine Bronken, die andere Bosaß heisset, gehöret zum platten Lande; die obere und niedere aber zur Stadt.

§. 3.
Gebäude.

Die meisten Gebäude sind maßiv mit Ziegeln gedecket.

Das herrschaftliche Schloß wird zu den Dörfern gerechnet; sonst sind Gebäude in der Stadt:

1. Das Rathhaus.
2. Das Collegiatstift und Kirche, der Jungfrau Maria gewidmet, ist die eigentliche Pfarrkirche, worüber der König das Patronatrecht hat; nur die Stadt und ein Theil der Vorstädte, aber kein Dorf ist eingepfarrt. An derselben stehen 5 Prälaten, 4 Canonici und 7 Vicarien; von den Prälaten und Canonicis haben die meisten auswärtige Pfarrtheyen. Dieses Stift besitzet folgende Dörfer: Gammau, Czizrannow, Grzegorzowiz, Antheil Studzienna. Die Kirche hat zwey vorzügliche schöne Bilder, wovon eines die heilige Barbara, das andere aber die Apostel Peter und Paul vorstellen.

3. Das

3. Das Jungfernkloster zum heiligen Geist. Der Prälat von Rauden ist Oberinspektor; sonst sind im Kloster eine Priorin, eine Suppriorin und 21 Nonnen. Dies Kloster besitzet folgende Dörfer: Adamowiz, Autischkau, Binkowiz, Boguniz, Ellgut, Gaschowiz, Wormuntat, Zowada, Osterwiz, Piskau, Zaukwiz, Tschirmkau, Eigbow, Zilchwiz nebst der Stadt Bauerwiz.

4. Das Dominikanerkloster, worin sich 12 Paters befinden; in der dazu gelegenen Kirche ist das Altar zum heiligen Kreuz von schwarzem Marmor gut gearbeitet.

5. Die Corporis Christi-Kirche und Hospital hat auser einigen Kapitalien keine Grundstücke; die ganze Einnahme ist jährlich 150 Rthlr, wovon 5 Arme männlichen Geschlechts unterhalten, und mit Kleidern versorgt werden.

6. Die evangelische Pfarrkirche ist ein gutes schönes Gebäude; in derselben hält der Feldprediger des Sonntags früh, der dabey angestellte ordinirte Rektor Fischer des Nachmittags Gottesdienst.

7. Eine katholische,

8. Eine evangelische Schule. Die Lehrer der ersten werden vom Magistrat und Kollegiatstift angesetzt.

9. Zehn freye Häuser, die unter der Oberamts-Regierung in Brieg stehen.

In der Vorstadt.

10. Die Probsteykirche St. Peter und Paul, wozu die Fischergasse eingepfarrt ist. Zu dieser

Beschr. v. Schl. III. B. 2. St.   N   Prob-

Probstey gehöret ein Hospital, worinnen 10 Arme versorgt werden. Der Probst samt seinen Geistlichen sind dem Orden der regulairen Chorherrn vom heiligen Grabe zu Jerusalem einverleibt, wovon das Hauptstift zu Neisse ist; woher denn auch die Einsetzung eines neuen Probstes geschieht. Die Geistlichen werden sonst Hütter des heiligen Grabes oder Kreutzherren genannt, und tragen auf ihren Kleidern an der linken Seite ein doppelt rothsamtnes Kreutz mit Gold umstickt. Das Stift besitzt nur zwey Dörfer.

11. Die Johanniskirche liegt über der Oder in dem sogenannten Ostrog, so eigentlich ein Dorf ist; sie ist eine Pfarrkirche, hat ein Gnadenbild, so den Herrn Christum schlecht gemahlt vorstellet, wozu viele Wallfahrten geschehen. Das Dominium ist Patron, und eingepfarrt sind die Dörfer: Ostrog, Plania, Kaminiez, Neustadt und Bosaz. Den Gottesdienst verrichtet ein Vikarius der Kollegiatkirche. Zu der Johanniskirche gehöret auch noch das in dem Schloßgarten fundirte Grab Christi; es ist eine Kapelle, worin ein prächtiges Grab Christi errichtet, auch ein Altar vorhanden ist, auf welchem zu gewissen Zeiten Messe gelesen wird. In der Charwoche wird dieses Grab prächtig erleuchtet, und von vielen katholischen Christen nach ihrer Gewohnheit besuchet.

12. Die Franziskanerkirche und Kloster, in welchem 17 Ordensbrüder befindlich sind.

13. Die Mutter-Gottes-Kirche ohnweit der Stadt, die eine Filial von der Pfarrkirche zu Altendorf.

14.

14. Das Hospital St. Lazari, welches für das weibliche Geschlecht bestimmet ist; es hat auser einigen Kapitalien auch Grundstücke; die Einnahme ist etwas über 200 Rthlr. wovon 8 weibliche Arme erhalten werden.

15. 405 Privathäuser in der Stadt und Vorstadt. Es ist zwar noch ein Hospital bey Rattibor, welches aber eigentlich zu dem Dorfe Altendorf gehöret. Auf dem Markte stehet eine 42 Fuß hohe Statue, so die Empfängniß Mariä vorstellt, die recht gut ist; sie wurde 1725 von der Gräfin Maria Isabelle Gaschin, gebohrne von Lobkowiz gestiftet, und von dem geschickten Bildhauer Johann Melchior Oesterreich gefertiget.

§. 3.
Von den Einwohnern.

Die Sprache der Bürger ist deutsch, jedoch reden sie auch pohlnisch. Die Religion ist meist katholisch, doch giebt es schon viele Evangelische. Ihr Anzahl war:

1745	—	2073
1755	—	2058
1765	—	2410
1775	—	2572
1780	—	2603
1783	—	2860.

Juden werden in der Stadt nicht geduldet.

Liste

der in der Stadtkirche zu Rattibor

Jahr.	Getrauten. Paar.	Gebohrnen. Knab. Mädg.		Begrabenen. Männl. Weibl.	
1779	16	39	31	48	56.
1780	34	57	41	47	24.
1781	37	71	49	36	31.
1782	37	47	52	37	34.
4 Jahr	124	214	173	168	145.
		387		313	
1 Jahr	31	97		78	

Dies ist blos von der Stadt und zwar von den Katholiken zu verstehen, wenn man auch 500 Lutheraner rechnet, so stirbt von 30 Menschen einer.

Das jährliche Consumo ist 2160 Scheffel Weitzen, 9100 Scheffel Roggen, 300 Scheffel Gerste zum Backen, 1680 Scheffel zu Malz, 361 Ochsen, 1439 Schweine, 996 Kälber, 992 Schöpse.

Das Gewerbe der Einwohner bestehet:

1. Im Ackerbau, er ist aber von keiner großen Bedeutung, denn die Bürger besitzen nur 200 Schfl. Land.

2. Im Bierbrauen, es haftet auf 203 Häusern, und wird nur das einzige Dorf Studzienna mit Stadtbier verlegt; es ist dieser Nahrungszweig etwas eingeschränkt, da das Dominium und das Nonnenkloster eigne Brauereyen haben und Kretschams mit ihrem Bier versorgen.

2. Im

3. Im Handel, es sind hier 10 Kaufleute, die mit allerhand seidnen, wollenen Waaren und Specereyen handeln, auch wird etwas Tuch nach Rußland versandt:

1782 gieng dahin 187 Stück, am Werth 3646 Rthl.
1783 — 214 — — 4248 —

Jahrmärkte werden 5 gehalten, als am Tage Marcelli, Lätare, Frohnleichnam, Dienstag nach Bartholomäi und Martini; jeder Markt dauert 3 Tage, und Tages vorher ist Hanfmarkt; letzterer ist ansehnlich, und finden sich viele Käufer aus Nieder-Schlesien dazu ein; jährlich wird auf selbigem gegen 5000 Gulden Hanf gebracht, der Centner kostet etwan 10 Gulden. Zwey Wollmärkte, den 20. May und den Sonntag nach Michael. Alle Donnerstage ist Wochenmarkt.

4. In allerhand Künsten und Handwerken: 2 Apotheken, 1 Bader, 18 Bäcker, 4 Barbier, 14 Brandtweinbrenner, 2 Buchbinder, 8 Büttner, 1 Cirkelschmid, 8 Korduaner, 6 Weisgärber, welche zusammen 8222 Stück Felle ausarbeiten; 3 Damastweber, die jährlich über 130 Schock dergleichen Leinen-Zeug fertigen; 2 Drechsler, 5 Färber, 31 Fleischer, so aber 36 Bänke besitzen; 3 Glaser, 2 Goldschmiede, 1 Gürtler, 3 Handschuhmacher, 3 Huthmacher, 5 Kammacher, 1 Klemptner, 1 Knopfmacher, 1 Kunstpfeifer, 2 Kupferschmiede, 16 Kirschner, 50 Lein- und Meselanweber, erstere machen besonders gestreifte Leinwand, wovon jährlich mehr als 900 Schock, an Meselanen aber gegen 500 Schock gefertiget werden; 3 Maler, 5 Maurer, 3 Nadler, 2 Nagelschmiede, 3 Peruckenmacher, 2 Pfefferküchler,

ker, 3 Posamentierer, 3 Rademacher, 4 Riemer, 4 Sattler, 1 Schleifer, 5 Schlosser, 6 Schmiede, 22 Schneider, 1 Schorsteinfeger, 40 Schuster, 5 Seifensieder, 3 Seiler, 1 Sporrmacher, 1 Steinsetzer, 12 Stricker, die jährlich über 24000 Paar Strümpfe fertigen;[1]) 8 Tischler, 11 Töpfer, 35 Tuchmacher, die jährlich gegen 1000 Stück Tuche fabriciren; 2 Tuchscherer, 1 Tuchwalker, 2 Uhrmacher, 2 Wachszieher, 1 Ziegelstreicher, 3 Zimmermeister, 1 Zinngießer.

§. 4.
Allerhand.

Die Kämmerey besitzt folgende Dörfer: Planla, Brzecki und Studzienna, eine Ziegeley, einen Wald, und hat jährlich 4200 Einkünfte.

Der Magistrat bestehet aus einem Direktor, Herrn Karl Andreas Brand; Proconsul, Herrn von Jänisch; einem Syndiko, Herrn Johann Samberger; Kämmerer, Herrn Johann Hetschko; denen Rathmännern, Herren Johann Wenzel, Noski und Precht.

Die Königl. Bedienten sind:

Accis- und Zollamt: Herr Johann Friedr. Aug. Schmieder, Provinzialkontrolleur; Herr Johann Babt. Hennequin, Stadtkontrolleur; Herr Johann Gottlieb Krummer, Einnehmer; Herr Johann Baldermann, Kontrolleur.

Juden-

---

1) Ein Beweis, daß nicht alle Oberschlesier baarfuß gehen.

Juden-Toleranzamt, ist mit dem Steueramt verbunden.

Postamt: Herr Ernst Andreas von Cronhelm.

Salzamt: Herr Gottlieb Schmid, Faktor; Herr Georg Philip Wagner, Kontrolleur.

Steueramt, siehe Kreis.

Die Posten welche in Rattibor ankommen, sind:

Sonntags, Morgens um 2 Uhr die fahrende aus Breslau, Glaz, dem Gebürge und ganz Niederschlesien. Abends um 6 Uhr die fahrende aus Ples, Ribnick.

Mittwochs, dieselbe.

Donnerstags, die Breslauer fahrende.

Abgehende:

Sonntags, Nachmittag um 2 Uhr die fahrende Post nach Ribnick, Oppeln, Krakau.

Montags, um 2 Uhr Nachmittage die fahrende nach Bauerwiz, Breslau.

Donnerstags, wie am Sonntage und Montage.

Namen einiger Bürgermeister und Direktoren.

1. Johann Franz Urbani, starb 1685.
2. Johann Wilhelm Olckars, starb 1695.
3. Franz Ignaz von Morawez, war der erste Direktor; lebte von 1721 bis 1742.
4. Johann Joseph Noski, bis 1754.

5. Johann Sternemann, bis 1769.
6. Christoph Samuel Rücker, bis 1771.
7. Samuel Wilhelm Walter, bis 1772.

B. Von Riebnick.

Riebnick ist ein kleiner Ort, war aber schon 1225 bekannt, denn das Jungfernkloster wurde zu dieser Zeit von da nach Czarnowanz verleget.

Im Jahr 1758 brannte das Rathhaus und Hospital ab, und 1782 hatte Riebnick das Glück den Grosfürsten von Rußland nebst seiner Gemahlin zu beherbergen; sie wurden an der Preußischen Schlesischen Gränze im Namen des Königs vom Herrn General von Dallwig Excellenz, empfangen.

Diese Stadt ist mediat, gehöret dem Herrn Grafen von Wengersky, hat ein gutes schön gebautes Schloß, eine katholische Pfarrkirche, an der der Stadtpfarrer, Felix Reisner und ein Kapelan stehen; eine Schule, 141 Bürgerhäuser. Die Zahl der Menschen ist gegenwärtig 763 Christen und 42 Juden. Das Consumo aber 208 Scheffel Weitzen, 2400 Scheffel Roggen, 87 Stück Ochsen, 284 Stück Schweine, 127 Kälber, 314 Schöpse.

Das Gewerbe der Einwohner ist:

Der Ackerbau; die Bürger haben gegen 600 Scheffel Land.

Folgende Handwerker: 1 Bader, 12 Bäcker, 5 Büttner, 1 Färber, 8 Fleischer, 1 Goldschmied, 2

Huthmacher, 2 Kirschner, 2 Lederfabrikanten, die gegen 4000 Felle bereiten; 18 Leinweber, 3 Maurer, 2 Müller, 1 Pfefferküchler, 5 Rademacher, 2 Riemer, 2 Sattler, 2 Schlosser, 12 Schmiede, 14 Schneider, 20 Schuster, 1 Seifensieder, 1 Seiler, 8 Stricker, 3 Tischler, 6 Töpfer, 1 Ziegelstreicher, 2 Zimmerleute.

Der Magistrat bestehet aus einem Burgermeister, zwey Rathleuten, einem Notario.

Die Königlichen Bedienten sind: Das Accis- Zoll- und Postamt.

Ankommende Posten:

Sonntag und Donnerstag die Bothenpost aus Tarnowiz Mittags um 12 Uhr. Die fahrende Post aus Rattibor um 6 Uhr Abends.

Donnerstag die Fußpost aus Tarnowiz.

Sonntag und Mittwoch die fahrende Post aus Plesse.

Abgehende Posten:

Sonntag und Donnerstag die fahrende Post nach Sorau und Plesse um 8 Uhr Abends. Die fahrende Post nach Rattibor um 1 Uhr.

Sonntags die Fußpost nach Gleiwiz.

Donnerstag die Fußpost nach Tarnowiz.

C. Von Sorau.

§. 1.
Geschichte.

Die Erbauung von Sorau ist unbekannt. Im Jahr 1272 wars ein Dorf und wurde gegen Ecieen vertauschet. Durch die Brände, welche 1512 und 1583 die Stadt betrafen, und durch die Pest, die im Jahr 1558 wütete, mögen die etwannigen Nachrichten verlohren gegangen seyn. Die Lutherische Religion fand bey den Einwohnern Soraus Eingang, 1569 wurde die Kirche, aus Mangel der Kirchengeher, von den Katholicken verlassen, und kam in evangelische Hände; allein bey der allgemeinen Religionsveränderung in Oberschlesien, welche besonders durch die Grafen von Oppersdorf vorgenommen wurde, musten die Evangelischen 1629 die Kirche wieder räumen, und der letzte Prediger, George Lissowius, gieng nach Ungarn; die völlige Uebergabe der Kirche geschahe den 18. Jan. g. J. Bald nachher kamen die schwedischen Truppen, erpreßten eine ansehnliche Contribution, und brachten einen evangelischen Prediger mit, der aber 1670 vertrieben wurde; bey dem Abzuge der Schweden entstand eine Epidemie unter Menschen und Vieh. 1661 hatte Sorau das Unglück ganz abzubrennen, und 1702 noch eine Feuersbrunst zu erleiden, wodurch über die Hälfte der Stadt verzehret wurde. 1782 schenkte der König 12850 Rthlr. zu Erbauung 6 Häuser, zum

Etablis-

Etablissement 10 Tuchmacher, 3 Stricker und einiger Holzarbeiter.

§. 2.
Gegenwärtige Verfassung.

Die Stadt Sorau ist eine königliche Immediat-Stadt, liegt 5 Meilen von Rattibor, ist mit Mauern umgeben, hat 2 Thore, aber kein Pflaster; die Gassen sind mit Holz belegt, welches nicht behauen, sondern den sogenannten Klippelbrücken gleichet, so bey dem Fahren die unangenehmsten Stöße giebt.

Es sind in Sorau folgende Gebäude:

1. **Das Rathhaus,** stehet mitten auf dem Markt.

2. **Eine katholische Pfarrkirche,** welche gemauert und mit einem Thurm versehen, so den Namen Philippi Jacobi führet, an der der Erzpriester Herr Haiz stehet und wozu das Dorf Baronnowiz eingepfarrt ist; der Landesherr ist Patronus.

3. **Eine kleine hölzerne Kirche,** welche nach der Sage ehemals die Pfarrkirche gewesen seyn soll.

4. **Eine Schule,** an der ein Rektor und ein Cantor stehet.

5. **Ein Hospital,** welches jährlich 100 Rthlr. Einkünfte hat, und 5 bis 6 Arme verpflegt.

6. **Bürgerhäuser** 214 und 88 wüste Stellen, welche von den verschiedenen Bränden herrühren.

§. 3.

§. 3.
Einwohner.

Die Sprache ist bis auf die wenigen Königlichen Bedienten pohlnisch, und die Religion katholisch. Die Zahl derselben ist: 979 Christen und 121 Juden.

Liste
der Getrauten, Gebohrnen, Gestorbenen.

	Paar.	Knab.	Mädg.	Mänl.	Weibl.
1779	13	25	29	10	19
80	14	24	29	11	17
81	13	19	37	13	17
82	10	25	17	16	30
	50	94	112	50	83
		206		133	

Das Consumo ist jährlich: 240 Scheffel Weitzen, 2410 Scheffel Korn, 240 Scheffel Malz, 90 Ochsen, 362 Schweine, 205 Kälber, 250 Hammel.

§. 4.
Gewerbe.

Das Gewerbe der Einwohner bestehet:

1. Im Ackerbau, die Bürger besitzen 560 Scheffel Land.

2. Im

2. Im Bierbrauen, welches aber von keiner großen Bedeutung ist, da die Stadt nur den Ausschroot auf das einige Dorf Klizhof hat.

3. Im Handel, den theils Juden theils Christen treiben.

Jahrmärkte sind jährlich 3 Viehmärkte und ein Wollemarkt.

4. In folgenden Handthierungen: 1 Bader, 6 Bäcker, 1 Barbier, 1 Brandtweinbrenner, 1 Buchbinder, 2 Büchsenmacher, 3 Büttner, 2 Damastweber, 2 Färber, 10 Fleischer, 1 Glaser, 1 Handschuhmacher, 3 Huthmacher, 5 Kirschner, 21 Leinweber, 1 Maler, 4 Müller, 1 Pfefferküchler, 2 Rademacher, 1 Rothgärber, 1 Sattler, 3 Schlosser, 6 Schmiede, 1 Schorsteinfeger, 25 Schuster, 2 Seifensieder, 2 Seiler, 3 Tischler, 3 Töpfer, 17 Tuchmacher, die jährlich 700 Stein Wolle verarbeiten; 1 Weisgärber, 1 Ziegelstreicher.

§. 5.

Verschiedenes.

Das Wappen der Stadt ist getheilt, in einem Felde ein halber Adler, im andern ein Schwerdt.

Der Magistrat bestehet aus einem Burgermeister, Rathssenior, 2 Rathmännern, einem Kämmerer und einem Stadtvogt.

Die

Die Kämmerey besitzt das Dorf Klizschhof, einen Wald und eine Ziegeley, hat an 1400 Reichsthaler Einkünfte.

Zur Garnison liegt eine Schwadron vom Husarenregiment Werner.

Die Königlichen Bedienten sind: Das Accis- und Zollamt.

Hier gehet bloß die fahrende Post von Rattibor nach Pleß durch.

Die hier wohnenden Juden zahlen ihre Abgaben an das Toleranzamt nach Rattibor.

Beschrei=

Beschreibung

des

Leobschützer Kreises.

Eintheilung.

Erster Abschnitt. Vom Kreise überhaupt.
  §. 1. Lage, Gränzen.
  §. 2. Berge, Mineralien.
  §. 3. Beschaffenheit des Bodens und Producte.
  §. 4. Von den Wäldern.
  §. 5. Seen, Flüsse.
  §. 6. Hausthiere.
  §. 7. Wohnungen.
  §. 8. Einwohner.
  §. 9. Merkwürdigkeiten.
  §. 10. Aeuserliche Verfassung.

Zweyter Abschnitt. Von den regierenden Herren.

Dritter Abschnitt. Vom Kreise insbesondere.
  Namen der Dörfer.

Vierter Abschnitt. Von den Städten.
  A. Leobschütz.
    §. 1. Geschichte.
    §. 2. Gegenwärtige Verfassung.
    §. 3. Einwohner.
    §. 4. Nahrungs-Zweige.
    §. 5. Allerhand.
  B. Bauerwitz.
    §. 1. Geschichte.
    §. 2. Gegenwärtige Verfassung.
  C. Katscher.
  D. Hultschin.

Erster Abschnitt.
Vom Leobschützer Kreise überhaupt.

§. 1.
Lage, Größe, Gränzen.

Dieser Kreis ist eigentlich aus den Distrikten entstanden, welche von Mähren, den Fürstenthümern Troppau und Jägerndorf, bey dem Friedensschluß vom Jahr 1742 an Preussen abgetreten worden; er liegt an vielen Stellen mit dem Oesterreichischen ganz umgeben, ja von manchen Dörfern liegt der Acker im Preußischen, die Häuser aber im Kaiserlichen. Seine Größe ist daher nicht gut zu bestimmen.

§. 2.

Berge und Mineralien.

Der Kreis ist meist bergigt, und in der Gegend auf Troppau zu giebt es einige Ebenen. Die Anhöhen sind nur Lehm- und nicht Steingebürge. Man findet im Schooß der Erde:

Steinkohlen, bey Hulcschin.

Torf, bey Bauerwiz auf der Koppelwiese und bey Petcrwiz.

Steine, Granit, Basalt in losen Stücken, und

Gipssteine, letztere zu Neukirch auf den Gebürgen, welche von guter Art sind.

Mergel, an sehr vielen Orten.

Zwey Meilen von Warnowiz zwischen Steuberwiz und Koberwiz, dem Fürsten von Lichnowsky gehörig, hat man Spuren von Salz gefunden; die Gelegenheit dazu gaben zwey Bauern, welche anzeigten: 1.) Daß das Vieh an den Oertern sehr gerne das Graß fräße, und so gar die Wurzeln heraus risse, wie es denn, wenn es geregnet habe, die reinsten Quellen verlasse, und lieber aus den sich auf diesen Stellen samlenden Pfützen sauffe. 2.) Würde das Gras, wenn die Sonne sehr warm geschienen habe, ganz weiß, und man habe durch den Geschmack das Salz erkannt. Die Bauern machten auf der einen vorzüglichen Wiese zwey Gruben, die eine ohnweit der Koberwizer Mühle, auf der Stelle, wo der Salzgeschmack am stärksten ist. Das ausgeworfene bestand bey der Untersuchung aus

grauem

grauem Latten und großen abgerundeten Kieſeln, war aber weis beſchlagen; 4 Pfund der Erde ausgelaugt, filtriret und geſotten, gaben 1 Quentchen unreines Salz. Zwanzig Schritt davon wurde weiter gegraben, und unter dem Raſen ein weis grauer Latten ¾ Lachter tief, und darunter blauer Latten gefunden, das Waſſer drang zu ſtark, und es konnte nicht weiter gegraben werden; man ließ das Waſſer ausſchöpfen und entdeckte auf der Sohle 4 Quellen, worinn jeder 1¼ bis 1½ Zoll ſtark war, von dieſen 4 Quellen wurde 11 Quart genommen, geſotten, und daraus 1 Quentchen reines, 1½ Quentchen unreines Salz und noch etwas ſalziger Boden gewonnen.

Die andere Grube iſt 100 Schritt vom Koberwizer Mühlgraben am Fuß des ſanft aufſteigenden Gebürges, etwan 17 Breslauer Ellen tief; hier iſt ¼ Lachter tief moraſtige Dammerde, dann eiſenſchüſſiges tonartiges Gebürge, worauf Vitriolkies folget; das Waſſer aber war ſo heftig, daß nicht weiter gegraben werden konnte; am Gehänge des Gebürges ließ man einen Schurf werfen, aber man fand nichts ſalziges. Höchſtens würde man eine bauwürdige Sohle finden; da aber das Holz in daſiger Gegend zu theuer, ſo hat dieſer Bau liegen bleiben müſſen.

§. 3.
Beſchaffenheit, Fruchtbarkeit des Bodens und Produkte.

Der Boden um Leobſchüz, um Katſcher und Troppau zu, iſt guter lehmigter tragbarer Boden; wohingegen

gegen die Dörfer, welche gegen den Rattibor- und Pleßischen Kreis zu liegen, leichten Sandboden haben. Die Brache ist beynahe durchgehends üblich; in dem guten schweren Boden wird tief gepflügt, auch breite Beete geackert, wohingegen in dem sandigen Boden seichte gepflügt wird.

Flachs wird viel gebauet, besonders in den deutschen Dörfern, wo ein Drittheil des Sommerfeldes zum Flachsbau angewendet wird. Die Erndte gehet gewöhnlich gegen den 26. Julii an.

Heu werden jährlich 7500 Fuder geerndtet.

Hopfen wird jährlich gegen 500 Scheffel gewonnen.

Obst geräth selten in Menge, indessen hält man viel auf Gärte; es sind vorhanden 60164 Stück Obstbäume, Maulbeerbäume aber 6700.

§. 4.
Von den Wäldern.

Der Mangel an Holz ist fast allgemein. Bey Leobschüz, Kucheln, Schüllersdorf und Beneschau giebt es ziemliche Kieferwälder, und auf den Gebürgs-Dörfern Peterwiz, Tropplowiz wachsen Lerchenbäume. Beym Mangel an Holz kann auch das Wild nicht überflüßig seyn, und Wölfe oder andere Raubthiere finden sich gar nicht.

§. 5.
Seen, Teiche, Flüsse.

Seen sind nicht, Teiche wenig und klein, daher auch durchgehends ein Mangel an Fischen. Die

den

den Kreis durchströmenden Flüsse sind die Morau, Oppa.

§. 6.
Hausthiere.

Die Pferde und Kühe in den meisten Dörfern sind vom großen Schlage; vorhanden sind 7195 Pferde, 715 Ochsen, 12989 Kühe, 62536 Schafe, 6156 Schweine, 3500 Bienenstöcke.

§. 7.
Wohnungen der Landleute.

Die adlichen Schlösser zu Weissack, Gros-Hoschüz, Sauerwiz sind schön; die zu Gröbnig, Soppau, Bolaziz, Naßiedel, Peterwiz, Dirschel, Krawarn, Beneschau, Odersch, Hultschin, Badewiz, Bladen sind gut. Die Wohnungen der Bauern sind zum Theil gemauert, zum Theil von Bindwerk, viele, besonders in der pohlnischen Gegend, von Schrotholz.

Zum Kreise gehören:

3 Städte.
3 Marktflecken.
129 Dörfer, wo
2 Kolonien. In den letzten dreyen Kirchen
103 Vorwerke.
2583 Bauern.
2600 Gärtner.
3008 Häusler.
17 Bleichen

§. 8.

§. 8.
Von den Einwohnern.

Die Sprache ist im obern Theile deutsch, im niedern gen Katscher zu pohlnisch und mährisch. Die Religion ist meist katholisch, doch giebt es hin und wieder auch einige Lutheraner; besonders die Dörfer Rösnitz, Mocker und Pommerwitz, haben beynahe lauter protestantische Einwohner.

Ihre Zahl war im Jahr
1756 — 34799.
1766 — 40865.
1777 — 44642.
1783 — 45507.

§. 9.
Einige Merkwürdigkeiten.

In dem sogenannten Kesselteiche, so aber mehr eine tiefe morastige Wiese ist, gegen Gröbnig zu, versteckten die Schweden im dreyßigjährigen Kriege einen Theil ihrer Beute; sie wurde zwar zum Theil wieder herausgenommen, aber manches muß doch sitzen geblieben seyn, da man gegenwärtig zuweilen Silber und Gold da findet.

In der Vorstadt Leobschütz fand man in einem Garten Urnen.

Die Jesuiten in Troppau besaßen im Königlichen Schlesien einige Dörfer, wovon Schüllersdorf der Hauptsitz war; sie wurden aufgehoben und der König machte aus diesen ein Domainenamt. Die Güter

ter der aufgehobnen Nonnen zu Troppau wurden an Privatpersonen verkauffet.

§. 10.
Auserliche Verfassung.

In Ansehung der Steuer gehöret dieser Kreis zur zweyten Klasse, und bey der Viehassekuranz zur zweyten Societät. Die Städte gehören zum sechsten Steuerräthlichen Departement. Den Dörfern ist vorgesetzt: der Landrath, Herr Michel von Haugwitz; der Marschkommissarius, Herr Sebastian von Kehler; die Kreisdeputirten, Herr Franz August Graf von Neuhaus, und Herr Franz von Reiswitz; der Kreisphysikus, D. Petzsch, und der Steuereinnehmer, Herr Christ. Ehrenreich Ratike.

Das Infanterieregiment von Hager hat die Werbung.

Zweyter Abschnitt.
Etwas von den regierenden Herren zu Leobschütz.

Die Geschichte von den regierenden Herren zu Leobschütz hängt mit der Jägerndorfschen, und diese wieder mit der Troppauschen und Rattiborschen so genau zusammen, daß eine ohne die andere nicht füglich abgehandelt werden kan. Anfänglich stand Leobschütz unter Mieslao, dem Herzoge von Oberschlesien, der 1246 starb; ihm folgte sein Bruder

der Vladislaus, welchem der König Wenzel III. in Böhmen die Fürstenthümer Troppau und Jägerndorf abnahm und sie zu Mähren schlug.

Hierauf gab der König Ottocar beyde Fürstenthümer seinem natürlichen Sohn Nicolaus I. der 1278 den herzoglichen Titul annahm, und 1306 den Städten Troppau, Lübschütz, (Leobschütz) Jägerndorf und Freudenthal, alle ihre Privilegia bestätigte, und ihnen die Entscheidung ihrer Streitigkeiten überließ. Der König Wenzel nahm diesem aber seine Länder und König Johann belehnte des vorigen Besitzers Sohn Nicolaum II. damit; dieser hatte zur Gemahlin Annen, Herzog Przemislas zu Rattibor Tochter, mit der er einen Sohn Johann I. und mit der zweyten Gemahlin Giula, (Gula) 3 Söhne, Nicolaus III. Wenzel I. und Przimislav zeugte; diese 4 Brüder theilten sich dergestalt, daß Herzog Johann I. Rattibor zum Voraus behielt, und sich hernach mit den andern Brüdern zu gleichen Theilen theilte. Er wurde vom Kaiser Sigismund mit der Stadt und Schloß Jägerndorf 1422 belehnt; die andern Brüder hatten Leobschütz und Troppau, wiewohl sie insgesamt an öffentlichen Staatsangelegenheiten Antheil nahmen: denn sie verliehen alle viere den Städten Troppau, Leobschütz und Zuckmantel durch ein Privilegium monetum sine obolos cudendi die Francisci 1433. *) Nach Nicolaus III. Tode, der unbeerbt starb, bekam Johann des ersten Sohn, Nicolaus IV. seine Länder und verließ solche seines Brudern Johann II. Sohne, Nicolaus V. der zu Jägerndorf residirte. Die-

---

*) Annal. Oppau Mscpt.

Dieser hatte 3 Kinder, Johann, Wenzel und Barbara; der erste gelangte zu einem Kanonikat; Wenzel der Blödsinnige, dem König Matthias das Fürstenthum Jägerndorf nahm, bis König Wladislav seinen Kanzler Johann von Schellenberg 1493 damit belehnte.

Die Prinzeßin Barbara, die nach dem Tode ihres Gemahls, Johann Herzog zu Teschen, in Gleiwitz 1473 George Freyherrn von Schellenberg, des genannten Johann von Schellenberg Sohn, heurathete. Er erhielt über Jägerndorf auch vom K. Wladislaus eine Bestätigung d. d. Ofen Freytags nach Ascen. Dom. 1506 von sich gegeben. George von Schellenberg baute das bey Jägerndorf liegende Schloß Schellenberg, und brachte Leobschütz vermuthlich durch Kauf von Peter von Haugwiz an sich. ¹)

Von diesem George von Schellenberg kaufte der Marggraf George von Anspach das Fürstenthum Jägerndorf 1523 mit Bewilligung des Königs Ludwig um 58900 ungarische Gulden; er wurde damit von diesem Könige belehnt, und erhielt von Ferdinand I. 1532 darüber die Bestättigung. Er war 1484 gebohren, an dem Hofe des Königs Wladislav erzogen und Vormund des Königs Ludewig gewesen. Von ihm ist das Schloß zu Jägerndorf größer gebauet. Er half die Augspurgische Confeßion 1530 übergeben, war sehr standhaft in seiner Religion, und führte sie auch im Jägerndorfschen ein.

Seine

1) Fürstenst. Denkwürdigk. in Mscpt. I. B. VII. K.

Seine Gemahlinnen waren: 1. Beatrix, 2. Hedewig, Herzog Carl zu Münsterberg Tochter; 3. Aemilia, Herzog Heinrich zu Sachsen Tochter. Aus der letzten Ehe hatte er einen Sohn George Friedrich. Er selbst starb 1545.

Ihm folgte in der Regierung sein Sohn George Friedrich, dem während seiner Minderjährigkeit der Kaiser das Fürstenthum nahm, es ihm aber wieder gab, worauf er 1558 Besitz davon nahm. Er hatte zwey Gemahlinnen: 1. Elisabeth, Marggraf Johannes zu Brandenburg Tochter; 2. Sophia, Herzog Wilhelm zu Braunschweig Tochter; mit beyden aber keine Kinder. Eine Münze von ihm hat Dewerdeck S. 560 angeführt. Da er ohne Leibes-Erben starb, so vermachte er das Fürstenthum seinem Vetter, dem Churfürsten von Brandenburg, Joachim Friedrich 1603; dieser nahm es in Besitz, und trat es in einigen Jahren seinem zweyten Prinzen Johann George ab; dagegen zwar der Kaiser Einwendungen machte, die aber nicht durchgesetzt wurden. Matthias und Ferdinand erkannten vielmehr Johann George als Herzog von Jägerndorf, und dieser empfieng 1607 die Huldigung von seinen Unterthanen. Durch ein Urtheil des Fürstenrechts, wobey der kaiserliche Hof viel Einfluß hatte, wurden ihm die Herrschaften Beuthen und Oderberg abgesprochen. Dies flößte ihm einen starken Wiederwillen gegen das österreichische Haus ein, so daß er sich auf die Seite des Pfalzgraf Friedrichs schlug und in Schlesien im Namen des neuen Königes von Böhmen verschiedene Eroberungen machte. Der Kaiser aber behielt die Oberhand. Der Marggraf wurde

wurde 1621 in die Acht erklärt, ihm 1623 das Fürstenthum genommen, worauf er in Ungarn starb. Seine Gemahlin war Eva Christina, Herzog zu Würtemberg Tochter, mit der er einen einzigen Sohn Ernst zeugte. Von seinen Münzen hat Dewerdeck S. 571 einige beschrieben.

Der Kaiser gab das Fürstenthum Jägerndorf dem Fürst Karl von Lichtenstein, der evangelisch gebohren war, zur katholischen Religion übergieng, vom Matthias 1614 in den Fürstenstand erhoben und zugleich das Fürstenthum Troppau Pfandsweise überlassen wurde. Kaiser Ferdinand belehnte ihn mit beyden 1623, und bestellte ihn zu seinem Vikario in Böhmen. Er ließ zwar den Generalpardon für die Evangelischen zu Prag bekannt machen, allein bey der großen Religions-Execution war er Präses; wodurch so viele ihr Leben verlohren. Ihm wurden von Bettlem Gabor seine mährischen Güter geplündert, und dies eben bewog den Kaiser, ihn mit beyden Fürstenthümern zu belehnen, und ihm noch eine Anweisung auf die evangelischen Stände in Schlesien von 60000 Rthlr. zu geben. Der Vater des Fürsten war Hartmann von Lichtenstein, die Mutter Anna Maria Gräfin von Ortenburg; seine Gemahlin aber Anna Maria, Johann Schembord von Czernahor in Buschowitz Tochter; er starb 1627. Ihm folgte sein Sohn, Karl Eusebius Fürst von Lichtenstein, der bey den Kaisern Ferdinand II. und III. in großen Gnaden stund, und Oberhauptmann in Schlesien war. Seine Gemahlin war Johanne Beatrix, Fürst Maximilian von Dietrichstein Tochter; seine Münzen stehen im Dewerdeck S. 548.

Ihm

Ihn folgte Johann Adam Andreas, sein Sohn, 1684; er war gebohren 1656, kaiserlicher Geheimerrath und Ritter des goldnen Vließes, vermählt mit Erdmuth Theresia Maria, Tochter des Fürsten Ferdinand Joseph von Dietrichstein. Seine Söhne starben vor seinem Tode, welcher den 16. Junii 1712 erfolgte; seine Gemahlin starb 1737 in Wien. Es fiel also Troppau und Jägerndorf an die jüngere (Gundaccerische) Linie, und zwar an Anton Florian; er war gebohren 1655 und starb den 11. Oct. 1721, verließ seine Ländereyen Joseph Johann Adam, seinem ältesten Sohne, welcher kaiserlicher Kämmerer, Grand von Spanien und Ritter des goldnen Vließes war. Er hatte drey Gemahlinnen, 1. Gabriele, eine Fürstin von Lichtenstein; 2. Maria Anna, Gräfin von Thun; 3. Maria Anna Sophia Gräfin von Oettingen Spielberg. Er starb 1732. Seine Münzen sind von saubern Gepräge und selten.

Nach seinem Tode erbte Joseph Wenzel, Fürst von Lichtensten. Er war den 10. August 1696 gebohren, kaiserlicher Generalfeldmarschall, seine Gemahlin Maria Leopoldina, Gräfin von Sternberg. Dieser Fürst starb den 18. August 1781, und sein Sohn, Aloysius Joseph, kam zur Regierung; er ist den 14. May 1759 gebohren.

Drit-

Dritter Abschnitt.
Vom Kreise insbesondere.

Namen der Dörfer und Marktflecken nach alphabetischer Ordnung.

1.

Amalien-Grund, eine im Jahr 1776 nahe an der kaiserlichen Stadt Hozenploze angelegte Kolonie von 16 Häusern, wovon aber nur 8 besetzt sind.

Antoschowiz, siehe Passecker Hof.

2. **Auchwiz,** pohln. Utechowiz, gehöret dem Herrn Grafen von Sedlinski, hat 9 Bauern, 6 Gärtner, 17 Häusler und 122 Einwohner; sie sprechen pohlnisch und sind der katholischen Religion zugethan.

3. **Babiz,** gehöret der Malthesser Commende Gröbnig, hat 1 Kirche, 1 Schule, 26 Bauern, 38 Gärtner, 37 Häusler und 515 Einwohner.

4. **Badewiz** oder **Bänz,** gehöret der Gräfin von Gaschin; hier ist ein herrschaftliches Wohnhaus, 1 Vorwerk, 1 Kirche, 1 Schule, 42 Bauern, 34 Gärtner und 29 Häusler; die Zahl der Einwohner ist 740, welche katholisch sind.

Bauerwiz, liegt nahe an der Stadt Bauerwiz, gehöret dem Jungfräulichen Stift zu Rattibor, hat 1 Vorwerk und 19 Einwohner.

5.

5. Beneschau, Marktflecken, gehöret dem Baron von Henneberg, hat 1 herrschaftliches Schloß, 1 Vorwerk, 1 Kirche, 1 Schule, 38 Bauern, 20 Häusler; die 337 Einwohner sind der katholischen Religion zugethan. Hieher wird gerechnet das Dorf Beneschau, welches eben demselben gehöret, hat 16 Bauern, 13 Gärtner, 51 Häusler und 340 Einwohner; sie sind katholisch, die Sprache ist pohlnisch.

6. Bielau, gehöret eben demselben, hat 1 Vorwerk, 18 Gärtner und 4 Häusler. Einwohner sind der Zahl nach 116, nach der Religion katholisch und sprechen pohlnisch.

7. Biskau, gehöret dem Jungfräulichen Stift zu Rattibor, hat 1 Vorwerk, 25 Bauern, 25 Gärtner und 38 Häusler; Einwohner sind 508, welche pohlnisch sprechen und der katholischen Religion zugethan sind.

8. Bladen, gehöret dem Graf Ferdinand von Neuhaus, hat 3 Vorwerke, 1 Kirche, 1 Schule, 26 Bauern, 59 Häusler, 1 herrschaftliches Wohnhaus, 59 Gärtner und 804 Einwohner, welche katholisch sind, und deutsch sprechen.

9. Bleischwiz, gehöret dem Fürsten von Lichtenstein, hat 1 Kirche, 1 Schule, 27 Bauern, 26 Gärtner und 59 Häusler; Einwohner sind 599, ihre Sprache ist deutsch und die Religion katholisch.

Bleischowizer Freyhof gehöret dem Grafen von Reichenbach, hat 1 Vorwerk.

10. Blümsdorf, gehöret dem Magistrat zu Leobschütz, hat 1 Vorwerk und 1 Häusler; Einwohner sind 13.

11. Boblowiz, pohln. Bobolusk, gehöret dem Baron von Morawizki, hat 1 Vorwerk, 9 Bauern, 15 Gärtner und 20 Häusler; Einwohner aber 285, dieselben sind in Religion und Sprache untermischt.

12. Bobrownik, gehöret dem Baron von Gruttschreiber, hat 7 Bauern, 3 Gärtner und 63 Einwohner; dieselben sind katholisch und sprechen pohlnisch.

13. Bolatiz, gehöret dem Cistercienserkloster Wellrad in Mähren, hat 1 Vorwerk, 1 Kirche, 1 Schule, 25 Bauern, 26 Gärtner, 30 Häusler und 462 Einwohner; sie sprechen pohlnisch und sind der katholischen Religion zugethan.

14. Boleslau, gehöret dem Fürsten von Lichnowski, hat 1 Vorwerk, 15 Bauern, 10 Gärtner und 2 Häusler; die 172 Einwohner sind katholisch und sprechen pohlnisch.

15. Borulin, pohln. Borzutzin, gehöret eben demselben, hat 22 Bauern, 24 Gärtner, 5 Häusler und 322 Einwohner; dieselben sind katholisch und sprechen pohlnisch.

16. Braniz, gehöret dem Grafen von Reichenbach, hat 3 Vorwerke, 1 Kirche, 1 Schule, 44 Bauern, 44 Gärtner, 35 Häusler und 801 Einwohner; diese sind katholisch und evangelisch, sprechen pohlnisch und deutsch.

17. Beatsch, gehöret dem Grafen von Sedlnitzky, hat 1 Vorwerk, 1 Schule, 15 Bauern und 6 Häusler; Einwohner sind 257, welche katholisch sind und deutsch sprechen.

18.

18. Buslawiz, gehöret dem Baron von Henneberg, hat 2 Vorwerke, 1 Kirche, 35 Bauern, 15 Gärtner und 33 Häusler; die 272 Einwohner sind katholisch und sprechen pohlnisch.

Carlowiz, gehöret dem Könige, ist ein Vorwerk, zu Schüllersdorf gehörig.

19. Chlebsch, pohln. Chlebitschow, gehörete dem Jungfräulichen Stift zu Troppau; als aber dasselbe aufgehoben wurde, fiel das Gut dem Fisco zu, und wurde verkauft; hat 1 Vorwerk, 1 Bauer, 12 Gärtner, 16 Häusler und 152 Einwohner.

20. Comeise, hat 2 Antheile, eines gehöret ins Oesterreichsche, beyde aber dem Magistrat zu Jägerndorf; das preußische hat 1 Schule, 10 Bauern, 29 Gärtner, 9 Häusler und 270 Einwohner, welche der katholischen Religion zugethan sind und deutsch sprechen.

Cammerau, liegt völlig im Osterreichschen Schlesien, versteuert nur disseitige Gründe; gehöret dem Fürsten von Lichtenstein.

21. Cosmüz, gehöret dem Baron von Henneberg, hat 1 Vorwerk, 31 Bauern, 5 Gärtner und 31 Häusler; die Einwohner sind der katholischen Religion zugethan und sprechen pohlnisch.

22. Creßtillau, pohln. Censzielow, gehöret dem Grafen Joseph von Sedlnizky, hat 2 Vorwerke, 7 Bauern, 32 Gärtner, 10 Häusler; die Zahl der Einwohner beläuft sich auf 280, dieselben sind theils deutsch, theils pohlnisch, und der katholischen Religion zugethan.

23.

23. Deutsch Krawarn, oder Crawarn, gehöret dem Grafen von Schafgotsch, hat 1 Vorwerk, 1 Kirche, 1 Schule, 35 Bauern und 38 Gärtner, Häusler sind 41, Einwohner 853, sie sprechen pohlnisch und sind der katholischen Religion zugethan.

24. Creisewiz, oder Preisewiz, gehöret dem deutschen Orden, hat 28 Bauern, 4 Gärtner und 8 Häusler; die 262 Einwohner sind katholisch und sprechen deutsch.

25. Creuzendorf, gehöret eben demselben, hat 1 Kirche, 1 Schule, 38 Bauern, 17 Gärner, 31 Häusler; die 455 Einwohner sind theils evangelisch theils katholisch und reden deutsch. Ein ander Dorf Creuzendorf liegt im Oesterreichschen, versteuert dißseitige Aecker, gehöret dem Fürsten von Lichtenstein.

Czirmkow, siehe Tschirmkau.

26. Groß-Darkowiz, gehöret dem Könige und ist eine Domaine, hat 1 Vorwerk, 20 Bauern und 175 Einwohner; dieselben sprechen pohlnisch und sind der katholischen Religion zugethan.

27. Klein-Darckowiz, gehöret dem Baron von Gruttschreiber, hat 1 Vorwerk, 10 Bauern, 7 Gärtner und 7 Häusler; Einwohner sind 157, dieselben reden pohlnisch und sind der katholischen Religion zugethan.

28. Dirschel, gehöret dem Grafen von Gesler, hat 1 Vorwerk, 1 Schule, 21 Bauern, 35 Gärtner, 30 Häusler; die 497 Einwohner sind katholisch und sprechen pohlnisch

29. Klein-Dirschel, gehöret dem Grafen von Gaschin, hat 1 Vorwerk, 6 Bauern, 14 Gärtner, 7 Häusler.

Beschr. v. Schl. III. B. 3. St. P 30.

30. Dirschowiz, gehöret dem Fürsten von Lichtenstein, hat 1 Vorwerk, 6 Bauern, 14 Gärtner, 7 Häusler und 155 Einwohner: dieselben sind der katholischen Religion zugethan und reden pohlnisch und deutsch.

31. Dittmerau, pohln. Dzieczmorou, gehöret dem Commende Gröbnig, hat 1 Kirche, 1 Schule, 16 Bauern, 29 Gärtner, 46 Häusler; die 446 Einwohner sind zum theil deutsch, zum theil pohlnisch.

32. Dobersdorf, gehöret dem Herrn von Blumencron, junior, hat 1 Vorwerk, 1 herrschaftliches Wohnhaus, 16 Bauern, 19 Gärtner, 5 Häusler und 222 Einwohner, dieselben sind katholisch und reden deutsch.

Dobroslawiz, liegt im Oesterreichischen und versteuert nur einige dißseitige Gründe, gehöret dem Grafen von Wengersky.

Döhmigerey, siehe Terůzne Häsel.

33. Ehrenberg, gehöret dem Grafen von Gesler, hat 1 Vorwerk, 6 Gärtner und 53 Einwohner, dieselben sprechen pohlnisch und deutsch, und sind der katholischen Religion zugethan.

Ehrenberg, und Krollful, siehe Langenau.

34. Eiglau, pohln. Dzielow, gehöret dem Jungfräulichen Stift zu Rattibor, hat 18 Bauern, 8 Gärtner, 33 Häusler und 375 Einwohner; sie sprechen deutsch und pohlnisch und sind der katholischen Religion zugethan. Bey diesem Dorfe ist eine Kapelle, worinn ein Gnadenbild befindlich war, worüber viel Lärmen¹) entstand.

35. Ellgoth oder Ellgut, gehöret dem Baron von Gruttschreiber, hat 11 Bauern und 9 Gärtner;

Ein-

---

1) Siehe Bauerwiz.

Einwohner sind 117, sie sind katholisch und reden pohlnisch.

Galdaun, siehe Kalbaun.

36. Freigrund, eine neue Kolonie von 6 Stellen, wovon aber erst eine besetzt ist; gehöret dem Grafen von Reichenbach.

37. Geppersdorf, diesseitig Antheil, gehöret dem Graf Joseph von Sedlnizky, hat 1 Vorwerk, 13 Bauern, 15 Gärtner und 4 Häusler; die 155 Einwohner sind katholisch und reden deutsch.

Gernau, sie Fernau.

38. Gröbnig, gehöret den Maltheserrittern, gegenwärtig ist Commendator der Graf von Schafgotsch; hat 1 Vorwerk, 1 Kirche, 1 Schule; 53 Bauern, 35 Gärtner, 77 Häusler und 1028 Einwohner, welche katholisch sind und deutsch reden.

39. Hatsch, pohln. Halschy, gehöret dem Königl. Amt Schüllersdorf, hat 1 Vorwerk, 1 Kirche, 1 Schule, 45 Bauern, 11 Gärtner, 3 Häusler und 463 Einwohner; dieselben sind katholisch und reden pohlnisch.

40. Hennerwitz, gehöret dem Hospital zu Jägerndorf, hat 1 Vorwerk, 10 Bauern, 18 Gärtner und 7 Häusler; Einwohner sind 178, welche katholisch sind und pohlnisch reden.

41. Hochkretscham, pohln. Wotka, gehörete dem Jungfräulichen Stift zu Troppau; da aber das Kloster vom Kaiser aufgehoben wurde, fielen die Güter dem Könige zu, welcher sie verkaufte; hat 1 Vorwerk, 1 Schule, 24 Bauern, 26 Gärtner, 14 Häusler und 390 Einwohner; selbige reden mährisch und sind katholisch.

42. Hohndorf oder Hundorf, gehöret dem Grafen

fen von Würben, hat 1 Vorwerk, 22 Bauern, 37 Gärtner, 33 Häusler und 611 Einwohner, welche katholisch sind und deutsch reden.

43. Hosizialkowiz, gehöret dem Baron von Gruttschreiber, hat 1 Vorwerk, 1 Kirche, 1 Schule, 11 Bauern, 10 Gärtner, 234 Einwohner; daselbst ist die Religion katholisch und die Sprach pohlnisch.

44. Groß-Hoschüz, gehöret dem Grafen von Chorinsky, hat 1 Vorwerk, 1 herrschaftliches Wohnhaus, 1 Kirche, 1 Schule, 31 Bauern, 20 Häusler und 583 Einwohner, welche pohlnisch und deutsch reden und katholisch sind.

45. Klein-Hoschüz, hat 4 Antheile, eines ist der Commende St. Johannis zu Troppau gehörig, hat 1 Vorwerk, 1 Bauer, 10 Gärtner, 5 Häusler und 101 Einwohner; dieselben sind katholischen und reden mährisch.

Klein-Hoschüz, zweytes Antheil, gehörete dem aufgehobenen Jungfräulichen Stift; der König zog es als ein Gut ohne Herrn ein, und verkaufte es dem Baron von Gruttschreiber; hat 1 Vorwerk, 1 Bauer, 4 Gärtner, 8 Häusler und 59 Einwohner; selbige sind katholisch und reden mährisch.

Drittes Antheil, Klein-Hoschüz, gehöret dem Fürsten von Lichtenstein, hat 8 Gärtner, 2 Häusler und 45 Einwohner; sie reden deutsch und pohlnisch.

Viertes Antheil, Klein-Hoschüz, gehöret dem Baron von Kalckreuth, hat 1 Vorwerk, 6 Bauern und 14 Häusler; Einwohner sind 142, sie reden pohlnisch.

46. Alt-Zratschin, gehöret dem Fürsten von Lichtenstein, hier sind 6 Bauern, 7 Gärtner, 8 Häusler, die Einwohner sind pohlnisch.

47. Neu-Hratschin, eine im Jahr 1782 erbaute und aus den zergliederten Vorwerksäckern entstandene Kolonie; es machet mit dem vorstehenden ein Dorf aus, in welchem 45 Bauern und 324 Einwohner sind.

Hultschin, Stadt, ist accisbar; die zwey Vorwerke daselbst, wovon eins Weinberg heißet, gehören dem Baron von Gruttschreiber.

Wüst-Jackartiz, ist weder Dorf noch Vorwerk, gehöret den Bürgern in Troppau, versteuert disseitige Aecker.

48. Jakubowiz, gehöret dem Baron von Scribensky, hat 1 Vorwerk, 5 Bauern, 16 Gärtner und 12 Häusler; die Einwohner reden pohlnisch und deutsch.

49. Jernau, pohln. Tarniow, gehöret der Commende Gröbnig, hat 23 Bauern, 19 Gärtner und 42 Häusler; Einwohner sind 468, dieselben reden pohlnisch.

Illeschowiz, liegt im Oesterreichischen und besitzt hier Aecker.

50. Kaldaun oder Galdaun, gehöret dem Baron von Henneberg, hat 1 Vorwerk, 9 Gärtner und 6 Häusler, katholische Einwohner aber 59; die Sprache derselben ist deutsch und pohlnisch.

51. Kalthausen, gehöret dem Magistrat zu Leobschütz, hat 1 Vorwerk, 6 Gärtner und 3 Häusler; Einwohner sind 57.

Katscher, oder Ketscher, gehöret dem Fürsten zu Ollmüz, ist eine Stadt.

Katscher-Lehn-Antheil, siehe Langenau-Lehn.

52. Kauthen, pohln. Kutha, gehöret dem Grafen von Schafgotsch, hat 24 Bauern, 20 Gärtner,

69 Häusler und 455 Einwohner; dieselben reden pohlnisch und sind katholisch.

53. Kittelwitz oder Küttiz, gehöret dem Magistrat zu Leobschütz, hat 1 Vorwerk, 13 Bauern, 18 Gärtner und 3 Häusler; Einwohner sind 242.

Klebsch, siehe Chlebsch.

54. Klemstein, gehöret dem Grafen Joseph von Sedlnitzky, hat 1 Vorwerk, 16 Gärtner und 4 Häusler; katholische Einwohner sind 114, welche deutsch und pohlnisch reden.

55. Knispel, pohln. Knizepole, gehöret dem Fürst Bischof zu Ollmütz, hat 1 Vorwerk, 1 Schule, 22 Bauern, 15 Gärtner, 43 Häusler und 537 Einwohner, so katholisch sind und deutsch und pohlnisch reden.

56. Koblau, oder Kobillau, gehöret dem Könige und ist eine Domaine, hat 23 Bauern, 5 Gärtner, 15 Häusler; Einwohner sind 233, sie reden pohlnisch und sind katholisch.

57. Koeberowiz, oder Koebrowiz, gehöret dem Fürsten von Lichnowsky, hat 1 Vorwerk, 1 Kirche, 1 Schule, 36 Bauern, 40 Gärtner, 6 Häusler, 470 Einwohner; dieselben reden pohlnisch und sind katholisch.

58. Königsdorf, oder Könsdorf, gehöret dem Magistrat zu Leobschütz, hat 23 Bauern, 28 Gärtner, 22 Häusler und 422 Einwohner.

59. Koesling, gehöret dem Vicariat zu Ollmütz, hat 19 Bauern, 10 Gärtner, 20 Häusler und 310 Einwohner; dieselben reden deutsch und sind katholisch.

Kosmütz, siehe Cosmütz.

60. Kranowiz, ist ein Marktflecken, hat 1 Kirche, 1 Schule, 60 Bauern, 21 Häusler, 1 Hospital; Einwohner sind 472; es gehöret dem Herrn v. Reisewiz.

Kra=

Kranowiz, Dorf, pohln. Stranna, gehöret eben demselben, hat 62 Bauern, 14 Gärtner, 60 Häusler und 666 katholische Einwohner, dieselben reden pohlnisch.

Krawarn, siehe deutsch Crawarn.
Kreisewiz, siehe Creisewiz.
Kreuzendorf, siehe Creuzendorf.
Krotfal und Ehrenberg, siehe Langenau fürstlich.

61. Krug, gehöret dem Graf Franz von Neuhaus; hat 1 Vorwerk, 14 Bauern, 1 Häusler und 202 deutsche und pohlnische Einwohner; selbige sind katholisch.

62. Kuchellna, gehöret dem Fürsten von Lichnowsky, hat 1 Vorwerk, 26 Gärtner, 4 Häusler und 201 Einwohner; selbige reden pohlnisch und sind katholisch.

63. Langenau fürstlich, macht mit Ehrenberg und Kottful ein Dorf aus, gehöret dem Fürsten Bischof zu Ollmüz; hat 34 Bauern, 9 Gärtner, 113 Häusler und 910 katholische Einwohner; unter denselben befinden sich viele Handwerker.

64. Langenau Lehn, oder Lehn Katscher, gehöret dem Grafen von Gaschin, hat 1 Vorwerk, 26 Bauern, 24 Gärtner, 41 Häusler und 569 Einwohner; diese reden deutsch und sind der katholischen Religion zugethan. Eigentlich machen diese beyden Langenaus nur ein Dorf aus.

65. Leimerwiz, gehöret der Commende Gröbnig, hat 16 Bauern, 33 Gärtner und 283 Einwohner.

66. Leisniz auch Lies, gehöret eben derselben, hat 1 Kirche, 1 Schule, 19 Bauern, 10 Gärtner, 38 Häus-

38 Häusler und 979 katholische Einwohner; selbige sind der pohlnischen Sprache zugethan.

67. Liptin, gehöret dem Baron von Scribensky, hat 1 Vorwerk, 1 Schule, 20 Bauern, 13 Gärtner, 20 Häusler; Einwohner sind 324, dieselben reden pohlnisch und sind katholisch.

68. Loewiz, gehöret dem Grafen Joseph von Sedlnizki, hat 1 Vorwerk, 1 Kirche, 1 Schule, 14 Bauern, 7 Häusler, und 404 Einwohner; deutsch reden dieselben und sind katholisch.

Lodnig, liegt im Oestreichschen Schlesien, und versteuert disseitige Gründe, gehöret dem Grafen von Reichenbach.

69. Ludgerschowiz, gehöret dem Baron von Gruttschreiber, hat 2 Vorwerke, 1 Schule, 14 Bauern, 24 Gärtner, 20 Häusler; die Zahl der Einwohner ist 357, sie sind katholisch und reden pohlnisch.

70. Marquartowiz, oder Marckersdorf, ist eine Königl. Domaine, hat 1 Vorwerk, 20 Bauern, 15 Gärtner und 14 Häusler, Einwohner sind 274; sie reden pohlnisch und deutsch und sind katholisch.

71. Mocker, gehöret dem Baron von Skribensky, hat eine evangelische Kirche, so filia von der zu Neustadt ist; hat 1 Vorwerk, 1 Schule, 21 Bauern, 15 Gärtner, 14 Häusler, 209 evangelische Einwohner, so deutsch reden.

72. Naßiedel, gehöret dem Grafen von Sedlnizky, hat 1 Vorwerk, 1 Kirche, 1 Schule, 17 Bauern, 27 Gärtner und 28 Häusler; Einwohner sind 454, so der katholischen Religion zugethan und polnisch reden.

73. Neudorf, gehöret dem Grafen von Gaschin, hat 19 Bauern, 30 Gärtner, 18 Häusler und 354 Einwohner, so theils evangelisch, theils katholisch sind, und deutsch reden.

Neu-

Neuhof, Vorwerk, ist an die Einwohner zu Knispel, Neukirch und Tschiemkau verkauft und zergliedert, gehöret dem Jungfräul. Stift zu Rattibor.

74. Deutsch Neukirch, ist ein Marktflecken, gehöret dem Grafen von Würben, hat 1 Vorwerk, 1 Kirche, 1 Schule, 17 Bauern, 60 Gärtner, 27 Häusler und 694 Einwohner; diese sind katholisch und reden pohlnisch.

75. Neustift, gehöret der Commende Gröbnig, hat 8 Gärtner; die 41 Einwohner reden deutsch.

Nikasoniz, siehe Osterwiz.

76. Odersch, pohln. Oderschow, gehöret dem Grafen von Gesler, hat 1 Vorwerk, 1 Kirche, 1 Schule, 35 Bauern, 36 Gärtner, 33 Häusler und 506 Einwohner; selbige sind katholisch und reden deutsch.

77. Osterwiz, pohln. Nikasoniz, gehöret dem Jungfräulichen Stift zu Rattibor, hat 17 Bauern, 14 Gärtner, 41 Häusler und 385 Einwohner; selbige reden deutsch und pohlnisch und sind katholisch.

78. Owcziz, gehöret dem Fürsten von Lichnowsky, hat 1 Vorwerk, 10 Bauern, 22 Gärtner, 6 Häusler und 205 Einwohner; diese sind katholisch und reden pohlnisch.

79. Passekerhof und Antoschowiz, ist eine Königl. Domaine, hat 1 Gärtner und 7 Häusler.

80. Peterkowiz, gehöret dem Baron von Gruttschreiber, hat 8 Bauern, 13 Gärtner, 6 Häusler und 150 katholische Einwohner; dieselben reden deutsch.

81. Peterwiz, gehöret dem Grafen Odrowanz von Sedlnizky, hat 1 Vorwerk, 27 Gärtner, 12 Bauern, 3 Häusler; die Einwohner sind evangelisch und katholisch und reden deutsch.

82. Groß-Peterwiz, mit dem Beynamen Mährisch,

risch, gehöret dem Grafen von Schrattenbach, hat 1 Vorwerk, 1 Kirche, 1 Schule, 1 Hospital, 15 Gärtner, 42 Bauern und 58 Häusler; deutsch und pohlnische Einwohner sind 638, welche der katholischen Religion zugethan sind.

Groß-Peterwiz, Schlesisch, gehöret dem Grafen von Schrattenbach, hat 21 Bauern, 8 Gärtner, 24 Häusler; die 282 Einwohner sind katholisch und reden pohlnisch, beyde aber machen nur ein Dorf aus.

83. Klein-Peterwiz, gehöret dem Baron von Henneberg, hat 17 Gärtner, 13 Häusler und 303 Einwohner.

84. Püllgersdorf, gehöret dem Baron von Blumencron, hat ein herrschaftliches Wohnhaus, 1 Vorwerk, 18 Bauern, 25 Gärtner, 1 Häusler und 238 Einwohner.

85. Piltsch, auch Groß-Piltsch, genannt, gehöret dem Fürsten von Lichtenstein, hat 1 Kirche, 1 Schule, 66 Bauern, 1 Gärtner, 68 Häusler und 955 Einwohner; selbige reden deutsch, sind katholisch und evangelisch.

86. Pobiehof, hat 1 Vorwerk und 2 Gärtner.

87. Pommerswiz oder Pommersdorf, gehöret dem Grafen von Reichenbach, hat 2 Vorwerke, 2 Kirchen, 2 Schulen, nehmlich 1 evangelische und 1 katholische; 18 Bauern, 16 Gärtner, 22 Häusler und 412 Einwohner; sie reden deutsch und pohlnisch und sind evangelisch und katholisch.

88. Posniz, gehöret dem Grafen Franz von Neuhaus, hat 1 herrschaftliches Schloß, 2 Vorwerke, 2 Schulen, 21 Bauern, 29 Gärtner und 21 Häusler; Einwohner sind 499.

Przywos, liegt völlig in Mähren und hat disseits

ſeits etwas Wieſewachs, gehöret dem Magiſtrat zu Mähriſch-Oſtrau.

89. Pyſchz, gehöret dem Fürſten von Lichnowsky, hat 1 Vorwerk, 1 Kirche, 1 Schule, 37 Bauern, 28 Gärtner, 12 Häusler und 390 katholiſche Einwohner, dieſelben ſprechen pohlniſch

90. Klein-Raden, gehöret dem Grafen Joſeph von Sedlnitzky, hat 1 Vorwerk, 9 Bauern, 20 Gärtner und 139 Einwohner.

91. Rakau, pohln. Rakow, gehöret dem Herrn von Kehler, hat 1 Vorwerk, 34 Gärtner und 257 pohlniſche und deutſche Einwohner; dieſelben ſind katholiſch.

92. Ratſch, gehöret dem deutſchen Orden, hat 1 Vorwerk, 11 Gärtner, 12 Häusler und deutſche Einwohner 134.

Ratſchein, ſiehe Hialſchein.

93. Roben, gehöret dem Fürſten von Lichtenſtein, hat 1 Vorwerk, 1 Kirche, 1 Schule, 51 Bauern, 21 Gärtner, 31 Häusler und 558 Einwohner, welche deutſch reden und katholiſch ſind.

94. Roesniz, pohln. Roſumiz, gehöret dem Grafen von Reichenbach, hat eine katholiſche und eine evangeliſche Kirche, zu der evangeliſchen iſt 1765 der erſte Prediger beruffen worden; 2 Schulen, 43 Bauern, 42 Gärtner, 38 Häusler und 543 Einwohner; ſie ſind evangeliſch und reden deutſch und pohlniſch; der gemeine Mann hat einen guten Character.

95. Rochow, gehöret dem Fürſten von Lichtenſtein, hat 1 Vorwerk, 16 Bauern, 25 Gärtner, 3 Häusler und 206 Einwohner; die Religion derſelben iſt katholiſch und die Sprache pohlniſch.

96. Roſen, gehöret dem Grafen von Würben, hat 1 Vorwerk, 14 Bauern, 22 Gärtner, 18 Häusler und 322 Einwohner. Saberzhe,

Saberzhe, siehe Zabrzhe.

97. Sabschüz, nach der Sprache des gemeinen Mannes Saasch, gehöret dem Magistrat zu Leobschüz, hat 1 Kirche, 1 Schule, 31 Bauern, 32 Gärtner, 25 Häusler, Einwohner aber 472; ihre Sprache ist deutsch und ihre Religion katholisch.

98. Sauerwiz, gehöret dem Grafen von Würben, hat 1 Vorwerk, 1 Kirche, 1 Schule, 32 Bauern, 30 Gärtner, 30 Häusler und 533 Einwohner.

Sawade, siehe Zowade.

99. Schammerwiz oder Schamrowiz, gehöret dem Herrn von Reisewiz, hat 1 herrschaftl. Wohnhaus, 1 Vorwerk, 15 Gärtner, 6 Häusler; Einwohner sind 61.

100. Schlausewiz, gehöret dem Grafen von Gesler, hat 1 Vorwerk, 10 Bauern, 8 Häusler und 144 Einwohner; selbige sind katholisch und reden pohlnisch.

101. Schlegenberg, gehöret dem Magistrat zu Leobschüz, hat 1 Vorwerk, 12 Gärtner, 6 Häusler und 105 Einwohner.

102. Schmeisdorf, gehöret dem deutschen Orden, hat 1 Vorwerk, 14 Bauern, 5 Gärtner, 14 Häusler und 200 Einwohner; selbige sind theils evangelisch theils katholisch und reden alle deutsch.

Schmolkau, oder Smolkau, gehöret dem Fürsten von Lichnowsky, liegt im kaiserlichen Schlesien, hat aber einige Oerter im Preußischen.

103. Schönbrunn, gehöret der Commende Gröbnig, hat 29 Bauern, 42 Gärtner, 21 Häusler und 518 Einwohner; sie reden deutsch und sind katholisch.

104. Schönwiese, Ober- und Nieder, gehöret dem Grafen Joseph v. Sedlnizky, hat 1 Vorwerk, 1 Schule, 13 Bauern, 21 Gärtner, 9 Häusler und 227 Einwohner.

105. Schreibersdorf, pohl. Nieboscżily, gehöret

ret dem Grafen von Gesler, hat 1 Vorwerk, 12 Bauern, 32 Gärtner, 10 Häusler; Einwohner sind 399, selbige reden deutsch und pohlnisch und sind katholisch.

106 Schüllersdorf, pohln. Schelerzowize, hat 1 Vorwerk, 1 Kirche, 1 Schule, 17 Bauern, 8 Gärtner, 34 Häusler und 377 Einwohner; sie reden deutsch und pohlnisch. Es gehörte ehemals den Jesuiten zu Troppau; da solche aufgehoben wurden, fielen die Güter dem Könige zu, und dieser machte eine Domaine daraus.

107. Soppau, gehört dem deutschen Orden, hat 1 Vorwerk, 1 Kirche, 1 Schule, 21 Bauern, 31 Gärtner, 35 Häusler; die Zahl der Menschen ist 442, sie sind katholisch und reden deutsch.

108. Stauberwiz oder Steubrowiz, gehöret dem Grafen von Reichenbach, hat 1 Schule, 38 Bauern, 10 Gärner, 44 Häusler und 399 deutsche und pohlnische Einwohner; dieselben sind evangelisch.

09. Stolzmüz, pohln. Tlustomest, gehöret dem Fürsten Bischof zu Ollmüz, hat 1 Vorwerk, 12 Bauern, 13 Gärtner, 32 Häusler und 354 Einwohner, welche katholisch sind, deutsch und pohlnisch reden.

110. Strahndorf, pohln. Strachowiz, gehöret dem Fürsten von Lichnowsky, hat 1 Vorwerk, 13 Bauern, 20 Gärtner, 4 Häusler und 225 Einwohner; selbige sind katholisch und reden pohlnisch.

Strzebowiz, liegt jenseits und versteuert disseitige Aecker.

111. Stzepankowiz, gehöret dem Fürsten von Lichnowsky, hat 1 Vorwerk, 23 Bauern, 27 Gärtner, 9 Häusler und 289 Einwohner.

112. Taumliz, gehöret dem Magistrat zu Leobschüz, hat 10 Bauern und 11 Häusler; Einwohner sind 125.

113. Tronkau, oder Trenke, gehöret dem Magistrat

giſtrat zu Leobſchüz, hat 1 Bauer, 10 Gärtner, 9 Häusler und 87 Einwohner.

114. Tröm, gehöret zum deutſchen Orden, hat 1 Kirche, 1 Schule, 41 Bauern, 4 Gärtner, 68 Häusler und 671 Einwohner; ſie reden deutſch und ſind katholiſch.

115. Tropplowiz, iſt ein Marktflecken, hat 1 Kirche, 34 Bürgerhäuſer und 177 Einwohner. Das Dorf Tropplowiz hat 19 Bauern, 13 Gärtner, 1 Häusler und 149 Einwohner; beydes gehöret dem Grafen von Sedlnizky.

116. Tſchirmkau, oder Czirnika, gehöret dem Jungfräulichen Stift zu Rattibor, hat 17 Bauern, 11 Gärtner, 42 Häusler, 375 Einwohner, ſo pohlniſch und deutſch reden und katholiſch ſind.

117. Türmiz, oder Türmeniz, gehöret dem Magiſtrat zu Jägerndorf, hat 14 Bauern, 15 Gärtner, 6 Häusler und 190 Einwohner; dieſelben ſind katholiſch und reden deutſch.

Türmizer Vorwerk, gehöret dem Andreas Pohl, iſt nur 1 Vorwerk.

118. Turkau, gehörte dem Jungfräulichen Stift zu Troppau, nunmehr dem Baron von Gruttſchreiber, hat 1 Vorwerk, 13 Bauern, 7 Gärtner und 6 Häusler; die Zahl der Einwohner iſt 149, dieſelben reden deutſch und mähriſch und ſind katholiſch.

Utechowiz oder Auchwiz.

119. Warnowiz oder Wonawiz, gehöret dem Grafen von Würben, hat 1 Vorwerk, 1 Kirche, 1 Schule, 29 Bauern, 56 Gärtner, 41 Häusler und 777 Einwohner, ſo katholiſch und evangeliſch ſind, und deutſch reden.

120. Waiſſack, Weiſſack, pohln. Wiſſoka, hat
zwey

zwey Antheile, beyde machen nur ein Dorf aus. Das erste gehöret der Commende St. Johannis zu Troppau, hat 4 Bauern; das andere dem Baron von Stribensky, hat 1 Vorwerk, 11 Bauern, 21 Gärtner und 5 Häusler. Einwohner sind 258, so pohlnisch und deutsch reden und katholisch sind.

Wawrowiz, liegt im Oesterreichschen völlig, hat hier Wiesewachs, gehöret der Commende zu Troppau.

121. Wehowiz, gehöret dem Fürsten von Lichnowsky, hat 14 Bauern, 24 Häusler, und 275 deutsche und pohlnische Einwohner; dieselben sind katholisch.

Weinberg, siehe Hultschin.

122. Wernersdorf oder Wärs, der Commende Gröbnig gehörig, hat 14 Bauern, 24 Gärtner und 7 Häusler, Einwohner aber 122; sie sind katholisch und reden deutsch.

123. Alt Wiendorf, gehöret dem Grafen von Reichenbach, hat 1 Vorwerk, 7 Bauern, 17 Gärtner, 14 Häusler und 185 Einwohner; dieselben sind evangelisch und reden deutsch und pohlnisch.

124. Neu Wiendorf, eine im Jahr 1776 erbaute Kolonie, hat 30 Häusler; sie liegt nicht weit von Hozenploze.

Wottka, siehe Hochkretschan.

125. Wrbkau, gehöret dem Grafen von Schafgotsch, hat 1 Vorwerk, 8 Gärtner, 8 Häusler und 88 Einwohner; selbige sind katholisch und reden pohlnisch.

126. Wrzeßin, gehöret dem Grafen von Lichnowsky, hat 1 Vorwerk, 8 Bauern, 21 Gärtner, 4 Häusler und 148 Einwohner; selbige sind katholisch und reden pohlnisch.

Wür-

Würbiz, liegt jenseits und verstreuet bisseits Grunde, gehöret dem Grafen von Wilczeck.

127. Zabrzhn, oder Sabrzhn, gehöret dem Fürsten von Lichnowsky, hat 1 Vorwerk, 11 Bauern, 19 Gärtner, 10 Häusler; Einwohner sind 224 katholischer Religion und reden pohlnisch.

128. Zauchwiz, gehöret dem Jungfräulichen Stift zu Rattibor, hat 1 Kirche, 1 Schule, 35 Bauern, 18 Gärtner, 43 Häusler; die Einwohner sind der katholischen Religion zugethan.

129. Zaudiz, ist ein Marktflecken, gehöret dem Baron von Henneberg, hat 1 Kirche, 1 Schule, 47 Bauern, 38 Gärtner und 31 Häusler; Einwohner sind 767.

Zaudiz, Dorf, gehöret eben demselben, hat 1 Vorwerk, 10 Gärtner und 1 Häusler; pohlnische und deutsche Einwohner, welche der evangelischen und katholischen Religion zugethan sind.

130. Zawade, oder Sawade, gehöret eben demselben, hat 1 Vorwerk, 10 Bauern und 16 Häusler; Einwohner sind 101, diese reden pohlnisch und sind katholisch.

131. Züllchowiz, gehöret dem Jungfräulichen Stift zu Rattibor, hat 31 Bauern, 21 Gärtner und 37 Häusler.

Vierter

Vierter Abschnitt.
Von den Städten.
A. Von Leobschütz.

§. 1.
Geschichte.

Leobschütz soll eine alte Stadt seyn. Man hat eine gedruckte Chronike vom Jahr 1720, so ein gewisser Madlanski herausgegeben, und die selten geworden, die aber, besonders von ihrer Erbauung und ersteren Schicksalen, vieles Unwahre und Unbewiesene enthält. Unter andern führet der Verfasser auch ein Privilegium von 936 von Kaiser Heinrich I. an, welches er der Stadt Leobschütz gegeben haben soll; es ist aber sicher so erdichtet, wie dasjenige, so er Münsterberg ertheilet. Ausdrücke und Styl sind nicht im Tone jener Zeit, und passen auch nicht zu den übrigen Umständen. 1122 wurde sie das erstemal, 1225 aber das zweytemal ein Raub der Flammen, und 1163 unternahmen ihre Einwohner eine Verfolgung der Juden, wegen beschuldigter Brunnenvergiftung Die Tartarn ließen die Stadt 1241 nicht von ihrem Besuch frey. König Ottacar in Böhmen, gab 1256 den 5. April[1]) der Stadt Hlupschütz einen Wald von 23 Hufen, Tropowicze genannt Eben derselbe schenkte 1270 den 1. Sept. der Stadt das Meilenrecht auf Bierbrauen und alle Handwerke, und 1276 eine Erweiterung und Verbesse-

---
1) Rathhäusliche Archiv.

besserung ihrer Handveste.¹) Kaiser Rudolph bestätigte alle Privilegien der Stadt durch einen lateinischen Brief, gegeben im Feldlager bey Rostiz den 28. Sept. 1278.²) König Wenzel in Böhmen ertheilte Leobschütz 1298 den 15. April das Recht adliche Güter zu kaufen, die keine Lehen wären; Handlungsgerechtigkeiten anzulegen, und einige Abgaben von den zur Stadt gebrachten Waaren zum Nutzen der gemeinen Stadt zu nehmen.³) Vom Herzog Nicolaus zu Troppau erhielt Leobschütz 1332 die Bestätigung ihrer Handwerker, Krämer und Schuhbänke, und 1338 gab Nikolaus dem Andreas Brude die Vogtey, welche 1416 die Stadt nebst allen dazu gehörigen Gütern erkaufte. 1383 überließ Herzog Nicolaus der Stadt 12 Gewand- oder Tuchkammern, gab verschiedene Vorschriften wegen des Tuchhandels, bestättigte alle Privilegien und Handvesten, auch den Kauf des Dorfes Heinzudorf, so aber nach der Zeit von der Stadt weggekommen. Herzog Premislaus zu Troppau ertheilte 1416 das Recht 4 Jahrmärkte zu halten, und 1434 erkaufte die Stadt das Dorf Blümsdorf. Die Hußiten überfielen 1431 die Stadt und zerstörten das Nonnenkloster; 1435 wiederhohlten sie den Besuch zweymal, das leztemal aber widersezten sich die Bürger, auf Anrathen und Hülfe ihrer Weiber⁴) den Plünderern, und hielten sie von der Stadt ab; der Herzog zu Ratti-

1) Böhm. Diese Handveste ist sehr sauber geschrieben, die Anfangsbuchstaben gemahlt und vergoldet, und die Ränder mit Figuren als Affen gezieret.
2) Wie Rudolph zu Ertheilung dieses Privilegii gekommen, sehe ich noch nicht recht ein, indessen ist dasselbe vorhanden.
3) Schon eine Art der Accise.
4) Schickfuß IV. B. S. 139.

Rattibor plünderte die Stadt doch. Herzog Wenzel zu Troppau bestättigte 1441 der Stadt ihre Privilegien, befahl, daß ihm jährlich eine Abgabe entrichtet, die Stadt hingegen freye Besitzerin ihres Waldes und Dörfer seyn solte; er baute 1443 das Franziskanerkloster und überließ 1445 der Stadt 2 Mühlen, das Vorwerk, den Niederhof genannt, und befahl daß das Hospital den Kreutzigern (Kreutzherrn) zu Leobschütz überlassen werden sollte, weil er sie mit einigen Einkünften begnadet. 1455 gab Herzog Johann die Erlaubniß zur Einlösung des Dorfes Königsdorf, bestimte aber einen Zins daraus, zur Unterhaltung eines Dorfschulmeisters und einiger armen Kinder.[1]

Der Marggraf George von Brandenburg führte die evangelische Religion 1526 in Leobschütz ein, so daß 1541[2] der Gottesdienst der Katholicken völlig aufhörte. Die Probst- oder Kreutzkirche wurde von den katholischen Geistlichen zeitiger verlassen, als das Kloster; die Mönche vertrieb der evangelische Pöbel mit Gewalt, und hatte allerhand Muthwillen mit ihnen. 1543 wurden alle Juden aus der Stadt gejagt, und Leobschütz erhielt ein eignes Privilegium nie mehr Juden dulden zu dürfen. Die Gelegenheit zu ihrer Verfolgung gab ein Mord, den sie an einem Christenkinde begangen. 1559 verordnete Marggraf George Friedrich, daß die Jahrmärkte nicht Sonntag sondern Freytag gehalten werden sollten; und 1565 schenkte der Herzog der Stadt das alte Schloß. Dieser Herzog bestättigte 1599 der Stadt ihre Güter, machte sie frey vom mährischen Zoll, und befahl, daß so wohl die Stadt als

---

[1] Man sorgte also damals schon für Dorfschulen, und wie viel mögen sie jetzt besser als damals seyn.
[2] Fuchs Relig. Gesch. S. 19. Schickf. 17. B. S. 140.

als Dörfer nach sächsischen und kaiserlichen Rechten behandelt werden, und die Einwohner bey der evangelischen Religion bleiben solten. Durch die Einführung der Reformirten entstanden verschiedene Unruhen.¹) Den 28. May 1603 brannten 309 Häuser ab. 1609 verordnete der Marggraf die Abstellung verschiedener Misbräuche bey den Bäckern und Tuchmachern. Marggraf Johann George nahm 1607 die Huldigung an, und führte 1613 die reformirte Religion in Leobschütz ein; es entstand ein Streit wegen des Patronatsrechts, der Marggraf aber drang durch. Den 12. Nov. 1626 wurde Leobschütz von den Weinmarschen Truppen belagert und eingenommen, und 1627 erschien der General Wallenstein, und forderte die Stadt auf; die Garnison und Bürger wehrten sich tapfer, allein die Uebermacht war zu groß, sie wurde erobert; die Bürger musten 12000 Thaler bezahlen. Die Lutheraner wurden der Gegenstand der Verfolgung; indessen erhielten sich solche doch noch, obzwar in geringer Anzahl, bis zu Ende des vorigen Jahrhunderts; viele wanderten bey der ersten Verfolgung aus und ließen die leeren Häuser zurück. 1666 erhielten die vertriebenen Franziskaner den Platz des ehemaligen Klosters wieder, und erbauten es 1667. 1750 bat der Magistrat um die Erlaubniß, bey dem Franziskanerkloster ein Gymnasium zu etabliren, und auf 6 Klassen einzurichten. Der König gab den 11. Aug. 1751 hierzu die Concession, und die Bürger bestimmten einen Fond zu Bezahlung der Professoren. Der siebenjährige Krieg kostete Leobschütz nicht zu viel, und im Boierschen Succeßirnskriege wurden die Einwohner durch starke Einquartirung etwas mitgenommen.

§. 2.

1) Fuchs Religionsgeschichte 29. S.

§. 2.
Gegenwärtige Verfassung.

Leobschütz, Lübschütz, im gemeinen Reden auch Lischwiz genannt, böhmisch aber Hlubzien, ist eine Mediat-Stadt, zum Fürstenthum Jägerndorf gehörig; liegt 3 Meilen von Neustadt, 16 Meilen von Breslau am Fuß der Gebürge, ist das Eigenthum des Herrn Fürsten von Lichtenstein, welcher in Wien wohnt und seine Gerechtsamen auf Königl. Preußischer Seite durch eine eigne Regierung in Leobschütz verwalten läßt. Die Gassen sind zum Theil schlecht, der Markt oder Ring ist nicht wie in andern Städten viereckigt, sondern halb rund, gepflastert; die Stadt hat Mauern, 3 Thore und meist gemauerte Häuser. Die Wälle, welche ehemals die Stadt umgaben, sind in Obstgärte verwandelt.

Leobschütz hat folgende Gebäude:

1. Ein fürstliches Regierungshaus, liegt auf einer schlechten Gasse.

2. Ein Rathhaus mit einem Thurm, ist ein altes Gebäude; auf dem vordern Saale wird zuweilen evangelischer Gottesdienst gehalten.

3. Die katholische Pfarrkirche, welche ehemals den Tempelherrn und nun den Maltheserorden gehöret, der Commendator von Gröbnig ist Patronus. An dieser Kirche stehet ein Stadtpfarr und Kapelan. Eingepfarrt sind Laumiz, Schlegenberg und Blumsdorf. Nahe bey derselben ist ein großer leerer Platz, worauf viele Häuser erbauet werden könten; ehemals stand hier ein Nonnenkloster.

4. Eine kleine katholische Kirche, die Heiden-Kirche genannt wird. Hierin ist eine Gruft, worinn Menschenknochen von ungewöhnlicher Größe gefunden werden. Ich sahe das Obertheil eines Armes und eines Schulterblats von einem Menschen, der wenigstens 7 Fuß gros gewesen seyn muß.

5. Das Franziskanerkloster und Gymnasium, nebst einer Kirche, an derselben stehet 1 Guardian, 14 Geistliche und Professoren, nebst einigen Brüdern.

6. In der Obervorstadt eine kleine aber schöne Kirche, wobey ein Eremit wohnet, der heiligen Dreyfaltigkeit gewiedmet; sie wurde im dreyßigjährigen Kriege ruinirt, durch einige Legate, besonders des Grafen von Hodiß 1778 von Grund aus aufs neue erbauet.

7. Ein Hospital, welches seine Einkünfte aus der Kämmerey hat und die jährlich aus 300 Rthl. bestehen, wofür die Pfründer reichlichen Unterhalt genießen.

8) Außer dem Gymnasio noch eine deutsche Schule, auch ist eine evangelische Schule hieselbst.

9. Bürgerhäuser in der Stadt 334, in der Ober-Vorstadt 80, in der Niedervorstadt 61; Summa 475.

§. 3.
Von den Einwohnern.

Die Sprache der Einwohner ist deutsch, indessen herrscht der Wiener Accent gar sehr. Die Religion ist die katholische, der Evangelischen sind wenige.

Die Anzahl war: 1750 — 2325.
      1770 — 2634.
      1780 — 2583.
      1783 — 2646.

Liste
der in Leobschütz Getrauten, Gebohrnen, Gestorbenen.

Jahr.	Paar.	Knab.	Mädg.	Mänl.	Weibl.
1776	19	60	63	58	70.
77	39	66	69	56	60.
78	20	60	67	40	59.
79	29	47	57	138	125.
80	30	65	72	51	65.
81	20	63	62	48	36.
82	18	39	38	29	40.
7 Jahr	175	400	428	420	425.
		828		845	

§. 4.

Nahrungszweige der Einwohner.

Einer der vorzüglichsten Nahrungszweige ist:

a) Der Ackerbau, die Bürger besitzen 6518 Schfl. Land und gute Gärte, der Boden ist lehmigt und tragbar, sie bauen etwas Tuchkrappen.

b) Im Bierbrauen, es haftet auf 226 Stellen, und die Bürger verlegen die Dörfer: Badewiz, Neundorf, Roben, Trenkau, Kittelwiz, Königsdorf, Saatschüz und Kaltenhaus mit Stadtbier.

c) Im Handel, der von Krämern mit Specerey und seidenen Zeugen im Kleinen, von einigen Kaufleuten aber mit Garn im Großen getrieben wird; es giebt hier einige sehr reiche Kaufleute. Jahrmärkte sind 4, die Wolle- und Viehmärkte sind nicht beträchtlich. Alle Sonnabend ist Wochen- Garn- u. Getraidemarkt.

d) In allerhand Künsten und Handwerken, als: 2 Apotheker, 13 Bäcker, 5 Barbier, 9 Brandweinbrenner, 1 Buchbinder, 1 Büchsenmacher, 2 Büttner, 2 Drechsler, 2 Färber, 19 Fleischer, 2 Gärtner, 3 Glaser, 5 Gürtler, 2 Handschuhmacher, 5 Huthmacher, 1 Kammacher, 2 Klempner, 1 Knopfmacher, 4 Krafe-niehlmacher, 1 Kunstpfeifer, 2 Kupferschmiede, 9 Kürschner, 14 Leinweber, die jährlich an 400 Schock Leinwand fertigen; 1 Mahler, 3 Maurer, 3 Müller, 2 Nadler, 1 Nagelschmiede, 2 Perückenmacher, 4 Pfefferküchler, 1 Posamentier, 4 Rad- und Stellmacher, 3 Riemer, 13 Rothgärber, die jährlich über 10000 Stück Felle gerben; 2 Sattler, 2 Schleifer, 6 Schlosser, 12 Schmiede, 26 Schneider, 2 Schorsteinfeger, 20 Schuster, 8 Seifensieder, 5 Seiler, 22 Stricker, die 1782, 12950 paar Strümpfe fertigten; 9 Tischler, 7 Töpfer, 18 Tuchmacher, die jährlich gegen 300 Stück Tuche machen und über 120 Menschen beschäftigen; 2 Tuchscherer, 1 Walker, 10 Weisgärber, 6 Meselan- oder Zeugmacher, die jährlich an die 300 Stück fertigen; 1 Ziegelstreicher, 2 Zimmermeister.

Das jährliche Consumo ist 1056 Scheffel Weizen, 2400 Scheffel Roggen, 2400 Scheffel Gerste, 1874 Scheffel Malz, 160 Stück Ochsen, 840 Stück Schweine, 670 Stück Kälber, 806 Stück Hammel.

§. 5.

Allerhand.

Die Kämmerey besitzt die Dörfer: Sabschütz, Königsdorf, Kittelwitz, Trenkau, Blümsdorf, Kaltenhausen und Schlegenberg; einen Wald, Ziegelen und hat jährlich 5600 Rthlr. Einkünfte, aber doch noch etwas Schulden. Das Wappen der Stadt ist ein Thor mit 2 Thürmen, auf welchen ein gekrönter Engel und neben ihm der böhmische Löwe und ein Anker befindlich ist.

Der Magistrat bestehet aus einem Königl. Policey-

Direktor, Herrn Friedrich Wilhelm Beck; einem Policenbürgermeister, Herrn von Reizenstein; einem Bürgermeister, Herrn Carl Ignaz Stahl; einem Justizdirektor und Syndiko, Herrn Bernhard Ignaz Goldschmiedt; einem Rathmann, Herrn Heinrich Nösler; Kämmerer, Herrn Joseph Hollfeld; Herrn Franz Henschel, Stadtphysikus; Rathmann, Herrn Anton Schwank.

Die Fürstl. Regierung bestehet aus dem Landes-Hauptmann, Herrn Grafen Leopold Cäsar Neyhaus; aus zweyen Räthen und einigen Unterbedienten.

Die Königl. Officianten sind: Das Steueramt, siehe Kreis. Das Accis- und Zollamt. Das Juden-Toleranzamt, welches die Aufsicht über die im Kreise wohnenden Juden hat. Ein Postamt.

Montag und Donnerstag kommen die fahrenden Posten aus Rattibor um 7 Uhr an, und gehen um 8 Uhr nach Neustadt.

Mittwoch und Sonnabend kommt Abends um 8 Uhr die fahrende Post aus Breslau über Neustadt an, und gehet um 7 Uhr nach Bauerwiz und Rattibor weiter.

Zur Garnison liegen 4 Compagnien von Cuiraßer-Regiment von Dallwig.

B. Von Bauerwiz.

§. 1.
Geschichte.

Bauerwiz liegt im Fürstenthum Jägerndorf, gehöret dem Jungfernkloster zu Rattibor, hatte 1403 eine Kirche, denn Jodocus, Marggraf zu Brandenburg und Mähren, stiftete ein Altar in derselben,¹) und 1405 wars schon ein Städtchen, denn es wurde von einem Magistrat regieret, welcher Urkunden ausstellte.²) Im Jahr 1528 entstand wegen der Dienste der Bürger an das Kloster ein Streit, den aber der Marggraf George gütlich beylegte. George Friedrich gab 1575 der Stadt die Erlaubniß einen Jahr- und einen Wochenmarkt zu halten. Die Bürger wollten gleich andern Städten freye Leute seyn und keine Dienste leisten, darüber entstanden Streitigkeiten, die zwar 1593 und 1612 auf einige Zeit beygelegt, aber immer wieder gerügt wurden. 1708 brannte die Stadt gänzlich ab. Bald nach Antritt der Regierung des Königs suchten die Bürger mehrere Freyheiten zu erhalten, wollten Zünfte errichten, wo wieder die Grundherrschaft vieles einzuwenden hatte; indessen wurde 1718 doch die Accise eingeführet, und dieser Marktflecken zu einem wirklichen Städtchen declarirt. 1750 wurde eine Stadtuhr erkauft und folgende Zünfte erhielten ihre Städtische eigentliche Verfassung, als: 1752 die Schuster, 1753 die Kirschner, 1755 die Leinweber und Schmiede. 1780 solte zur bessern Nahrung der Stadt das in einer baufälligen Kapelle mitten auf dem Felde befindliche Gnadenbild nach der Stadt gebracht werden; darüber entstand mit den Einwohnern in Eiglau, (einem bey Bauerwitz liegenden Dorfe) und den Bauerwitzer Bürgern ein auserordentlicher Lerm. Die Weiber nahmen sich ihres Heiligen besonders an, umgaben die kleine Kapelle, zündeten Lichter an, und hörten nicht auf Litaneyen zu singen, bis von Seiten der Obrigkeit befohlen wurde, das Bild des heiligen Ni-

1) Kirchennachrichten.
2) Desgleichen.

Nicolaus in dieser Kapelle zu lassen, und solche nur zu verbessern. Den 20. Julii 1782 brannten hier 78 Häuser und 14 Scheuern ab.

§. 2.
Gegenwärtige Verfassung.

Sie ist mediat, gehöret in Kameralsachen zum sechsten Departement, hat keine Garnison. Der Markt ist gepflastert, die Gassen aber nicht. Die 1368 Einwohner reden pohlnisch und mährisch, nähren sich meist vom Ackerbau, denn sie besitzen über 3000 Scheffel Land. Das Bierbrauen haftet auf 50 Häusern, ist aber von keinem großen Gewinn, da die Stadt keinen Ausschrot auf die Dörfer hat; ihr Handel ist ebenfals geringe, er wird von 3 Krämern getrieben. Jahrmärkte sind vier, Sonntag aber ist Wochenmarkt.

In Bauerwitz ist eine katholische Pfarrkirche in der Stadt, eine kleinere Kirche in der Vorstadt, und die heilige Kapelle St. Nicolai, eine Schule, ein Hospital, ein Rathhaus und 262 Häuser.

Handwerker sind: 4 Bäcker, 1 Barbier, 5 Büttner, 14 Brandtweinschenken, 1 Färber, 2 Fischer, 7 Fleischer, 12 Kirschner, 10 Weber, 1 Maurer, 2 Müller, 1 Oelschläger, 1 Rademacher, 4 Rothgärber, 2 Sattler, 1 Schlosser, 7 Schmiede, 9 Schneider, 49 Schuster, welche in Oberschlesien herumziehen; 1 Seifensieder, 1 Seiler, 6 Tischler, 3 Töpfer.

Das jährliche Consumo ist: 240 Scheffel Weitzen, 960 Scheffel Roggen, 960 Scheffel Gerste, 480 Scheffel Malz, 40 Stück Ochsen, 271 Stück Schweine, 74 Stück Kälber, 184 Stück Schöpse.

Die Kämmerey hat 1118 Reichsthaler Einkünfte.

Der

Der Magistrat bestehet aus einem Burgermeister, Polizeyburgermeister, Kämmerer, Rathmann und Notario.

Die Königlichen Bedienten sind: Das Accis- und Postamt.

Ankommende Posten:

Donnerstag und Sonntag die fahrende Post aus Breslau.

Montag und Donnerstag die fahrende Post aus Rattibor, Nachmittag um 5 Uhr. Die Fußpost aus Katscher früh um 10 Uhr.

Abgehende Posten:

Sonntag und Donnerstag früh nach Rattibor, Pleß.

Montag und Donnerstag die fahrende Post nach Leobschütz und Breslau, Nachmittag um 5 Uhr.

Mittwoch die Post nach Katscher.

C. Von Katscher. Katschor, Kettré, ꝛc.

Diese Stadt ist gegenwärtig zum Leobschützer Kreise geschlagen, gehörte ehemals den Herzogen zu Teschen. Der Bischof zu Ollmüz zog 1554 die Gegend um Katscher an sich und riß sie von Schlesien ab. Im Berliner Frieden kam sie an den König von Preussen, indessen besitzt sie noch der Bischof zu Ollmüz als Vasal des Koniges. Diese Stadt brannte 1694 bis auf 3 Häuser völlig ab. 1775 traf sie ein ähnliches Unglück und 1777 wurden durch einen schrecklichen Orkan viele Dächer herabgeworfen. Die Einwohner reden deutsch und sind katholisch. Ihre vorzügliche Nahrungszweige sind:

a)

a) Der Ackerbau, die Einwohner besitzen an 2030 Schfl. Land und ist das vorzüglichste Nahrungsmittel.

b) Wein- Meth- Bier- und Brandtweinschank kan jeder Bürger treiben, und ist von keiner zu großen Bedeutung.

c) Allerhand Künste und Handwerke: 2 Bader, 5 Bäcker, 1 Barbier, 9 Brandtweinschenken, 4 Büttner, 2 Färber, 6 Fleischer, 1 Glaser, 1 Gürtler, 1 Handschuhmacher, 1 Hechelmacher, 4 Kürschner, 45 Leinweber, 1 Maurer, 2 Müller, 1 Oelschläger, 1 Pfefferküchler, 1 Posamentier, 1 Riemer, 2 Rothgärber, 2 Sattler, 4 Schlosser, 3 Schmiede, 17 Schneider, 1 Schornsteinfeger, 10 Schuster, 1 Seifensieder, 1 Seiler, 3 Tischler, 5 Töpfer, 3 Tuchmacher, 1 Weisgärber, 1 Zimmermann.

d) Im Handel, der aber nicht viel sagen will. Jahrmärkte sind fünfe.

Das jährliche Consumo beträgt: 100 Schfl. Weizen, 1920 Schfl. Roggen, 760 Schfl. Gerste, zum Backen; 57 St. Ochsen, 170 St. Kälber, 242 St. Schweine, 145 St Hammel.

Die Anzahl der Menschen ist gewesen:

```
1755 — 1012
  65 — 984
  75 — 1018
  80 — 1034
```

Liste der Getrauten, Gebohrnen, Gestorbenen.

Jahr.	Paar.	Knab.	Mädg.	Männl.	Weibl.
1779	33	76	83	138	125
80	56	87	80	43	55
81	32	90	76	71	68
82	38	91	95	54	68
4 Jahr	159	344	354	306	316
		698			

In der Stadt sind folgende Gebäude: Eine Pfarrkirche, wozu die Dörfer Langenau, Krölfeld, Stolzmüz, Knispel und Kösling eingepfarrt sind. In dieser Kirche stehet der Landdechant und bischöflicher
Commissarius, ein Kapelan. Das sogenannte Kreuz-
kirchel. Eine Schule. Ein kleines Hospital. Bürgerhäuser 169. Die Stadt ist ohne Mauern, Thore
und Pflaster; hat schlechte Gassen, aber doch meist mas-
sive Häuser. Auf dem Marktplatz stehet eine recht
gut gearbeitete Statue, die Maria vorstellend. Zur
Garnison liegt eine Kompagnie vom Kuiraßierregiment von Dallwig. Die Stadt gehöret in Kameralsachen zum sechsten Departement. Der Magistrat
bestehet aus einem Burgermeister, 1 Kämmerer, 2
Rathleuten, 1 Stadtvogt und dem Notario.
Die Königl. Bedienten sind: Das Accis- und Zollamt. Das Postwärteramt. Die Kämmerey hat
jährlich 1800 Rthl. Einkünfte. Das Wappen der
Stadt stellt einen Löwen, der halb auf einer Mauer
stehet und hirüber siehet, vor.

D. Von Hultschin.

Dies ist eine Mediatstadt, stehet in geistlichen Sachen unter der Ollmüzer Diöces, und in Cameralien
unter dem Steuerrath des sechsten Departements; gehöret als Grundherr dem Johann Adam Baron von
Gruttschreiber, liegt im Fürstenthum Troppau, hat 934
Einwohner, die sich theils vom Ackerbau, theils als
Handwerker ernähren; vorzüglich befinden sich hier:
38 Tuchmacher, die jährlich gegen 1000 Stück Tuche
fertigen, wovon jedes gewiß durch die Bank gerechnet
17 bis 18 Rthlr. werth ist. Die andern Handwerker
sind:

247

sind: 5 Bäcker, 1 Barbier, 2 Büttner, 1 Corduaner, 1 Färber, 16 Fleischer, 2 Glaser, 1 Kupferschmied, 2 Kirschner, 19 Leinweber, 1 Maler, 1 Maurer, 1 Nagelschmied, 3 Pfefferküchler, 2 Posamentier, 4 Rademacher, 4 Riemer, 3 Rothgärber, 2 Schlosser, 7 Schmiede, 10 Schneider, 1 Schotsteinfeger, 32 Schuster, 1 Seiler, 1 Stricker, 1 Tischler, 11 Töpfer, 1 Tuchmacher, 1 Walker. Zur Garnison liegt eine Compagnie vom Kuiraßierregiment von Dallwig.

Das jährliche Consumo ist: 76 Ochsen, 400 Schweine, 115 Kälber, 280 Hammel, 192 Schfl. Weitzen, 3360 Schfl. Roggen, 720 Schfl. Malz.

Häuser sind: Eine katholische Pfarrkirche, an der ein Dekanus und ein Kapelan stehet; 4 Häuser der Geistlichen, 1 Schule, 4 Mühlen, 155 Bürger- überhaupt aber 165 Häuser.

Der Magistrat bestehet aus 3 Burgermeistern und 3 Rathleuten.

Die Königl. Bedienten sind: Das Accis- und Postamt; es komt hier nur eine Fußpost von Bauerwitz an.

Von Ober-Glogau. 1)

Glogau ist eine Mediatstadt, gehöret als Majorat dem Grafen Johann Wenzel von Oppersdorf; ist mit einer Mauer umgeben, gepflastert und hat folgende Gebäude: Das herrschaftliche Schloß, wobey ein ziemlicher Garten. Die Collegiatkirche, woran 4 Prälaten, 3 Canonici und 4 Vicarien stehen. Das Minorittenkloster, worinn sich auser dem Guardian 4 Geist-

1) Von der Geschichte dieses Ortes habe ich aller Mühe ohngeachtet nichts erfahren.

Geistliche befinden. Das Rathhaus, eine katholische Schule und 235 Bürgerhäuser.

Die Einwohner sind alle katholisch, und ihre Zahl war 1783 — 1685; die Garnison aber bestehet aus 3 Kompagnien vom Regiment von Arnim. Das Gewerbe der Einwohner bestehet in etwas Ackerbau, im Bierbrauen, welches auf 122 Häusern haftet; jährlich werden etwan 800 Scheffel Malz verbrauchet.

Im Handel, der aber von keiner großen Bedeutung ist; jährlich werden 5 Jahrmärkte gehalten:

In folgenden bürgerlichen Gewerben: 1 Apotheker, 1 Bader, 8 Bäcker, 2 Barbier, 1 Bildhauer, 1 Buchbinder, 1 Büchsenmacher, 9 Büttner, 1 Drechsler, 2 Färber, 18 Fleischer, 2 Glaser, 2 Goldschmiede, 1 Gürtler, 2 Huthmacher, 1 Handschuhmacher, 2 Korbmacher, 1 Kupferschmied, 1 Kunstpfeiffer, 21 Kirschner, 37 Leinweber, 2 Mahler, 2 Maurer, 1 Nagelschmied, 3 Pfefferküchler, 2 Posamentier, 4 Rademacher, 4 Riemer, 3 Rothgärber, 2 Sattler, 3 Schlosser, 11 Schmiede, 15 Schneider, 2 Schornsteinfeger, 33 Schuster, 4 Seifensieder, 2 Seiler, 7 Strumpfstricker, 8 Tischler, 3 Töpfer, 9 Tuchmacher, 1 Tuchscherer, 5 Weisgärber, 1 Ziegelstreicher, 1 Zimmermann.

Das jährliche Consumo ist: 100 Ochsen, 590 Schweine, 720 Kälber, 987 Schöpse, 780 Scheffel Weitzen, 5210 Scheffel Roggen, 240 Scheffel Gerste.

Die Kämmerey hat etwas über 2000 Rthlr. Einkünfte. Der Magistrat bestehet aus zweyen Burgermeistern, 1 Kämmerer, 1 Rathmann und 1 Notario.

Die Königl. Bedienten sind: Das Accisamt, das Postamt. Es gehet nur die fahrende Post von Zülz nach Cosel durch. Das Steueramt des Neustädtschen Kreises ist hier.

Beylage
zum dritten Bande
der
Beyträge
zur
Beschreibung
von
Schlesien,
als das 4te und 5te Stück.

Mit einem Kupfer.

Tracht einer Neißer Baeuerin.

Vorerinnerung.

Diese Bogen enthalten die Beschreibungen des Fürstenthums Neiß und Herzogthums Grottgau; und da es nicht genau bestimmt ist, ob diese Distrikte zu Ober- oder zu Nieder-Schlesien gehören, so habe ich sie besonders abdrucken lassen, und kann sie jeder Leser zum dritten oder zum folgenden bringen lassen.

Künftig folget die Beschreibung der Fürstenthümer Münsterberg und Oels, und dann die Gebürgs-Gegenden.

Breslau, den 1. Oct. 1784.

Inhalt.

Erster Abschnitt. Vom Fürstenthum Neiße überhaupt.
Zweyter Abschnitt. Vom Neißer Kreise.
    §. 1. Eintheilung.
    §. 2. Berge.
    §. 3. Beschaffenheit des Bodens.
    §. 4. Waldungen.
    §. 5. Gewässer.
    §. 6. Hausthiere.
    §. 7. Gebäude.
    §. 8. Einwohner.
    §. 9. Merkwürdigkeiten.
    §. 10 Einrichtung.
Dritter Abschnitt. Vom Grottgauer Kreise.
    §. 1. Lage.
    §. 2. Berge und Mineralien.
    §. 3. Beschaffenheit des Bodens.
    §. 4. Gewässer.
    §. 5. Waldungen.
    §. 6. Hausthiere.
    §. 7. Wohnungen.
    §. 8. Einwohner.
    §. 9. Merkwürdigkeiten.
    §. 10. Aeuserliche Verfassung.
Vierter Abschnit. Von den Städten.
  A. Von Neiße.
  B. Von Patschkau.
  C. Von Ziegenhals.
  D. Von Grottgau.
  E. Von Ottmachau.
  F. Von Wansen.
Fünfter Abschnitt. Von Neiße insbesondere.
    §. 1. Von den rittermäßigen Schölzereyen.
    §. 2. Namen und Beschreibung der Dörfer.
Sechster Abschnitt. Vom Grottgauer Kreise insbesondere.
  Namen und Beschreibung der Dörfer.

Erster Abschnitt.
Vom Fürstenthum Neiße überhaupt.

Von diesem Fürsteuthum hat Schreiber eine kleine Charte auf einem halben Bogen herausgegeben; eine etwas größere, aber nicht völlig Landcharten-Format, ist von Lottern, und die beste befindet sich im bekannten Schlesischen Atlas. Wernher in seiner geschriebenen Topographie hat einige Gegenden dieses Fürstenthums gezeichnet.

Man nennt zuweilen dies Fürstenthum auch das Herzogthum Grottgau, von dem 1341 zum Bischofthum erkauften Grottgauschen Weichbilde; es ist aber dieser Name unrecht, denn Neiß war schon ein Herzogthum, wie Grottgau noch ein Theil des Briegschen Fürstenthums war.

1. Neiß hat gegenwärtig zwey Oberherren; die Gebürgsgegend gehöret dem Kaiser als König in Böhmen,

und dies macht den Weidenauer Kreis aus. Die Gegend gegen Mittag ist das Eigenthum des Königs in Preußen, welches letztere hier auch nur beschrieben wird. Das ganze Fürstenthum besitzt als Grundherr der Bischof zu Breslau, da aber der gegenwärtige auser Landes gegangen, so werden die Revenüen administriret.

Das ganze Fürstenthum ist 47 Quadratmeilen groß, wovon 17 unter Kaiserlicher Hoheit liegen. Das Königl. Preußische Antheil bestehet aus zwey Kreisen und dem vom Briegischen und Breslauschen Fürstenthum umgebenen Halte Wansen. Die nunmehrige Landesgränze gehet bey der Bischofskoppe, zwischen Zuckmantel und Ziegenhals ohnweit Weidenau, und dann beynahe in ziemlich gleicher Linie bis Weiswasser.

Die Volksmenge vom Neißischen Fürstenthum Preußischen Antheils ist 1784 71652 Menschen, ohne die Garnisons; folglich kommt auf eine Quadratmeile 2388 Menschen. Dies ist, des starken Sterbens in Neiße ohngeachtet, ungemein viel.

Zweyter Abschnitt.
Vom Neißer Kreise.

§. 1.
Eintheilung, Größe, Gränze ꝛc.

Dieser Kreis wird in den obern und niedern eingetheilt; ersterer enthält die Dörfer nach dem Oesterreich-Schlesischen Gebürge zu, und der andere

re die im platten Lande gelegenen Dörfer. Er bestehet eigentlich aus dem Neißischen und einem Theil des ehemaligen Ottmachauschen Kreises. Seine Größe ist 18 Quadratmeilen, und seine Gränzen sind der Grottgausche, Neustädtsche Kreis und das Kaiserliche Schlesien.

§. 2.
Berge und Mineralien.

Ein Theil des Kreises ist eben, ein anderer aber, besonders der von Neiße aus gegen Mittag liegt, ist bergicht. Erze finden sich gegenwärtig nicht, wenigstens werden sie nicht gesucht. Bey Zuckmantel im Kaiserlichen fand man im Jahr 1590 den 5. Aug. einen Klumpen gediegen Gold $3\frac{1}{4}$ Pfund, am Werthe $355\frac{1}{2}$ Ducaten; desgleichen auch 1591 noch ein größer Stück. Und bey Rogau Vitriol, wo auch ehedem eine Siederey war.

Dagegen giebt es jetzt:

Schiefersteine, so zu Dächern gebraucht werden, bey Arnoldsdorf.

Blutsteine, bey Schlegel.

Mauersteine, zu Bischofswalde, Borkendorf, Deutschwette, Nasdorf und Dürarnsdorf.

Kalksteine, zu Groß-Kunzendorf, Giersdorf und Bischofwalde.

Marmor, zu Kunzendorf.

Mergel, zu Oppersdorf, Nowag und Neunz.

Thon, zu Heybau und in gleich benannten Dörfern.

Walkererde, zu Kamiz.

Der höchste Berg ist die Bischofskuppe bey Arnoldsdorf, wovon aber ein Theil schon unter Kaiserlicher Hoheit liegt. Der Hutberg bey Ziegenhals ist nicht viel niedriger.

§. 3.

Beschaffenheit und Fruchtbarkeit des Bodens.

Der Boden ist zum Theil lehmigt, zum Theil sandigt; den besten findet man bey Mährengasse, Heidersdorf, Senkwiz, Baukwiz, Rieglitz, Hansdorf, Nowag, Alt-Wilmsdorf, Weizenberg und Groß-Neundorf, wo viel Weitzen gebauet wird; der übrige Theil ist ein gutes Korn- und Gersteland; der schlechteste und sandigste ist gegen das Gebürge und zu Schaderwiz, Groß-Mahlendorf, Eckwersheide, Petersheide, Schönheide, Mannsdorf, Kauendorf, Kleinwarte, Volkmannsdorf, Arnoldsdorf, Hermsdorf, Dür-Kunzendorf, und Dür-Arnsdorf. Im Kreise erbaut man viel und guten Flachs, welcher bis ins hohe Schlesische Gebürge verfahren wird. In den Dörfern wird zum Theil das fünftel der Brache, zum Theil aber, wo die Brache ganz zur Hütung dient, ein Viertel des Sommerfeldes zur Leinsaat angewandt, übet 7000 Fuder Heu geerndtet, und ist vorzüglich viel Wiesewachs zu Gurau, Wischke, Kohlsdorf, Hennersdorf, Geltendorf, Gros-Briesen, Platniz, Gros-Mahlendorf und Laßot. Um die Stadt Neiß, besonders auf den Dörfern Mährengasse und Neuland findet man die besten

Pflan-

Pflanzungen zu Gartengewächsen, Kräutereyen genannt. Obstbäume sind 167448, Maulbeerbäume 5500 Stück.

§. 4.
Waldungen.

Die Wälder sind in Absicht der Holzarten sehr gemischt, man findet Eichen, Buchen, Kiefern, Fichten, Tannen und lebendig Holz. Die besten und ergiebigsten Waldungen sind zu Rothaus der sogenannte Bürgerwald, zu Laßot, Arnoldsdorf, Langendorf, Pohlnischwette, Preiland, Klein-Briesen, Schaderwitz, Bechau, Ritterswalde, Oppersdorf, Schönwalde, Lindewiese, Altwalde, Platnitz und Groß-Mahlendorf. Waldbienenstöcke sind 16.

§. 5.
Gewässer und Fische.

Teiche giebt es nicht viele, große Seen und große Teiche aber gar nicht; die Flüsse sind nicht schiffbar und heissen: die Neisse, welche in der Grafschaft Glatz entspringt; die Steinau, welche eigentlich die Gränze zwischen Ober- und Niederschlesien ist; die Biela, worinn man Forellen fängt; es entspringt dieselbe im Freywaldischen Gebürge 3 Meilen von Ziegenhals. Die Fische, welche der Kreis liefert, sind für den Bedarf nicht hinlänglich.

§. 6.
Hausthiere.

Pferde und Rindvieh sind vom großen Schlage. Eine Stutterey ist auf dem bischöflichen Dorfe Koppen-

pendorf, es sind darinn gegenwärtig 26 Stutten und 4 Hengste. Die Gemeine Heidersdorf legt sich vorzüglich auf die Pferdezucht, und gewinnt jährlich was ansehnliches. Die Anzahl aller Hausthiere ist: 5623 Pferde, 749 Fohlen, 1446 Ochsen, 14684 Kühe, welche besonders gute Butter liefern, wovon ein ansehnlicher Theil nach Berlin gehet; 41335 Schaafe, 3881 Schweine, 2045 Bienenstöcke.

§. 7.
Gebäude.

Die besten adlichen Häuser sind zu Arnoldsdorf, Bielau, Bauschwiz, Bieliz, Bechau, Eckwersheide, Gesäße, Giesmannsdorf, Greisau, Grunau, Hennersdorf, Kosel, Dürr-Kunzendorf und Laßot. Die Gebäude des gemeinen Mannes sind ebenfalls gut, theils maßiv, theils von Bindwerk.

Im Kreise sind:
    3 Städte.
  125 Dörfer. In den letztern
  111 Vorwerke.
    1 Kloster.
  131 katholische Mutterkirchen.
   18 katholische Filialkirchen.
2460 Bauern. ¹)
2270 Gärtner.

1515

¹) Es giebt im Neißischen aufer den Frey- und dienstbaren Bauern noch eine dritte Art, Fürsten-Bauern genannt, die, wie die Besitzer der Rittergüter, immediate unter dem Bischof stehen, wenn sie gleich in adlichen Gütern wohnen.

1515 Häusler.
  19 Bleichen.
  95 Wind- und Wassermühlen.
   5 Papiermühlen.
   5 Potaschsiedereyen.
   8 Seidenspinnereyen.
   1 Kupferhammer.
   3 Ziegeleyen.

Kolonien sind im Kreise nicht angelegt.

§. 8.

Von den Einwohnern.

Die Religion ist katholisch. Im ganzen Kreise, die Städte ausgenommen, wird es kaum 60 Lutheraner geben. Die Sprache ist deutsch und der Character des gemeinen Mannes mehr gut als schlecht. Fleiß und Betriebsamkeit findet man hier, nur nicht ganz offen, sondern etwas versteckt ist er. Er ist freylich abergläubisch und hält viel auf Prozeßionen; so wird z. E. am Ostersonntage von sämmtlichen Gemeinen unter Anführung des Scholzen oder eines Gerichtsmannes um die Saate geritten und geistliche Lieder gesungen. Wenn dieser Gewohnheit nur nicht eine besondere Kraft zugeschrieben würde, so wäre sie so unrecht nicht, sie erhält den Glauben an eine besondere Vorsehung unter den Menschen.

Die Kleidung der Weibspersonen auf den Dörfern weichet von der sonst gewöhnlichen ab, ich liefere hiebey ein Kupfer. In den Städten gehen sie

mit

mit langen blauen oder grauen Mannsmänteln, ja die Dienstmägde gehen nicht anders als bemäntelt aus, und jede Herrschaft ist genöthiget einen dergleichen Commun-Mantel zu halten, und ist ein schöner mit goldnen Tressen besetzter oft die Ursache des An= so wie ein schlechter Mantel die Ursache des Abzugs.

Die Anzahl der Einwohner, ohne die Städte, war im Jahr: 1755 — 24496.
1765 — 36048.
1782 — 38811.
1783 — 39425.

§. 9.
Einige Merkwürdigkeiten.

Im Meißischen Kreise sind verschiedene Dörfer, welche theils im Hußiten= theils im dreyßigjährigen Kriege zerstöret und nie wieder aufgebauet worden; bloß die Namen derselben sind nebst den Oertern bekannt, wo sie gestanden, und werden noch hin und wieder Rudera gezeigt Als: Buchwald, gehöret dem Neißer Collegiatstift, ist gegenwärtig ein grosser Fleck Acker. Bankwitz, ist ebenfals nur der Name eines Ackerstücks, nach Bechau gehörig. Das Vorwerk Peterwitz, war ehemals ein Dorf. Tschesch= dorf, ist ein Wald bey Prokendorf, worinn man Spuren eines alten Schlosses, Dorfes und Ackers findet. Zauritz, zu Giesmannsdorf gehörig, war ehemals ein Dorf, jetzt eine bloße Mühle. Bey Greisau sind Spuren eines alten verfallenen Schlosses, und zu Köppernitz fand der Pfarrer unter einer alten Linde eine Menge Urnen.

Bey

Bey Oppersdorf, eine Meile von Neiße auf der Anhöhe in der Straße nach Neustadt, ist eine schöne Aussicht, auf einer Seite erscheint das Kaiserliche Schlesien, im Hintergrunde das blaue Gebürge, auf der andern Seite eine unübersehbare Ebene mit einer Menge Kirchdörfer, Aecker und Wiesen, und vor sich die Stadt Neiße.

§. 10.
Auserliche Verfassung.

Dieser Kreis gehöret bey der Steuer zur ersten Klasse, und stehet wegen der Viehassekuranz mit der ersten Societät in Verbindung. In Ansehung der Landschaft hat der Adel und die Rittermäßige Scholtissey-Besitzer sein eigen System.

Das Regiment von Rothkirch hat die Werbung.

Dem Kreise ist ein Landrath in der Person des Herrn Friedrich Ernst Theodor Constantin Baron von Arnold; ein Marschkommissarius, Herr Joseph Ernst von Adlersfeld; ein Kreisdeputirter, Herr Karl von Gilgenheim; ein Kreisphysikus, Herr Dietrich; und ein Steuereinnehmer, Herr Johann Christian Rinke vorgesetzt.

In Ansehung der Justiz übet jedes Dominium die Jurisdiction aus, und der Adel, die Rittermäßigen Scholzerey-Besitzer. Magisträte und Fürsten-Bauern stehen unter der Bischöflichen Regierung zu Neiße.

Dritter

Dritter Abschnitt.
Vom Grottgauischen Kreise.

§. 1.
Lage, Gränzen, Größe.

Der Grottgauische Kreis bestehet aus dem ehemaligen Herzogthum, oder besser gesagt, Weichbilde dieses Namens, wozu noch derjenige Theil des Ottmachauischen Weichbildes, welches am mitternächtlichen Ufer des Neißflusses liegt, und dem Halte Wansen geschlagen worden. Seine Größe ist 12 Quadratmeilen. Die Gränzen sind das Oppelsche, Münsterbergsche, Breslausche und Briegsche Fürstenthum, und der Neißer Kreis.

§. 2.
Berge und Mineralien.

Ein großer Theil des Kreises ist eben; bey Seifersdorf und Gläsendorf fangen sich die Anhöhen an, und werden, je weiter man am Neißfluß kommt, immer mehr und höher.

Erze finden sich nicht. Im Zülzwalde ¼ Meile von Grottgau ist eine Tongrube. Steinbrüche aber bey Bruckstein, Neuhaus, Liebenau, der sogenannte Kaschelsbrnch. Bey Lindenau, Mazwiz und bey Starwiz die Steingruben.

§. 3.

Beschaffenheit und Fruchtbarkeit des Bodens.

Der beste Boden ist zu Maxwiz, Lobedau, Laswiz Karlowiz, Gauersch, Kamnig, Graschwiz, Reisewiz, Ogen, wo mehr Weitzen als Korn, und mehr Gerste als Haber gebauet wird. Er ist grau mit Lehm vermischt. Nicht ganz so gut ist der Boden im Niederkreise zu Tarnau, Guhlau, Leippe, Seifersdorf, Herzogswalde, Lichtenberg, Leupusch; den schlechtesten, meist sandigen Boden, findet man in dem Strich von Woiz, über Tschauschwiz nach Gläsendorf und Lindenau.

Die Brache ist durchgehends eingeführt. Zur Beackerung braucht man mehr Pferde als Ochsen, ausgenommen die Dörfer, Neuhaus, Seifersdorf, Gläsendorf und am Neißfluß, wo man sich der Ochsen zur Feldarbeit bedient. Die Erndte gehet im niedern oder eigentlich Grottgauer Kreis und Halte Wansen, gewöhnlich den 10. Julii, im obern Kreis aber später, und an manchen Orten erst Ende Julii an.

Zu viel Flachs wird nicht gebauet, doch im obern Kreise mehr als im niedern. Heu wird jährlich gewonnen über 5000 Fuder. Toback wird besonders in der Gegend von Wansen gebauet; ehemals war der Anbau beträchtlicher, man gewann jährlich 2000 Centner, jetzt kaum die Hälfte so viel. Dagegen werden mehr Kartoffeln und Gurken erzeugt, die weit und breit verführt werden.

Obst-

Obſtbäume ſind 91740. Maulbeerbäume aber 1200, ohne die Städte, bey welchen ſich über 18000 Stück befinden.

§. 4.
Gewäſſer.

Seen und große Teiche giebt es nicht, kleinere aber verſchiedene. Der Neißfluß und einige Bachen durchwäſſern den Kreis; bey Wanſen läuft die Ohlau. Die Fiſche ſind für den Bedarf der Einwohner nicht hinlänglich.

§. 5.
Von den Waldungen.

Die anſehnlichſten Waldungen ſind: bey Grottgau der Stadtwald, bey Gläſendorf, Grüben, Sonnenberg, Koppiz, Oßig, welche mehr Holz liefern, als der Bedarf der Einwohner erfordert, daher die benachbarten Kreiſe damit verſehen werden. Die Klafter Eichen-Holz koſtet in Grottgau 1 Rthlr. 18 ſgl. Kiefernes aber 1 Rthlr. 4 ſgl. Waldbienen giebt es nicht.

§. 6.
Von den Hausthieren.

Die Pferde ſind meiſt vom großen Schlage, und befinden ſich hier 3219 Pferde, 1138 Ochſen, 8698 Kühe, 40147 Schaafe, 4561 Schweine, 1245 Bienenſtöcke.

§ 7.

§. 7.
Wohnungen der Einwohner.

Zu Nieder-Pomsdorf, Hertwigswalde, Falckenaußig, Herzogswalde, sind alte feste Schlösser; zu Koppiz aber wird ein Schloß nach dem neuesten Geschmacke gebauet, dessen Kosten sich schon über 20000 Rthlr. belaufen. Die Wohnungen der Bauern sind meist von Holz und Lehm.

Jm Kreise sind:

3 Städte.
90 Dörfer, und in letztern
92 Vorwerke.
31 Kirchen.
37 Schulen.
880 Bauern.
1740 Gärtner.
568 Häusler.
57 Müller.

§. 8.
Von den Einwohnern.

Die Einwohner sind bis auf die zu Merzdorf, Tiefensee und Guhrau, welche evangelisch, sämmtlich der katholischen Religion zugethan. Die Sprache ist durgehends deutsch, nur um Wansen wird schlecht pohlnisch gesprochen. Sie sind starker und gesunder Natur, fleißig, und haben die Mannspersonen kein gutes Aussehen, und meist große, aufgeworfene Lippen

Die Zahl der Einwohner, ohne die Städte, war:
1756 — 14301.
1766 — 19803.
1776 — 21722.
1783 — 21843.
1784 — 21496.

Wenn man die Einwohner der Städte dazu rechnet, so kommt auf eine Quadratmeile etwas über 2000 Menschen.

§. 9.
Merkwürdigkeiten.

Zu Neuhaus befindet sich ein altes zerstöhrtes Schloß, dessen Geschichte denen ältesten Einwohnern unbekannt ist; es ist mit zwey Gräben umschlossen, davon der innere 12 Schritt breit, und mit einer 5 Ellen hohen Mauer gefüttert ist. Der äusere Graben ist 24 Schritt breit ungefuttert. Die Figur des Schlosses selbst ist beynah rund, etliche 20 Schritt im Diameter, die Mauer sehr maßiv; in den Ruinen kan man noch 2 kleine Gewölber, deren Decken zum Theil eingestürzt sind, bemerken; sie sind beyde mit kleinen niedrigen Fenstern versehen. Unter einem dieser Gewölbe ist ein 1½ Ellen langes, ¼ breites Loch, welches im Innern weiter wird, sichtbar; der vorliegende Schutt hindert aber dessen Tiefe zu untersuchen. Nach Nieder-Pomsdorf zu soll ein Gang unter der Erde sich befinden, in dem man vom Schlosse aus auf ein halb Gewende weit gegangen ist. Zu Tiefensee, eine Meile von Grottgau, ist ein altes Schloß durch die Länge der Zeit in einen Schutthaufen verwandelt, auf dem Eichen von 3 bis 400 Jahr

Jahr alt stehen. Zum Bau des Koppitzer Schlosses sind davon einige hundert Klaftern Steine abgebrochen worden; man hat bey dem Aufgraben geschmolzen Bley gefunden.

§. 10.
Aeuserliche Verfassung.

Dem Kreise ist ein Landrath, Marschkommissarius und Kreisdeputirter, auch Steuereinnehmer Herr von Wittich, und ein Kreisphysikus vorgesetzt. In Ansehung der Steuer gehöret der Kreis zur ersten Klasse und der Viehassekuranz zur zweyten Societät. Der Adel macht mit dem Meißer ein System bey der Landschaft aus. In Justizsachen stehen die Adelichen und Eximirten unter der Bischöflichen Regierung in Neiße, von derer Urtheil an das Oberamt nach Brieg appellirt wird.

Das Infanterieregiment von Schwarz hat die Werbung im Kreise.

Vierter Abschnitt.
Von den Städten.
A. Von der Stadt Neiß.

§. 1.
Geschichte der Stadt.

Die Zeit der Erbauung von der Stadt Neiß verliehrt sich in Ungewißheit und Dunkel. Nach einer geschriebenen Chronik soll sie im Jahr 966 geschw geschehen, 1015 ¹) die Bekehrung der Einwohner zum Christenthum erfolgt, eine kleine hölzerne Kirche dem Apostel Jacobo zu Ehren erbaut, 1198 die große Pfarrkirche fundirt und von Jaroslav eingeweihet worden seyn. Der Prälat Fiebiger aber sagt: die Zeit der Erbauung der Pfarrkirche sey nicht anzugeben. Bischof Jaroslaus hatte das Gebiet Neisse als Herzog besessen, und als er Bischof wurde, vereinigte er es mit dem Bischofthum völlig. ²) Herzog Boleslaus Altus führte die Kreutzherrn 1190 in Neiße ein, und das erste Dokument ist ein Brief vom Jahre 1238 über die Kirche von Bischof Thomas I. Er nennt darinn die Stadt Nisza, ³) und giebt den Kreutzherrn mit dem rothen Stern die Kirche und das erbaute Kloster, weiset ihnen einige Zinsen aus Bänkwitz und Hausdorf an, und befiehlt ihnen die Einrichtung eines Hospitals. 1267 rafte eine epidemische Krankheit an 5000 Menschen zu Neiße weg. ⁴)

Her-

1) Es ist mir freylich nicht recht wahrscheinlich, daß das Christenthum erst 1015 ein ganzes Menschen-Alter nach der Einführung der christlichen Religion in Schlesien, zu Neiße angenommen worden, in Böhmen und Mähren war dies schon lange, und in Pohlen 966 geschehen; indessen sagt dies die Chronik.

2) Versuch einer Schlesischen Geschichte in einzelnen Abhandlungen.

3) Rathhäuslich Archiv.

4) Fiebiger beym Henel. Neiße kann aber wohl kaum zu jener Zeit so viel Einwohner gehabt haben, und mag wohl vom ganzen Weichbilde verstanden werden.

Herzog Heinrich hatte verschiedene Streitigkeiten mit dem Bischof Thomas II. Ersterer belagerte Neiß 1284 und verheerte die umliegenden Gegenden.[1]) Nach Beendigung dieses Kriegs erhielt 1290 Neiß deutsches Recht, und 1310 verordnete Bischof Heinrich von Wirbna, daß das Magdeburgische Recht abgeschaft, und dagegen Flemmingsches eingeführt werden solte. Die Stadt kaufte 1311 den Wald und das Dorf Rogau, nebst einer großen Mühle. 1334 wurde ihr ein freyer kleiner Salzhandel zugestanden, und 1358 die Erlaubniß gegeben am Tage Ursula einen Jahrmarkt zu halten.

Der Bischof Przecislaus fundirte 1341 zwey Hospitäler zu St. Joseph und Barbara, für 20 Meisfische Bürger; und Heinrich befahl 1365, daß die wüste gelegene Viehweiden urbar gemacht werden solten. Man sahe auch damals schon auf gute und vernünftige Bewirthschaftung der Aecker; besonders geschahe dies auf den Gütern der Geistlichen. Tempora mutant omnia. 1333 war großes Wasser zu Neiße, daraus erfolgte Theurung, Hunger und zuletzt ansteckende Krankheiten. Eine ähnliche Wasserfluth machte 1435 viel Schaden an Thoren und Gebäuden, und 1413 graßirten tödtende Krankheiten zu Neiße beynah den ganzen Sommer durch. Das Kreußstift wurde 1346 neu erbauet, und Heinrich gab ihm 1365 fürstliche Rechte. Unter diesem und dem folgenden Bischof kaufte die Stadt die meisten Grundstücke. 1415 gab Bischof Wenzel das sogenannte Wenzeslauische Kirchenrecht heraus.

---

1) Pohl. Brandspiegel, S. 165.

Die Hußiten machten sich mit Neiß viel zu schaffen, sie kamen 1426 das erstemal dahin; 142 den 16. März brannten sie die Vorstädte ab, nachdem sich die Bürger vorher zwey Tage mit ihnen herum geschlagen, welche vom Pfarrer Schwobescheus, und vom Schulmeister im Harnisch angeführt wurden; und 1433 erschienen die Feinde wieder und jagten die Kreutzherrn aus der Stadt. 1432 setzte der Bischof Konrad fest, daß der Magistrat als Landes-Hauptmann die Dörfer regieren solle. Den 14. und 16. Julii gedachten Jahres trat die Neiße aus ihren Ufern und machte vielen Schaden.

König Wladislaus aus Pohlen fiel 1438 ins Neißische und verheerte das Fürstenthum.¹) In eben dem Jahre gab Bischof Konrad der Stadt-Apotheke das Recht mit Gewürze und Wein zu handeln. Verschiedene Bürger nahmen um diese Zeit auf ihre Häuser einen jährlichen Zins, damit die Armen im Hospital nicht barfuß gehen solten, sondern Schuh und Strümpfe erhalten könnten. Der bekannte Franziskaner, Johann Kapistranus, predigte auch in Neiß mit aller Kraft eines Eiferers, und ließ besonders gegen die Juden seine Bannstrahlen schüssen; er brachte es auch dahin, daß 1452 solche aus der Stadt getrieben wurden; indessen müssen sich solche bald wieder eingefunden haben, denn Fiebiger erzählt, daß der Bischof Rudolph 1468 von ihnen 2000 Floren an Strafe beygetrieben, weil sie sich an einer Hostie vergriffen haben solten. Dieser Kapristanus ließ einige seiner Mitbrüder hier, sie wohnten anfänglich in der Vorstadt
nur

---

1) Pol. Annal. Wrat. Schiffus 4. B. S. 98.

nur als Prediger nicht als Brüder. 1458 entstand zwischen dem Bischof Jodokus und den Bürgern ein Streit, letztere erregten einen Tumult; der Bischof ließ darauf die Stadt mit Soldaten besetzen und die Anführer züchtigen. Eine Parthei Böhmen fielen 1468 ins Neißische, die Bürger zogen ihnen entgegen, schlugen und zerstreueten sie.

Durch die innerlichen Unruhen und durch die Hußiten mochte der Wohlstand von Neiße gesunken seyn; der Bischof Rudolph verordnete zum bessern Aufnehmen der Stadt 1474, daß kein fremdes Bier hieher gebracht, die wüsten Häuser erbauet, und den Bebauern einige Vorrechte zu Theil werden solten. Er errichtete ordentliche Zünfte, denn bisher waren solche nicht; als 1477 die Büttner, 1487 die Sattler, Schneider, Maurer, Bäcker und Schuster, und ließ auch eine Papiermühle erbauen. 1492 brannte ein Theil der Zollgasse ab. Den 27. Junii 497 wurde hier auf eine beynahe unerhörte Art der freylich etwas unruhige und mißtrauische, aber wohl nicht des Todes werthe Herzog Nikolaus zu Oppeln, vor dem Rathhause, durch das ergangene Urthel der Schöppen, enthauptet. Den 23. Dec. verordnete Wladislaus, daß von dem nach Neiß gebrachten Honig und getrockneten Fischen eine Abgabe zum Besten der Stadt gefordert werden solte; und 1509 erhielt die Stadt das Recht eines neuen Jahrmarkts. 1510 wollte der Bischof Johann Turso das Neißer Schloß von der Stadt trennen, und ließ ein neues Thor durch die Mauer brechen. Dies brachte die immer zum Tumult geneigten Bürger auf, sie bemächtigten sich einiger

S 4 Dohm-

Dohmherren und sperreten sie ein; die Stadt kam darauf in den Bann, endlich wurde der Streit beygelegt und die vorzüglichen Anführer bestraft.

Das auserordenlich große Waßer, welches 1501 die Gegend und die Stadt Neiße traf, verwüstete Felder und Häuser; die Brände von 1513, 1524 und 1525 aber eine Menge Privat- und öffentliche Gebäude. Durch den Brand, welcher den 14. Jun. 1524 erfolgte, gieng die halbe Stadt nebst Schloß und die Pfarrkirche in Flammen auf. Den 26. May 1542 traf die Stadt ein gleiches Schicksal, wodurch die Kirche nebst 300 Häusern in Schutthaufen verwandelt wurden. Nach diesen fürchterlichen Bränden gaben die Bischöfe 1514 den Hutmachern, 1525 den Kupferschmieden ihre Zunfts-Privilegia; und 1522 ertheilte der Bischof die Erlaubniß zur Erkaufung des Dorfes Pohlnischwette. Die Stadt erhielt 1567 eine eigne Ordnung wegen ihres ansehnlichen Weinhandels, und 1541 wurden alle Handwerker auf den Dörfern weggejagt. Durch die vielen Brände war die Pfarrkirche unbrauchbar geworden, 1557 aber wieder hergestellt.

Luthers Freyheit im Denken und dessen geläuterte Religionsbegriffe fanden auch im Neißischen Beyfall. Es wurde nach Lutherischen Grundsätzen schon 1539 [1]) gepredigt, und das Abendmahl sub utraque ausgetheilt. Das Dohmkapitel eiferte zwar dagegen, der Stadtpfarrer besonders; ein gewißer Schleupner, und nach ihm Sylvester Haupt, that alles was zur Unterdrückung der neuen Lehre thun-

1) Fuchs Religionsgeschichte von Neiß.

thunlich war: allein die Bischöfe selbst waren anfänglich nicht große Eiferer; indessen erhielten die Lutheraner, ohngeachtet sie in der Folge der Zeit den Majestätsbrief vor sich hatten, auch die Fürsten und Stände sich alle Mühe gaben, ihnen eine Kirche in- oder vor der Stadt Neiße zu verschaffen, nach der Konföderation nur die Kirche St. Maria ab Rosas auf kurze Zeit, nachher aber weder Kirche, und in der Folge nicht einmal evangelische Schulen. Der zum Könige in Böhmen erwählte Churfürst von der Pfalz verwilligte zwar die Religionsuebung, allein die Schlacht bey Prag machte dieser Freyheit ein Ende, und nur in Sänkwiz, einem Dorfe ¾ Meilen von Neiße, ward den Evangelischen die Ausübung ihres Gottesdienstes zugestanden, die sie schon 1613 hatten. Allein unter der Administration des österreichschen Bischofs Karl wurden der Einschränkungen immer mehr, so daß endlich kein evangelischer Bürger in Neiß geduldet wurde.

Ich komme wieder zur Geschichte der Stadt zurück. Durch das 1590 entstande Erdbeben, welches im September daselbst verspürt worden, hatte das Rathhaus vieles gelitten. Es wurde 1592 neu erbauet. Den 17. August 1598 stand ein großer Theil der Stadt Neiß wieder unter Wasser, und 1607 rafte eine ansteckende Krankheit eine Menge Menschen weg. Das Dorf Mogwiz kaufte 1606 die Gräserey, und die Mährengasse aber 1607 die Kämmerey. Im Jahr 1607 errichtete Bischof Andreas eine Schule für Adeliche, worinnen ihnen Kleidung und Essen gereicht wurde: allein der Bischof Johann zog vieles von der Stiftung ein.

Um biese Zeit scheint Neiße sich von den Bränden erholt zu haben, denn man baute Klöster und dachte auf Vergnügungen. Die Bürger errichteten einen Tanzsaal und ein Schüßhaus, hielten 1612 ein großes Scheibenschüssen, wobey viele Fürsten und Ritter zugegen waren, und zu diesem Andenken goldne Münzen geprägt wurden.[1]) Gute Tage machen oft die Leute übermüthig; hier giengs auch so. Die Bürger lehnten sich abermals wider den Bischof Karl auf, der aber dem Lermen bald ein Ende machte, da er einigen Bürgern den Kopf abschlagen ließ. Diese harte Strafe des Bischofs entstand wohl nur aus Religionshaß, denn es traf blos lutherische Bürger, die durch die gemachten Einschränkungen zum höchsten aufgebracht waren.

Die hier seit Kapristanus Zeiten einzeln gewohnten Franziskaner baueten 1626 ein Kloster, wozu sie Häuser und Gärte erhielten. Der Herzog Carl, als Bischof, wollte in Neiße 1622 eine Universität anlegen, es wurde darüber vieles geschrieben, und Jesuiten dahin berufen; sie kauften 17 schlechte Bürgerhäuser für 2300 Gulden, und baueten 1626 ein Kloster und eine kleine Kirche. 1628 erhielt die Stadt das Recht des vierten Jahrmarkts, und 1629 wurde noch eine Apotheke, unter dem Namen Hofapotheke, von einem Günstling des Bischofs angelegt.

Die Pest, welche im Jahr 1633 4372 Menschen in Neiß hinrafte, und die Belagerung des General Torstenson, die 1642 erfolge, schadeten Neißens Flor. Der tapfern Gegenwehr der Bürger ohngeachtet wur-

---

1) George Reuter hat dies Schüssen in Versen beschrieben. Die Münzen aber Dewerdeck,

wurde die Stadt doch erobert, und die Bürger mußten für ihre Widersetzlichkeit 17591 Rthlr. baar Geld und 310 Fässer Wein ¹) an die Schweden liefern. ²) Kaum hatten die schwedischen Truppen die Stadt verlassen, als die Bürger sich abermals gegen den Bischof auflehnten, wozu die Geistlichkeit den Anlaß gab; sie griffen 1647 in die Rechte des Magistrats, und machten auf verschiedene ihnen nicht zustehende Freyheiten Anspruch; der Magistrat war darüber aufgebracht, verlangte die Kirchenrechnungen zur Durchsicht; dies wollten die geistlichen Herrn nicht zugeben, der Magistrat aber nöthigte sie durch Wegnahme der Monstranzen dazu, und ich finde in den Akten keine Bestrafung für den Magistrat. Aberglaube und tiefe Unwissenheit in natürlichen Dingen verleitete 1652 die Obrigkeit in Neiße 42 Personen weiblichen Geschlechts, wovon 33 verheurathet waren, zum Scheiterhaufen zu verurtheilen, weil sie sich der Hexereyen sollten schuldig gemacht haben. Die Kapuziner wurden 1659 auf 12 Personen fundirt, und erbauten ein Kloster in der Mährengasse, welches sie 1660 den 22. May einweihen ließen.

Der Kaiser verordnete wegen des androhenden Türkenkrieges, daß die hohen Häuser in der Vorstadt abgebrochen werden sollten; dies traf auch 1663 das Franziskanerkloster. Die Mönche wollten in der Stadt bauen, der Magistrat aber widersetzte sich; in-

---

1) Lucä sagt zwar 50000 Floren, allein ich habe diese Summe aus den Originalakten gezogen.
2) Hieraus läßt sich die Beträchtlichkeit des Weinhandels schlüßen.

indessen muste er das Barbara=Hospital den Mönchen anweisen, sie erhielten nachher eine Collecte und baueten ein neues Kloster. 1682 trat der ganze Magistrat in den Seraphinenorden, und erhielt darüber eine Bestätigung von Rom.

Folgende Handwerker errichteten Zünfte, als: 1684 die Riemer, 1688 die Kartenmacher, 1690 die Posamentirer, 1691 die Buchbinder und 1698 die Steinmetzer und Maurer. 1688 wurde die Jesuiterkirche erweitert und dazu ein gutes Bürgerhaus erkauft. 1702 errichtete die Stadt eine Vitriolsiederey, worüber vom Kaiser eine besondere Bestätigung eingieng. Die Kirche der Kreutzherrn war schadhaft, man wollte sie vergrößern und dazu abermals einige Privathäuser kaufen, worüber der Magistrat eiferte; allein das Stift drang durch, und 1715 gieng der Bau vor sich. Wie viele brauchbare Bürgerhäuser sind dadurch in unnütze Gebäude verwandelt worden.

Noch waren nicht Klöster genug in Neiße, es fehlte an einem Nonnenkloster. Der Bischof Franz Ludwig schrieb 1710 an den Magistrat, und meldete ihm, daß die Priorin des Marien Magdalenen-Ordens zu Sprottau ihn gebethen, in Neiße ein Kloster erbauen zu dürfen, da die Nonnen am ersten Orte nicht Unterhalt hätten; und verordnete, daß der Magistrat sie unterstützen sollte. Dieser protestirte dagegen, und sagt in seiner Verantwortung mit einer edlen Dreistigkeit, daß dergleichen Stiftungen die Bürger ärmer machten, und zum Müßiggang verleiteten; wenn aber ja ein Kloster gebauet werden müste, so schlüge er den Judengarten

in

in der Vorstadt vor. Der Bischof fertigte, dieses Widerspruchs ohngeachtet, den Nonnen den 16. Oct. 1711 dennoch den Fundationsbrief aus, schenkte ihnen ein bischöfliches Gratialhaus in der Vorstadt, und erlaubte, wenn dieses Haus nicht Raum zum Kloster hätte, noch ein Bürgerhaus dazu zu kaufen. 1717 war dieser Klosterbau vollendet.

Der Zuwachs der studirenden Jugend wurde ansehnlich. Die Jesuiten ließen die Schulgebäude 1720 vergrößern, und wie es sich versteht, auch verschönern. Man erbaute, um der Andachtsörter noch mehr zu haben, 1736 die Kapelle und Eremitage St Rochus vor Neiße wieder, welche schon 1637 fundirt, aber eingegangen war.

Der Kaiser nahm eine allgemeine Wegebesserung vor, und führte zu deren Unterhaltung neue Zölle ein. Diese Einrichtung sollte auch in Neiße getroffen, und der der Stadt gehörige Zoll abgeschafft werden. Es wurden, wenigstens sagen dies die Bürger in ihren Vorstellungen, an allen Ecken der Vorstadt Zollhäuser errichtet, die Bürger sollten selbst an den neuen Wegen arbeiten; dies brachte sie auf, sie führten Klage bey Hofe, es erschienen kaiserliche Kommissarien, diese wurden gemißhandelt, und es war einer förmlichen Rebellion ähnlich. Kaiser Karl VI. starb, und Maria Theresia, die Königin von Ungarn und Böhmen, sandte zu Wiederherstellung der Ruhe im November 1740 zwey Bataillon Soldaten nach Neiße, die Bürger giengen nach Wien, der Krieg brach aus, Neiße wurde den 18. Jan. 1741 von den Preußischen Truppen beschossen, im November belagert und eingenommen.

Die

Die Stadt behielt den Zoll, der Weg blieb ungebessert, und der Tumult hörte auf.

Bey dieser Belagerung wurden die Vorstädte, das Franziskaner- und Nonnenkloster, auch das Hospital niedergeschossen. Die ersten ließ der König durch ansehnliche Unterstützung wieder erbauen, deklarirte einen Theil derselben für eine eigne königliche Stadt, gab ihr den Namen Friedrichsstadt und eine eigne Jurisdiction. Die Franziskaner erbauten sich wieder, die Nonnen aber kauften 1747 einen Kretscham in der Stadt, und bildeten daraus ihr Kloster. Die Westungswerke wurden verbessert, 1758 von den kaiserlichen Truppen vergeblich belagert. 1769 den 25. August kam Kaiser Joseph nach Neiße und wohnte der preußischen Revue bey.

Die Kämmerey verkaufte die beyden Güter, so eigentliche rittermäßige Scholtisseien sind, Mogwiz und Reinschdorf für 12500 Rthlr. behielt sich aber die Jurisdiction darüber vor. 1783 im Junio war ein ungewöhnlich großes Wasser, so die Neißbrücke mitnahm, und sonst vielen Schaden machte. Es fanden sich noch einige schlechte Häuser in Neiße. Der König, welcher alle Jahre dahin kommt, und Revue über die Oberschlesischen Regimenter hält, sahe solche; und gab zu Erbauung 15 Häuser, einer Schule und evangelischen Kirche 1782 10000 Reichsthaler, und zur Ziegelbedachung 1783 3700 Reichsthaler.

§. 2.

§. 2.
Gegenwärtige Verfassung der Stadt Neiß.

Die Stadt liegt am linken Ufer des Neißflusses, die Biele fließt durch die Stadt, 11 Meilen in der Poststraße, 10 Meilen aber über Strehlen von Breslau gegen Mittag, ist mit Bergen umgeben, eine vortrefliche Festung, völlig gepflastert, hat breite regulaire Gassen, gute Häuser; gehöret zum Bisthum Breslau, jedoch ist die neuerbaute Friedrichsstadt davon ausgenommen, welche Königlich ist.

Zur Garnison liegen das Infanterieregiment von Schwarz, das Infanterieregiment von Rothkirch, zwey Bataillon vom Garnisonregiment von Köniz, zwey Grenadierkompanien, eine Artillerie- und eine Mineurkompagnie, und 11 Officier vom Ingenieur-Corps.

Die Stadt wird in den sechs Wintermonaten mit 200 Laternen erleuchtet; hat zum Wappen den Täuffer Johannes mit dem Osterlamme, und auf dessen zwey Seiten ein Schild mit drey Lilien. Die Friedrichsstadt führet den Königl. Preuß. Adler im Wappen, und gehöret wie Neiße in Kammeraffachen zum zweyten Steuerräthlichen Departement.

§. 3.
Von den Gebäuden.

In der Stadt und Vorstadt Neiße befinden sich Kirchen: 1. Die Stadt-Pfarrkirche, ist ein großes Gothisches Gebäude, dessen Dach von Schiefer,

um

um ein gutes Theil höher ist als das Gemauer; auf dem Dache ist ein spitziges Thürmchen, (einem Zahnstocher nicht unähnlich.) Diese Kirche heißt auch die Jacobskirche, und wird wegen des hiesigen Dohm-Collegiatsstifts, wozu sechs Canonici residentes und sechs non residentes, über welche der Probst Herr Bastiani gesetzt ist, gehören; auch die Collegiatkirche genannt; einer von denen Canonicis ist Stadtpfarrer, der gegenwärtige ist der Freyherr von Rosenkranz. Hinter dem hohen Altar ist die sogenannte Todtenkapelle, welche älter als die große Kirche, und unter dem Namen Jacob erbauet worden. Das Patronatsrecht übet der jedesmalige Bischof aus.

Die Kirche hat gute Gemählde, besonders zeichnet sich das im hohen Altare befindlich aus. Der Kardinal Friedrich von Hessen ließ es in Rom von einem Priester mahlen, dessen Namen unbekannt ist; es stellet die heilige Dreyeinigkeit, die Jungfrau Maria, den heiligen Nicolaus und Jacob vor. Im Vorgrunde siehet man die Stadt Neiß brennen, das Feuer wird von Engeln ausgegossen. Die Figuren sind sehr gut, das Colorit aber fällt, vielleicht weil das Bild durch die Witterung leidet, ins Braune; auch ist das Gemählde dadurch verunstaltet, daß die Köpfe der Heiligen mit silberblechenen Scheinen umgeben sind. Sonst finden sich noch folgende gute Gemählde vom schlesischen Mahler Willmann: Christus am Kreuz, sehr kräftig gemahlt. Die Schindung Bartholomäi, mit vieler Kunst und Einbildungskraft bis zum Schauderhaften vorgestellt; die auf dem geschundenen rechten Arm aufgefahrnen

nen Fleischblasen erregen Ekel und Entsetzen. Das Gesicht drückt vollkommen das schmerzhafte und zugleich das standhafte, die Gedult in seinen Mienen auch in seiner ganzen Stellung aus. Der Sturz der bösen Engel; die dreisten Wendungen der Figuren fallen aber sehr auf. Dies und das vorhergehende Gemählde sind aber in kein gutes Licht gestellt. Noch ein Christusbild.

Diese Kirche hat keine Uhr, die Glocken sind auf dem besondern von Quadersteinen aufgeführten Glockenthurm befindlich. Eingepfarret sind: Giesmannsdorf, Heidersdorf, Kohlsdorf, Sänkwitz, Rieglitz, Weizenberg und Mährengasse.

Das Collegiatstift besitzt folgende Dörfer: Im Meißischen Kreise, Glompenau, Weizenberg, Boesdorf, Heidersdorf, Antheil Groß-Neudorf, Nowag, Krackwitz, Antheil Geltendorf und die Aecker des zerstörten Dorfes Buchwald. Im Grottgauischen Kreise: Groß-Karlowitz, Starwitz, Laskowitz, Laswitz, Perschkenstein.

2. Die Kreutzkirche und dazu gehörigen Stiftsgebäude, stehen auf der Brüdergasse, ist ein gutes ovales Gebäude mit zwey Thürmen versehen; wurde zu Anfang dieses Jahrhunderts mit Jonischen Verzierungen gebauet. Sie ist inwendig al Fresco, und in der Mitte am Gewölbe ein Kreuz gemahlt, welches, wenn man es vom hohen Altar aus betrachtet, herabzufallen scheint. Die Farben dieser Mahlen sind sehr grell, und siehet alles bunt und scheckicht aus.

Beschr.v.Schl. III.B. 4.St.

Das Kloster ist ein lichtes bequemes Gebäude, mit einem kleinern Thurm als die beyden Thürme bey der Kirche sind, versehen; hier ist auch eine kleine Bibliothek. Gemählde von einiger Beträchtlichkeit sind: In der Kirche eine Kreutzabnehmung Christi von Ruben, in der bekannten kräftigen Manier dieses Meisters, besonders ist die Zeichnung in den Figuren vorzüglich. Maria mit dem Christus-Kinde auf Stroh liegend, ebenfalls von Ruben. Im Kloster: eine Anbethung Christi bey seiner Geburt, auf Holz von Willmann, ein Gemählde von seiner Arbeit; besonders nimmt sich die Figur der Maria gut aus. Adam und Eva, die den Tod Abels beweinen, von vorzüglichem Kolorit; der Verfertiger ist unbekannt. Der heilige Hieronimus von sehr kräftiger Zeichnung. Maria in Rosis; dies soll das Originalgemählde seyn, welches die Kreutzherrn bey der Vertreibung durch die Hußiten allein gerettet; für damalige Zeiten gut gemahlt.

Dies Kloster ist ein fürstlich Stift. Die Kirche ist den Aposteln Peter und Paul gewiedmet. Der Prälat und die 20 Mönche sind vom regulairen Orden der Chorherrn des heiligen Grabes mit dem rothen Sterne.

Das Kloster besitzet folgende Dörfer: Neuland, Lentsch, Nasdorf, Hansdorf, Beigwiz, Keindorf, Riegliz, im Neißischen; Bittendorf und Niklasdorf, im Gröttgauschen; Mühlsdorf, Kunzendorf, Mackenau und Achthuben, im Neustädtschen Kreise.

3. Die Exjesuitenkirche und Kloster, sind neuere Gebäude, die erst mit Anfang dieses Säculi vollendet

det worden und Dorisch verzieret sind. Die Kirche hat zwey schöne Thürme und das Kloster einen etwas kleinern mit einer Uhr. Die Gemählde der Kirche bestehen aus einzelnen kleinen Gruppen, die im ganzen keinen Zusammenhang mit einander haben, und wovon eins vom andern durch Einfassung nach Maasgabe des Gewölbes abgesondert ist; da letzteres nun in große und kleinere Felder abgetheilt ist, so bekommt es den Schein des bunten und verworrenen. Merkwürdige gute Gemählde giebt es eigentlich nicht, wenn man nicht etwan einen Christum am Oelberge und die bethende Hedwig, die in neuern Zeiten vom Jesuit Mendler gemacht worden, die aber kaum mittelmäßig sind, dahin rechnet. Dieses Kloster hat eine in großer Unordnung befindliche Bibliothek von beynahe 10000 Bänden, worunter manches Gute zu finden ist, obgleich neuere Werke gänzlich fehlen.

4. Die Franziskanerkirche und Kloster, in demselben ist ein Guardian und 17 Mönche.

5. Die Bürgerkirche, wird auch das Corpus Christi Kirchel genannt, worinnen zuweilen Gottesdienst von den Stadtgeistlichen verrichtet wird; hat aber sonst nichts Merkwürdiges.

6. Das Annakirchel.

7. Das Nonnenkloster; hier sind 10 Nonnen, worunter eine Priorin, sie erziehen meist abliche Töchter. Dies Kloster besitzet einen Antheil des Dorfes Dürrkunzendorf und Domsdorf im Kaiserlichen Schlesien.

8. Die evangelische Kirche, ist ein Theil vom Rathhause, ob zwar nicht groß, aber gut gebauet; die Feldprediger von der Garnison verrichten den Gottesdienst.

In der Friedrichsstadt.

9. Die Jerusalemskirche.

10. Das Dominikanerkloster, ist nur eine sogenannte Residenz; hierin befinden sich 5 Mönche. Das Kapuzinerkloster liegt in der Mährengasse, welche zu den Dörfern gehört, ohngeachtet sie als Vorstadt von Neiße angesehen werden kan.

11. Die kleine Kapelle St Rochus. Hier wohnet ein Einsiedler; das Gebäude hat eine angenehme Lage und wird zum Divertissement der Einwohner auf mancherley Art besucht.

Schulen.

1. Die Schule der ehemaligen Jesuiten, bestehet ans 6 Klassen; die Zahl der Studenten ist gewöhnlich 150 bis 160.

2. Die ordentliche Stadtschule, ist als eine ganz niedere zu betrachten, wo nur Lesen und Schreiben gelehret wird.

3. Die evangelische Schule, ist erst erbauet, und soll noch eingerichtet werden.

Hospitäler und andere milde Stiftungen.

1. Das Seminarium für arme Schüler, besitzt auser der Schölzerey zu Oppersdorf noch einige
Grund-

Grundſtücke, und gehöret mit zur Generalſchulenab-
miniſtration der ehemaligen Jeſuiten.

2. Das große Hoſpital, heißt das Dreyfaltig-
keitshoſpital; es iſt aus verſchiedenen Hoſpitälern
entſtanden, dabey eine Kirche, worinnen für die Armen Gottesdienſt gehalten wird. Ehemals wären
hier zehn Hoſpitäler: 1. St. Joſeph, 2. St. Barbara, 3 St. Nicolai, 4. Orphanorum, 5. Lazari,
6. 7. zwey Krankenhoſpitäler, 8. Lazareth, 9. Siech-
haus, 10. Maria in Roſis; dieſes und das eine
Krankenhoſpital iſt noch beſonders. Die Aufſicht
darüber hat die Hoſpitalskommißion, unter welcher
auch noch die Hoſpitäler zu Patſchkau, Ottmachau,
Wanſen, Ziegenhals und Grottgau ſtehen; ehemals
gehörten auch die Hoſpitäler zu Johannisberg und
Zuckmantel im Kaiſerlichen dazu, dieſe ſind aber bey
Antrit der Königl. Preuß. Regierung davon ge-
trennt worden. Es werden hier einige 40 Perſonen
unterhalten, wovon der Stiftung nach die Hälfte
bürgerliche, die andre Hälfte biſchöfliche ſeyn ſollen;
auſer dieſen müſſen noch drey Perſonen von Freudenthal im Kaiſerlichen Schleſien unterhalten werden. Die Einkünfte deſſelben ſind anſehnlich und
betragen einige 1000 Rthlr.

3. Das arme Prieſter-Haus, worin alte abgelebte, unvermögende katholiſche Prieſter unterhalten
werden. Die Verwaltung darüber hat die Regierung.

5. Die armer Leute-Mühlfundation, für arme
Leute aus allerley Ständen. Die letztern Beyden
ſtehen unter der Aufſicht des Magiſtrats.

T 3 Andere

Andere öffentliche Gebäude.

1. Das Rathhaus mit seinem Thurm und Uhr. Man zeigte mir hier eine zerfallene Uhr, und erzählte dabey: daß ehemals, wenn ein Rathmann sterben sollen, die Uhr stille gestanden; bey der im Jahr 1758 auf einmal geschehenen Veränderung des Magistrats sey die Uhr zerfallen, und da niemand gern seinen Tod vorher wissen wolle, so sey die Uhr in ihrer Zerrüttung geblieben.

2. Die Fürstliche Residenz; ein vortrefliches weitläuftiges Gebäude mit einer guten Façade.

3. Das Landhaus, worinn der jedesmalige Landrath des Kreises und Steuereinnehmer wohnt. Die Landschaft versammelt sich in einem Privathause.

4. Ein Königlich großes Magazin in der Friedrichsstadt, nebst der ansehnlichen Bäckerey.

5. Kasernen, deren zwey in der Stadt, worinn 93 Stuben. Die gelben Kasernen in der Friedrichsstadt von 132 Stuben. Die alten zwey Kasernen von 128 Stuben, und die städtschen Blauen, worinn 48 Stuben.

6. Neun verschiedene Gebäude der Geistlichen.

7. Bürgerliche Häuser sind 446 in der Stadt, 45 in der Vorstadt, in der Friedrichsstadt 30; Summa 530 Häuser, worunter 276 mit Ziegeln, die andern mit Schindeln gedeckt sind.

§. 4.

§. 3.
Von den Einwohnern.

Die Einwohner reden deutsch und die meisten sind katholisch. Evangelische mögen ohne die Garnison etwan 400 seyn. Juden werden zum beständigen Aufenthalt nicht geduldet. Ihre Zahl war ohne die Garnison:

Im Jahr 1756	—	5284.
66	—	4426.
76	—	4512.
80	—	4369.
82	—	4657.
83	—	4584.
84	—	4550.

Liste
der in der Stadt Neiße bey den Katholiken Getrauten, Gebohrnen, Gestorbenen.

Im Jahr.	Paar.	Knab.	Mädg.	Männl.	Weibl.
1781	42	95	97	118	134.
1782	42	103	96	125	151.
1783	59	108	101	117	121.
3 Jahr	143	306	294	360	406.
		600		766	
Auf 1 Jahr	48	200		255	

Es sterben also ungemein viel Menschen in Neiße, und wenn man die Evangelischen noch abrechnet, beynahe der 17. lebende; woran die tiefe Lage und der morastige Grund, worauf Neiße erbauet worden, vielen Antheil haben mag.

Das Konsumo ist bey der starken Garnison sehr ansehnlich, und beträgt jährlich: 9530 Schfl. Weitzen, 29430 Schfl. Roggen, 1920 Schfl. Gerste zum Backen, 6200 Schfl. Brandtweinschroot, 8780 Schfl. Malz, 483 Ochsen, 1910 Schweine, 4038 Kälber, 5830 Hammel.

§. 4.
Vom Gewerbe der Einwohner.

1. Die Einwohner gewinnen besonders vieles Grünzeig, so weit verfahren wird.

2. Das Bierbrauen ist ganz einträglich, es haftet auf 374 Häusern, und die Stadt hat auf folgende Dörfer das Zwangsrecht des Bierausschroots: Altwalde, Boesdorf, Bieliz, Bischofswalde, Breyland, Baucke, Glompenau, Dürr-Kamiz, Deutsch-Kamiz, Eilau, Franzdorf, Folkmannsdorf, Giersdorf, Oppersdorf, Groß-Briesen, Giesmannsdorf, Hausdorf, Heidersdorf, Herrmsdorf, Jäglitz, Korkwitz, Klein-Warthe, Klein- und Groß-Kaundorf, Köppernick, Kupferhammer, Lentsch, Laßoth, Mogwitz, Markersdorf, Mannsdorf, Mährengasse, Neuwalde, Nieder-Jeutritz, Neuland, Neunz, Neundorf, Nowag, Ober-Jeutritz, Pohlnischwette, Prockendorf, Perschkenstein, Rückerswalde, Reinschdorf, Riemmerzheide, Rothhaus, Riegliz, Reisewitz, Steindorf, Stephansdorf, Strubarz, Steinhübel, Steinberg, Sengwiz, Schmoliz, Sorge, Waschdorf, Wischke, Winzdorf, Weizenberg, Zaugwiz.

3. In Handel: Montags ist Garnmarkt; jährlich werden nach einem Durchschnitt 18000 Stück Garn ¹) verkauft, wovon das meiste nach dem Gebürge gehet. Sonnabend ist Getreidemarkt, welcher fleißig besucht und vieles Getreide aus den umliegenden Kreisen dahin gebracht wird. Mittwoch, Freytag und Sonnabend ist Wochenmarkt. Jahrmärkte sind fünfe, als den 21. Januar, den 2. April, 25. April, 28. Junii, 21. October. Wollemärkte aber zwey, den 25. May und 29. September.

Der Handel mit ungarischen Wein war ehemals sehr ansehnlich, er hat aber dergestalt abgenommen, daß auswärts wenig mehr versandt wird. 22 Kaufleute und Krämer treiben einigen Handel, aber meist en detail. Es ist auch eine Buchhandlung allhier, jedoch nicht von großer Bedeutung.

4. In Treibung verschiedener Künste, Handwerker und Fabriken. In Neiße befinden sich: 1 Apotheke, 5 Bader, 44 Bäcker, Backgerechtigkeiten aber sind 50; 1 Bildhauer, 7 Brauer, 24 Brandtweinbrenner, 1 Buchdrucker, 5 Buchbinder, 2 Büchsenmacher, 1 Bürstenbinder, 8 Büttner, 4 Corduaner, 1 Damastweber, der aber wenig arbeitet; 4 Drechsler, 4 Färber, 1 Fellhauer, 47 Fleischer, die 55 Bänke besitzen; 2 Formenschneider, 3 Glaser, 1 Glockengießer, 4 Goldschmiede, 10 Grützner, 3 Gürtler, 5 Handschuhmacher, 5 Huthmacher, welche jährlich etwan 2000 Stück verfertigen; 5 Kammacher, 1 Klemptner, 2 Knopfmacher, 3 Kraftmehlmacher, 1 Kunstpfeiffer, 2 Kupferschmiede, 9 Kürschner, 28 Leinweber, welche jährlich noch nicht 600

---

¹) 60 St. machen 1 Schock.

600 Schock fertigen, wovon der Werth etwan 3000 Rthlr. die Zuthat 2500 Rthlr. ist; 1 Leistenschneider, 6 Mahler, 3 Maurer, 5 Müller, 3 Nadler, 2 Nagelschmiede, 8 Perückenmacher, (vor 16 Jahren waren nur 3,) 4 Pfefferküchler, 10 Posamentier und eine Naumburger Bandfabrike; erstere fertigen jährlich 950 St. am Werthe 2400 Rthlr. die letztere 366 St. am Werthe 1080 Rthlr. 3 Rademacher, 7 Riemer, 4 Rothgärber, die 1782 2200 St Felle appretirten; 1 Rothgießer, 3 Sattler, 1 Scheerenschleifer, 6 Schlosser, 9 Schmiede, 37 Schneider, 2 Schorsteinfeger, 46 Schuster, so 48 Gerechtigkeiten haben; 2 Schwerdtfeger, 11 Seifensieder, 4 Seiler, 2 Sporer, 1 Steinbrücker, 14 Strumpfstricker und 2 Würker; die erstern fertigen des Jahrs 10800 und die beyden letztern 1370 Paar Strümpfe, wovon der Werth mehr als 6000 Rthlr. beträgt; 1 Taschner, 13 Tischler, 5 Töpfer, 23 Tuchmacher; sie machten 1782 900 St. Tuche, die für 14980 Rthlr. verkauft wurden, und wozu die Wolle nur 9161 Rthlr. kostete; 2 Tuchscheerer, 1 Tuchwalker, 3 Uhrmacher, 1 Wachsbleicher, 6 Wachszieher, 7 Weisgärber, 2 Ziegelstreicher, 3 Zimmerleute, 4 Zinngießer, 2 Zuckerbäcker.

§. 5.

Allerhand.

Die Kämmerey besitzt die Dörfer: Baucke nebst dem Vorwerk Maschkowiz, Gräferey, Kochelsdorf, Mährengasse, Antheil Neudorf, Rothaus, Rogau, Struwiz, Pohlnisch-Wette, verschiedene Aecker und Wiesen, ansehnliche Waldungen, eine Ziegeley, den Zoll;

Zoll; und ihre ganze jährliche Einnahme beträgt 12590 Rthlr. Der Magistrat verwaltet nicht nur die Justiz, sondern auch die öffentlichen Städtschen Kassen, und versieht die Polizey. Er bestehet aus einem Königl Polizeydirektor, Herrn Johann Gottlieb Kirchstein; einem Justizburgermeister, Herrn Friedrich Ludwig Friese; einem Polizeyburgermeister; einem Kämmerer, Herrn Johann Jacob Pauli; den Rathleuten, Herrn Schulze, Herrn Hut; dem Syndiko, Herrn Selbstherrn, und dem Stadtsekretario, Herrn Rücker. Der Magistrat theilt sich in die Stadtgerichte und das Polizeydepartement, und ist bey Erbfällen das Casparische Kirchenrecht eingeführt. In der Friedrichsstadt verwaltet die Polizey und Justiz das Königl. Richteramt, so aus dem Stadtdirektor und Sekretario bestehen. Es hat dieser Ort zwar einen Anfang zu einer eignen Kämmerey gemacht; allein es ist das Eigenthum noch nicht groß, und betragen die jährlichen Einkünfte etwan 30 bis 40 Rthlr.

In Neiße sind auser dem Magistrat noch folgende Collegia und öffentliche Bedienten:

a) Königliche: Die Accis- und Zolldirektion, welche folgende Städte unter ihrer Aufsicht hat, als: Bauerwitz, Beuthen, Brieg, Cosel, Falkenberg, Gleiwitz, Oberglogau, Grottkau, Guttentag, Hultschin, Krappitz, Katscher, Leobschütz, Leschnitz, Löwen, Loslau, Lublinez, Münsterberg, Neiße, Neustadt, Nicolai, Nimptsch, Ohlau, Oppeln, Ottmachau, Patschkau, Peiskretscham, Plesse, Rattibor, Riebnick, Sohrau, Strehlen, Groß-Strehlitz, Schürgast, Tarnowitz, Tost, Ujest, Wansen, Ziegenhals, Zülz. Sie bestehet aus ei-

einem Direktor, Herrn Johann Friedrich Wothilenus; einem Sekretär, Stadtinspektor und 5 Kalkulatoren.

Das Accisamt wird bearbeitet von einem Einnehmer, Herrn Johann Gottlieb Langer; einem Stadt-Kontrolleur, zwey Kassenkontrolleurs, einem Kaßirer, einem Waarenbeschauer, 4 Kommis, 6 Thorschreibern und 4 Visitatoren.

Die Kaserneninspection, welche 2 Inspectoren hat.

Das Kreis-Steueramt, siehe Kreis.

Das Postamt verwaltet der Postmeister Herr Grecke.

Folgende Posten kommen an:

Dienstags, Vormittags um 10 Uhr die fahrende Post aus Rattibor, Leobschüz, Neustadt, Cosel, Wien, Ollmüz, Troppau.

Nachmittags um 1 Uhr die Troppauer reitende von Neustadt.

Vormittags um 10 Uhr die Wiener reitende.

Mittags um 12 Uhr die reitende Post aus Schweidniz, Glaz, Münsterberg, Frankenstein, Reichenbach.

Abends gegen 10 Uhr die reitende Post aus Breslau, Ohlau, Grottgau, welche die Briefe aus Niederschlesien und den übrigen Preuß. Staaten bringt.

Vormittags um 10 Uhr die Bothenpost aus Patschkau.

Mittwochs, Morgens um 6 Uhr die fahrende Post aus Grottgau, Brieg, Breslau, Oppeln, Tarnowiz, witz, Ohlau, Niederschlesien und den Preußischen nördlichen Provinzen.

Freytags, die fahrende Post aus Rattibor,
Die Bothenpost aus Patschkau,
Die reitende Post aus Schweidniz,
Die reitende Post aus Breslau,
} Wie am Dienstage

Sonnabends, die fahrende Breslauer Post, wie Mittwochs.

Die Troppauer reitende, wie Dienstags.

Folgende Posten gehen ab.

Dienstags, die fahrende Post nach Grottgau, Brieg, Oppeln, Tarnowitz, Ohlau, Breslau, Niederschlesien, Frankfurt, Berlin, Nachmittags um 2 Uhr.

Die reitende Post nach Münsterberg, Glatz, Reichenbach, Schweidniz und dem Gebürge, Nachmittags um 2 Uhr.

Die reitende Post nach Grottgau, Breslau, Berlin, Sachsen, Abends um 6 Uhr.

Die reitende Post nach Wien, Italien, des Nachts um 10 Uhr.

Mittwochs, die fahrende Post nach Neustadt, Leobschütz, Rattibor, Ples, Kosel, Zülz, Troppau, Vormittags um 8 Uhr.

Die Bothenpost nach Patschkau.

Freytags, die Breslauer fahrende, wie am Dienstage.

Die Wiener reitende, wie am Dienstage.

Sonnabends die fahrende Post nach Neustadt, Mähren und Wien ꝛc. wie an der Mittwoche.

Die reitende nach Schweidniz, wie Dienstags.

Die Breslauer, wie am Dienstage.

Die Bothenpost nach Patschkau und Ottmachau.

Ein

Ein Königl. Proviantamt, wobey ein Proviant-
meister, ein Kontrolleur und ein Backmeister stehen.

Die Filial-Salzfaktorey, gehöret zur Hauptfak-
torey in Brieg.

Ein Zollamt, wobey ein Einnehmer und ein Kontrolleur arbeiten.

b) Bischöfliche. Die Regierung des Fürstenthums Neiß und Grottgau verwaltet die Justiz im
Namen des Bischofs. Dabey stehet der Kanzler,
Herr Franz Joseph Romberg; 6 Regierungsräthe,
ein Sekretär, ein Registrator, ein Sportulrendant
und zwey Kanzellisten. Dieses Kollegium hat wöchentlich zweymal Seßion.

Das Hoferichteramt, welches die eigentliche Kammer des Bischofs ist, und die Revenües des Herzogthums Neiß zu verwalten hat. Dies Kollegium
bestehet aus dem Hoferichter, Herrn von Luzenkirchen;
einem Vicehoferichter, zwey Assessoren, wovon einer
Rendant der bischöflichen Kammergefälle ist, und
den Titul Kammerrath hat; der gegenwärtige heißt
Herr Johann Friedrich Stößler.

Das Wirthschaftsamt, wobey ein Administrator
und ein Kontrolleur.

c) Die Landschaftliche Direktion; Herr von
Maubege, Direktor; Herr Beyme, Syndikus.

B. Von

B. Von der Stadt Patschkau.

§. 1.
Geschichte.

Patschkau war ehemals ein Theil vom Münsterbergschen Fürstenthum, und gehörte diesen Herzogen; wie aus Herzog Boleslaus von Münsterberg Unterwerfungsbrief an den König Johann ; 336 erhellet. Nachher kam es an das Breslauische Bisthum; wie es geschehen, ist zur Zeit noch unbekannt. Im Jahr 1383 wird es schon unter die bischöflichen Städte gezählet.

Die Stadt soll nach einer Tradition und verschiedenen geschriebenen Chroniken ihr Daseyn einem Kriegsmann, Namens Lucca, zu danken haben. [1]

Ob der Götze Zutibni, welcher in einem Eichwalde daselbst verehret worden seyn soll, zur Aufnahme des Orts etwas beygetragen, ist eben so ungewiß, als was ein gewisser Hiob Fincol sagt: daß im Jahr 791 Patschkau schon groß und volkreich gewesen. Alles dies bleibt Fabel, wenigstens Ungewißheit; eben so, wie das Privilegium Kaiser Heinrichs vom Jahre 936, welches aber schon bey einem Prozeß unter voriger Regierung als unächt, wie billig, erkannt worden. Man erzählet von ihrem Alter noch manches, welches aber so sehr nach Erdichtungen schmeckt, als das erwähnte Heinrichsche Pri=

---

[1] Sonderbar ist es, daß eine Menge Städte in Schlesien ihre Entstehung einem Lucca zuschreiben.

Privilegium. Sie soll 1015 gänzlich abgebrannt, 1063 von den Pohlen geplündert und 1122 die daselbst erbauten zwey Klöster abgebrannt seyn.[1]) Das einzige, was man mit einiger Gewisheit sagen kan, ist, daß die Tartarn 1241 nach dem Abzuge von Liegnitz sich bey Patschkau einige Zeit aufgehalten und den Ort ruinirt haben.

Der Bischof Thomas gab der Stadt 1254[2]) zu ihrer bessern Aufnahme verschiedene Freyheiten, als: das Vorwerk Bogenau mit einigen auf Patschkau gehörigen Aeckern, bis dahin, wo der Mühlgraben in den Neißfluß fällt, vier Jahre frey, dann aber eine halbe Mark Silbers[3]) jährlich zu zahlen, und das Zinsgetreide jährlich abzuführen.[4]) Eine Viehweide so viel als 6 fränkische Ackerstücke[5]) betragen, damit

[1]) Freysinger gedruckte Chronike, S. 362.
[2]) Rathhäusliches Archiv. Wie dies aber angehen konnte, da solche zu der Zeit noch eine Münsterbergsche Stadt war, sehe ich nicht ein; vielleicht war sie einmal verpfändet.
[3]) Hierauf gründet sich vermuthlich derjenige Zins von 21 Rthlr. 10 sgl. welcher jährlich ins bischöfl. Amt nach Ottmachau aus der Cämmerey bezahlet werden muß.
[4]) Dieses Zinsgetreide wird noch jährlich ins bischöfliche Rentamt abgeführet, und beträgt von sämmtlichen Aeckerbesitzern überhaupt 77 Sch.fl. 9 Mz. 2$\frac{1}{4}$ Nß. Weitzen. 78= 3= 3$\frac{1}{8}$ Korn, 81= 1= 1$\frac{1}{18}$ Haber, Bresl. Maas.
[5]) Diese Viehweide wurde 1776 vermessen, und 182 Morgen 130 Quadratruthen befunden, im Julio 1779 dergestalt vertheilt, daß auf jedes Haus in der Stadt und Vorstadt ein Flecken von 8 bis 10 Morgen kam.

damit die Bürger und Vorstädter ihr Vieh darauf weiden können, auch die Fischerey bis an das Dorf Cosel.

Man findet indessen nicht, daß in diesem und folgenden Jahrhunderte die Stadt in vorzüglichem Flor gestanden. Die damaligen Befehdungen der schlesischen Fürsten und Ritter unter sich selbst; die im Jahr 1325 allgemein geherrschte große Hungersnoth; die hierauf 1349 und 1412 gewütete schreckliche Pest, können auch dem Orte nicht vortheilhaft gewesen seyn. Den gänzlichen Ruin aber verursachten die Hußiten, da sie 1428 an der Mittwoch nach Lätare früh hier einfielen, die Stadt plünderten und abbrannten. Wenige Jahre nachher ließ Heinke Cruschino von Leichtenberg durch seine Leute alles Vieh bey der Stadt und umliegenden Dörfern wegtreiben, Camiz verbrennen, die Kirche zu Alt-Patschkau anschlagen und daraus Glocken, Bücher und andere Kirchengeräthe hinwegnehmen.

Johann Herzog zu Münsterberg erlaubte der Stadt, vermöge des den nächsten Freytag nach Jubilate im Jahr 1417 zu Münsterberg ertheilten Briefes, an seinem Ufer über das Wasser in die Neiße ein Währ zu erbauen; auch so es von großen Wasser oder Fluthen weggerissen würde, solches wiederum bessern, festen und stärken zu lassen.

Zu Zeiten des Bischofs Jodoci wurde bey den damaligen Unruhen die Stadt abermal sehr hart mitgenommen. Stabirdorf, der die Stadt mit denen bischöflichen Trabanten und Hofleuten besetzt hatte, wagte am 11. Jun. 1467 einen Ausfall gegen die

Beschr. v. Schl. III. B. 4 St. U Böh-

Böhmen, welche vom Obristen Münzmeister Kostka angeführt wurden; er ward aber nicht nur selbst tödtlich verwundet, so daß er am vierten Tage darauf in Neiße starb, sondern verlohr auch über 300 von seinen Leuten.

Bischof Rudolph bestätigte zu Neiße am Sonnabend nach dem Sonntag Cantate 1479 denen Fleischern und Bäckern sich nach Neiße zu halten, weil die ehehin gehabte Zeche und Recht durch Ketzer und Feinde der Lande, als sie die Stadt Patschkau verbrannt, die Leute daraus ermordet und vertrieben, zerstöhret worden.

Bischof Johann verliehe 1514 der Stadt die Befugniß, am Questenberge bey Neuhaus Steine zu brechen, so viel als zum Bauen an den Stadtmauern, Thürmen, Thoren, Pasteyen, oder sonst zu Befestigung, Schutz und Zierung der Stadt nöthig, und jeglicher an seinem Hause thun würde. 1526 am Ostersonnabend erneuerte Bischof Jacob dem Schneidermittel seine Gerechtsame.

Bischof Balthasar gab den Tuchmachern 1550 zu Neiße, Mittwochs nach Pfingsten das Recht, daß auf denen Jahrmäkten und Kirchweyhen kein fremd Gewand oder Tuch, so nicht im Orte gefertigt worden, der Elle nach verschnitten werden solle; es wären denn theure oder gute Tücher, so nicht hier gemacht würden. Erzherzog Leopold, als Bischof zu Breslau, untersagte auch, mittelst Briefes d. d. Wien den 9. Sept. 1662, denen fremden Gewandschneidern und Tuchmachern ihre Waare auf denen Jahrmärkten des Bisthums Breslau auszulegen, feil zu haben, oder zu versilbern. Allein unterm

term 28. May 1777 ward für gut befunden, genannte Einschränkungen aufzuheben. Vom gedachten Bischof Balthasar wurde 1551 zu Neiße Montags nach Bartholomäi hiesigen Reichkrämern ein Privilegium ertheilt, Kraft welchem keinem Ausländer verstattet seyn soll, Würze oder Specerey einzuführen und zu verkaufen.¹) 1594 und 95 legte der Magistrat die Wasserleitungen vom Quellwasser vorm Oberthore, und aus dem Stadtgraben durchs neue Thor auf dem Niederring an. Derselbe bestätigte auch den 2ᵗᵉⁿ Julii 6×6 den Schützen ihre aufgerichtete Gilde. Die Stadt ward durch den dreyßigjährigen Krieg, durch Feuer, Plünderung und Pest, in das äuserste Elend versetzt, so, daß Fürsten und Stände ihr ein Gnadengeschenke von 800 Thaler zufliessen liessen. Inzwischen sind zu Anfange des laufenden Jahrhunderts doch alle Häuser wieder erbaut gewesen.

Bey dem 1740 entstandenen Kriege hat die Stadt durch Einquartierungen, Brandschatzungen, auserordentlichen Schaden gelitten. Kaum war sie durch den Friedensschluß unter jetzige Königl. Regierung gekommen, als sie im zweyten schlesischen Kriege dergleichen abermaligen Drangsalen unterliegen muste. Noch härter wurde sie in dem dritten schlesischen Kriege mitgenommen; starke Einquartirungen muste sie sich in denen vier ersten Wintern des siebenjährigen Krieges gefallen lassen; und sobald diese den Ort verließen, war er den Streifereyen der kaiserlichen Truppen bloß gestellt. Letztere blieben denn auch von 1760 an völlig Meister der hiesi-

1) Eine gute Methode Fremde anzulocken.

gen Gegend, so daß bey hergestelltem Frieden sich der Ort in eine Schuldenlast von 13525 Rthlr. versetzt fand, welche an Brandschatzungen, sogenannten Anticipations-Quantis, Lieferungen aller Art ꝛc. an die damaligen feindlichen Truppen geschehen müssen; ohne dasjenige zu rechnen, was einzelne Einwohner durch Fouragirung, weggenommes Vieh, an Schaden erlitten; auch die Cämmerey wegen der fouragirten Vorwerke bezahlen müssen, und welche Beschädigungen weit über 7000 Rthlr. betragen haben. Da die erstgedachte Schuldenlast durch monatliche Beyträge der Bürgerschaft getilget, außerdem auch die ordinairen Lasten, und die während der feindlichen Prädomination zu denen Königlichen Cassen im Rückstand gebliebenen Gefälle abgetragen werden musten: so war dies kein Wunder, daß der Wohlstand der Einwohner immer mehr und mehr zurück gesetzt wurde, auch verschiedene Bewohner ihre Häuser verließen, und daraus unvermeidliche Wüstungen entstunden; wozu der einreissende Mangel des Nahrungsbetriebs, nach der so nahe gelegnen gesperrten Gränze hinzu kam. 1778 wurde der Ort nochmals dem Kriegsübel unterworfen. Die Kaiserlichen Truppen fanden sich am 9. Oct. besagten Jahrs hier ein, und verlangten in 5 Minuten auser 400 Sack Getreide und Lebensmitteln, eine Brandschatzung von 6000 Rthlr. Da es nicht möglich war auch nur einen Theil dieser Forderungen in der bestimmten Frist aufzubringen, so wurde der Direktor von Zahrenhausen, der Proconsul Ruhedorf und Cämmerer Hübner, als Geisseln mitgenommen, und nach Preßburg und Ofen in Ungarn in Verwahrung gebracht, auch hieraus al-
lererst

lererſt im Februar 1779 entlaſſen, nachdem von beyden kriegführenden Theilen, wegen Entlaſſung der aufgehobnen Civilperſonen ein Abkommen getroffen worden. Die Stadt wurde in der Zwiſchenzeit bis zum Teſchner Friedensſchluſſe noch verſchiednemal von den kaiſerlichen Truppen heimgeſucht, und dieſer kurze Krieg hatte ihr abermals eine Schuldenlaſt von 2012 Rthl. zuwege gebracht, welche die Einwohner durch Beytrag tilgen muſten.

Gegenwärtiger Zuſtand der Stadt Patſchkau.

Die Stadt hat gegenwärtig im Umfange innerhalb der Mauer 1530 Schritt. Die Mauer ſelbſt iſt ziemlich zum Theil 20 Fuß hoch, von Weite zu Weite mit Thürmen und Rondeln zur ehemaligen Vertheidigung verſehen. Zwiſchen dieſer und der zweyten auswärts befindlichen niedern Mauer ſind ſechs Zwinger, welche die Magiſtratsglieder und Schützenälteſten nützen. Auf die Zwingermauer folgt noch ein ziemlich tiefer Graben; Nordweſtwärts iſt ſolcher zwar nicht ſo tief, jedoch deſto ſumpfigter. Durch die Mauer ſind dermalen noch zwey offene Thore, das Ober- und Niederthor, das dritte das Neißerthor, iſt ſchon ſeit dem ſiebenjährigen Kriege geblendet geweſen, 1778 aber von denen Königl. Truppen vollends zugemauert worden. Das vierte oder Frankſteiner Thor iſt bereits vor langen Jahren vermauert und unzugänglich gemacht. Der Marktplatz hat mit denen 10 Gaſſen ein gutes Steinpfla-

pflaster, die Anlage der Straſſen iſt zwar ziemlich regulär und von verhältnißmäßiger Breite, indeſſen ſind die mehreſten ſchlecht bewohnt. Innerhalb der Mauer befinden ſich:

1. Die katholiſche Pfarrkirche, ein ſehr altes Gebäude mit einem hohen Thurm, welcher dreymal durchſichtig geweſen, nachdem aber 1716 den 13. Jan. bey einem heftigen Sturmwinde 50 Ellen davon herunter geworfen worden, iſt die Kuppel nur rund zugedeckt, und in ſolcher Beſchaffenheit iſt der Thurm noch gegenwärtig. Das darauf befindliche Geläute von 3 Glocken hat einen harmoniſchen Klang. Die vierte Glocke iſt vor einigen Jahren geſprungen und kan jetzt nicht gebraucht werden. Man glaubt, daß die Kirche ſo alt als die Stadt ſelbſt ſey; die Bauart derſelben macht dies auch wahrſcheinlich, ob man gleich von ihrem Entſtehen keine zuverläßige Data angeben kan. So viel iſt in denen Kirchennachrichten aufgezeichnet, daß 1241 die Tartarn einen tiefen Brunnen in derſelben angelegt, welcher noch jetzt brauchbar iſt. 1421 fand ein Hirte, Martin Werner, auf der Viehweide eine zinnerne Kanne voll Gold- und Silberſtücke durchs Wühlen der Schweine; das Geld wandte man zur Vergrößerung der Kirche an, die Kanne aber iſt noch vorhanden, und das Andenken der Geſchichte ſelbſt an der Decke des Kirchgewölbes gemahlt. Die große ſteinerne Stiege von 15 Stuffen, zum Eingange durch die Hauptthüre, iſt 1472 angelegt; die Kapelle St. Rochus aber 1701 an die Kirche angebaut worden.

Außer

Auser dieser Hauptkirche ist noch in der Vorstadt die Begrabnißkirche St. Johannis, welche 1605 die Bürgerschaft erbauet. Vor dem Niederthor das Kirchlein St. Nicolai, so 1632 gestiftet. Zur öffentlichen Andacht dienen noch denen katholischen Glaubensgenossen ein mit Linden umgebenes Kreuz, am Wege nach Alt-Patschkau, und ohnweit davon die Statüe des heiligen Rochus. Eingepfarrt sind zur Hauptkirche die beyden Gemeinen Cosel und Heinzendorf; zu Gesäß wird der Gottesdienst alle 14 Tage gehalten; sonst gehöret auch noch die Kirche zu Alt-Patschkau zur Pfarrthey, mit der dazu gewiedmeten Gemeine Willmsdorf; der Stadtpfarrer muß daher in letzterer Kirche alle Sonn- und Festtage allda den Gottesdienst gehörig besorgen lassen. Alle vorkommende Actus ministeriales werden in berührten 3 Kirchen verrichtet.

In der Hauptkirche von der Stadt und Vorstadt sind:

Jahre	Getraute, Paar.	Gebohrne, Männl.	Weibl.	Gestorbene. Männl.	Weibl.
1740–1780	868	1965	2004	1938	1902.
1781	7	36	36	24	40.
1782	13	35	31	43	44.
1783	11	28	29	26	35.
	899	2064	2100	2031	2021.
		4164		4052.	
Auf 1 Jahr	21	97		94.	

Pfarrer sind folgende gewesen:

Nikolaus Krellker, bis 1475.
Balthasar Gans, bis 1545.

Johann Eichler, bis 1560.
Johann Bartsch, bis 1600.
Adam Hözel, bis 1602.
George Franke, bis 1621.
Martin Scholz, bis 1633.
Jacob Hopnit, bis 1641.
Simon Lachnit, bis 1650.
Johann Camin,
Adam Sartor, bis 1651,

Adam Schneider, bis 1657; war ehehin ein verheuratheter Bürger, wurde aber nach Ableben seiner Frau, da er Studia erlangt hatte, aus Ermanglung des Cleri zum Pfarrer angenommen.

Casper Beck, bis 1667.
Franz Priemer, bis 1689.
Hyeronimus von Kern, bis 1735.
Joseph Zeidler, bis 1740.
Ferdinand Scholz, bis 1747.

Mauritz van Strachwitz, bis 1781; war noch Bischof zu Tyberias und Weihbischof zu Breslau.

Johann Carl von Rußig, ist zugleich Canonicus zu St. Johann in Breslau auch St. Petri zu Brünn.

Die Pfarrwohnung war sonst ein altes irreguläres Gebäude und unbewohnbar; es ist solches aber 1783 völlig abgebrochen und von neuem aufgebauet worden, wozu aus denen Bisthums-Revenües 1200 Rthlr. 600 Rthlr. Geld aber, nebst Fuhren und Handdiensten von der Cämmereykasse und denen sämtlichen Parochianis aufgebracht worden.

2. Die Stadtschule, ist ein altes Gebäude, und unbequem angelegt. An derselben arbeiten gegen=

wärtig ein Rektor, Franz Rühn; und ein Cantor, Joseph Mann.

3. Das Rathhaus, mitten auf dem Markte ist ein ganz maßives ziemlich weitläuftiges Gebäude mit drey Giebeln, mit Ziegeln bedachet; der innere Ausbau aber ist nichts weniger als zweckmäßig, denn aufer der Rathsfeßion und der gegen über befindlichen Accisstube ist fein brauchbares Behältniß anzutreffen Ein Saal dienet der Evangelischen Militär- und Civilgemeine zum Gottesdienstlichen Gebrauch; der untere Theil fasset die Stadtwaage und Fleischbänke in sich. Der am Rathhause befindliche Thurm ist völlig maßiv, mit einer gewölbten steinernen Treppe versehen, und die Kuppel zugewölbet; unter derselben ist die Stadtuhr angebracht.

4. Das Hospital, samt dem in der niedern Vorstadt befindlichen Lazarethgebäude, ist weder schicklich eingerichtet, noch von sonderlichem Ausehen. Es genüßen in demselben 8 abgelebte, von hier gebürtige Frauenspersonen, freye Wohnung und nothdürftigen Unterhalt; letzterer wird aus denen Einkünften der Hospitalskasse genommen Diese bestehen theils aus verschiedenen fixirten Zinsen, theils aus denen jährlichen Interessen, welche 10092 Rthl. Capital, als das gegenwärtige Vermögen des Hospitals abwerfen.

5. a) 183 bewohnte Bürgerhäuser, sind größtentheils von Steinen erbauet, und nur wenige auf denen Straßen mit bretternen und leimernen Giebeln versehen. Die innere Anlage ist durchaus nach

alter Art, unbequem angelegt; 17 davon sind mit Ziegeln, die übrigen aber mit Schindeln bedachet.

b) 9 publike Häuser: als das Stadtbrauhaus, der Marstall, Wohnung des Frühmeßners, 2 Thorwachthäuser, 2 Sprützen- und 2 Thorschreiberhäuser, wovon letztere viere mit Ziegeln gedeckt sind.

c) 29 wüste Plätze, welche theils als erbliche Gärten genutzet, theils als Gartenland in Miethung gegeben sind. Der Ertrag von letztern wird bis zum Erbau der Wüstungen, bey der wüsten Stellenbaukasse, deren Fond anjetzt in 198 Rthlr. bestehet, berechnet.

In der Vorstadt befinden sich außer den 2 Kirchen 129 Privatgebäude und Vorwerke, worunter 6 Gebäude mit Ziegeldach beleget, die übrigen aber theils mit Schindeln, theils mit Stroh bedacht sind. Auserdem ist noch im Bezirk der Vorstadt das Stadtvogtey-Vorwerk, die Stadtbleiche, das Schußhaus, Stadtziegelley und 2 Hirtenhäuser, samt 19 besondern Scheuren, eine Pulvermühle und verschiedene Gärten.

Von denen Privathäusern in der Stadt sind 123 brauberechtigt, und haften die Biergerechtigkeiten verschiedentlich zu 6. 5. 4. 3 und 2 Bieren auf jeglichem Hause; nach dieser Bestimmung hat auch jeder Hauseigener alljährlich eine gewisse Anzahl Klafterholz aus der Stadtwaldung gegen Zurückgabe des Schlogerlohns, und 5 Kreutzer Zahlung pro Klafter zu fordern. 17 Häuser sind ohne Bieres-Gerechtigkeiten, dagegen ist ihnen die alleinige Befugniß zum Spezerey-Material-Schnitt- und andrer

Waa-

Waarenhandlung verließen. Zwey Bierberechtigte Häuser in der Stadt sind zum beständigen Bier-Ausschank und Beherbergung der Fremden bestimmt, und in der Vorstadt exercirt der Vorkretscham gleiche Befugniß; letzterer hat nächst dem das erbliche Recht Brandtwein zu brennen. Die übrigen Häuser in der Stadt sowohl als in der Vorstadt sind mit keinen besondern Vergünstigungen versehen, auser daß seit 1779 jedes Haus von der ehemaligen Viehweide 8 bis 10 Mz. Breslauer Aussaat zugetheilt erhalten. Das Recht Brandtwein zu brennen und zu schenken kan jeder Bürger in der Stadt ausüben, doch muß derjenige, der diese Nahrung treibt, pro Scheffel Brandtweinschroot 3 sgl. Zinß zur Cämmerey entrichten.

§. 2.
Von den Einwohnern.

Die sämtlichen Einwohner sind gegenwärtig auser den Offizianten, und 2 oder 3 Bürgern, der katholischen Religion zugethan. Die Sprache ist durchgehends die deutsche, mit dem gewöhnlichen schlesischen Accent. [1]

Die Volksmenge in der Stadt und Vorstadt betrug

Im May	1767	695	Mänl.	908	Weibl.	1603
—	68	685	—	878	—	1563
—	69	678	—	894	—	1572
—	70	688	—	906	—	1594
—	71	684	—	898	—	1582
—	72	694	—	884	—	1578

Im

---

[1] Cives oppidani musices præ aliis admodum studiosi, schreibt Henel. in Silef. renov. P. I. c. VII. p. 424.

Im May	1773	697 Mänl.	885 Weibl.	1582
—	74	714 —	884 —	1598
—	75	710 —	881 —	1591
—	76	719 —	871 —	1590
—	77	703 —	905 —	1608
—	78	713 —	880 —	1593
—	79	711 —	888 —	1599
—	80	718 —	880 —	1598
—	81	733 —	907 —	1640
—	82	723 —	894 —	1617
—	83	730 —	897 —	1627
—	84	742 —	856 —	1598

Auf 18 Jahre   27733
Auf 1 Jahr also   1541

In letzterm Jahre hat diese Personenzahl mit Inbegrif der Garnison consumirt: 23 Wispel 11$\frac{1}{18}$ Scheffel Weitzen, 20½ Wispel 4½ Scheffel Roggen, 52 Wispel Scheffel 10¾ Scheffel Gerste, 40 Wispel 23½ Scheffel Brandtweinschroot; auch 33⅔ Eymer einländischen Brandtwein. Ferner 49 aus- und einländische Ochsen und Kühe, 455 Schweine, 451 Kälber, 658 Hammel.

§. 3.
Nahrungszweige.

a) Ackerbau: Hiermit beschäftigt sich ein kleiner Theil der Einwohner in der Stadt, wogegen der ansehnlichste Theil der Vorstadt seinen vorzüglichsten Unterhalt vom Ackerbau hat. Die zur Stadt gehörige Feldmark besteht aus 32⅔ Hufen hiesigen Feldmaßes, welche völlig der Servisabgabe unterworfen, und zu 1969¾ Scheffel Breslauer Aussaat angeschlagen sind; die obengedachten Viehweidenflecke

cke werden jedoch hierunter nicht mit begriffen. Der Boden selbst ist von verschiedener Güte, mehr gut, mittelmäßig als schlecht. Die Bearbeitung desselben geschiehet gänzlich mit dem Pfluge, und wenn fleißige Düngungsmittel angewandt werden, so belohnt derselbe die angewandte Mühe mit 4 bis 4½ Korn. Es werden alle Sorten Getreides und Hülsenfrüchte gewonnen, Buchweitzen jedoch gar nicht gebauet; Hierse und Hanf aber nur in unbedeutenden Quantitäten. Gartengewächse müssen noch häufig aus denen benachbarten Orten hergebracht werden, weil der Mangel an Düngung die Anpflanzung derselben nicht stärker betreiben läßt.

In und bey der Stadt werden dermalen 91 Pferde, 161 Kühe, 960 Schaafe gehalten.

b) Im Bierbrauen: Ehehin wurden jährlich einige 60 Biere verbrauet, und solche gewährten dem Braueignen einen Ertrag von 40 und mehreren Reichsthalern, wodurch denn die brauberechtigten Häuser im Baustande erhalten, und die darauf haftenden Zinsen abgetragen werden konnten. Seit denen Jahren 1767 kommen aber deren nur 30 zur Verbrauung, und die Abnutzungen eines Gebräues von 30 Scheffel Weitzen oder 42½ Scheffel Gerste Schutt, und 60 Achtel Guß, ist gegenwärtig nur nach Verschiedenheit der Brauzeit zwischen 16 bis 30 Rthlr. Die Kretschams in denen Dörfern Camiz, Nd. Gosdiz, Heinzendorf, Heinersdorf, Alt-Patschkau und Wilhelmsdorf, sind verbunden Stadtbier zu kaufen. Gleiche Verpflichtung haben auch die im Oesterreichischen Antheil Schlesien liegende Kretschams zu Ober-Gosdiz, Weisbach und Buchelschelsdorf; allein der Ausschrot dahin ist wegen mancherley Erschwernissen von keiner Bedeutung.

c) In verschiedenen Profeßionen und Künsten, welche jedoch durchgehends kaum nothdürftig Brodt gewähren; dermalen existirt: 1 Apotheker, 1 Bader, 12 Bäckerbänke, wovon jedoch nur 7 bearbeitet werden; 1 Barbier, 2 Bleicher, 1 Brauer und Mälzer, 14 Brandtweinbrenner, 3 Büttner, 1 Drechsler, 1 Schwarz-Färber, 14 Fleischer, 2 Glaser, 1 Gürtler, 1 Handschumacher, 1 Huthmacher, jährlich werden 132 Hüte verfertigt, von welchen ein unbedeutender Theil aufer Landes debitirt wird; 3 Kraftmehlmacher, 2 Kürschner, 17 Leinweber, 1 Maurer, 3 Müller, 1 Nagelschmied, 1 Oelschläger, 1 Orgelbauer, 1 Perückenmacher, 2 Pfefferküchler, 1 Pulvermacher, 3 Posamentirer, 3 Rade- und Stellmacher, 4 Riemer, 3 Rothgärber, 2 Sattler, 1 Schleifer, 3 Schlosser, 3 Schmiede, 12 Schneider, 1 Schorsteinfeger, 35 Schuster, wovon aber nur 19 ihre Profeßion treiben; 2 Seifensieder, 2 Seiler, 2 Strumpfstricker und 2 Strumpfwürker, jährlich werden 97 Dutzend Strümpfe verfertigt; 2 Tischler, 8 Töpfer, 20 Tuchmacher, dieselben machen jährlich 278 Tücher und 153 Boye; 1 Tuchscherer, 1 Tuchwalker, 1 Wachsbleicher, 2 Weißgärber, 1 Ziegelstreicher, 1 Zimmermeister und ein Zinngießer.

d) In Handel und Verkehr; ist von keiner Erheblichkeit. Die zur Specerey- Schnitt- und Materialhandlung berechtigten Einwohner haben keinen auswärtigen Handel, sie kaufen ihren Bedarf in Breslau ein, und versilbern solchen im Kleinen im Ort

Ort und in der Gegend. Seitdem die nahen Gränz-Orte empor gestiegen, und die Gränze genau beobachtet wird, hat der mehreste Waarendebit nach jenseitigen Orten aufgehört. Durch den Garnhandel, welchen 2 Personen betreiben, erhält der große Haufe, der sich mit Spinnen ernähren muß, seinen Unterhalt. Aller angewandten Mühe ohngeachtet läßt sich kein Wochenmarkt zu Stande bringen, hauptsächlich, weil die zum Verkauf bringenden Feilschaften nicht genugsamen Absatz finden, und es an fremden Abnehmern fehlt. Die 4 Jahrmärkte: 1. An Heil. 3 Könige, 2. Rogate, 3. Bartholomäi und 4. Martini; „deren in Henel. Silesiograph. ren. nur die zwey letzten genannt werden," welche die Stadt zu halten berechtiget ist; setzen den hiesigen Verkehr auch in keine große Thätigkeit, maßen jeder Markt nur einige Stunden Dauer hat.

Die Abgaben der Einwohner bestehen: a) In Accis- Fabricken- Steuer- Paraphen- Stempel- Post- und Salzgefällen. Die Servisabgabe ist zur Bezahlung der Quartiergelder für die Garnison, welche aus dem ersten Bataillon des Infanterieregiments von Köniz bestehet, ingleichen zur Unterhaltung des Lazareths ꝛc. nicht hinlänglich, dahero denn die Hauptkasse in Breslau noch einen monatlichen Nachschuß von 150 Rthlr. thun muß.

b) In dem Feuersocietäts-Beytrage, woraus die abgebrannten Städte des Landes Entschädigung erhalten.

c) In Erbzinsen zur Cämmereykasse, welche auf denen Häusern und Gründen haften.

d) Im

d) Im Armengelde, welches den 12ten Pfenning der Servisabgaben beträgt; hievon, und von denen Zinsen von 300 Rthlr Capital, auch einem Beytrage aus der Cämmerey, werden 33 Arme verpflegt, wie denn auch zum Besten der Armen nachstehende Stiftungen vorhanden.

1. Die sogenannte Antonische Fundation. Solche hat 1594 der damalige Abt Anton zu Camenz, in einem Capital von 200 Thlr. Schles. gestiftet und verordnet, daß von denen jährlichen Zinsen am Tage Anton, i. e. den 17. Jan. die Hausarmen gespeist werden sollten.

2. Die sogenante Göttsche Fundation. Frau Hedwig, gebohrne v. Promniz, verwittwete v. Schafgotsch und Neuhaus und Hertwigswalde; schenkte laut Briefes am Sonnabende nach Martini 1559 100 harte Thaler, um solche an arme Handwerksleute in der Stadt, welche treulich in ihrer Nahrung umgehen, zu leihen. Von denen jährlichen Zinsen wird Brodt gebacken, und solches am Dienstage nach Judica unter die Armen vertheilt.

§. 4.
Allerhand.

Die Besoldungen der Magistratsglieder sowohl als der städtischen Unterbedienten und andre Ausgaben werden aus der Cämmereykasse bestritten, welche eine jährliche Einnahme von 5200 Rthlr. aus folgenden vorzüglichen Fonds hebt:

1. Denen fixirten Grundzinsen, Ehrungen an Hünern, Cappaunen und Getreide, welche auf denen

nen Häusern in der Stadt und Vorstadt, Aeckern und Gärten haften, und auch von denen Stadt-unterthanen zu Camitz, Gosdiz und Heinersdorf, nicht weniger einigen Kretschams und Mühlen abgetragen werden müssen.

2. Denen Gefällen, welche von Wein, Brandtwein und Bierschank, verschiedenen verpachtenden Grundstücken und Nutzungen, von 2377 Rthlr. Activ-Capitalien, auch aus dem Ueberschuß der Stadtziegelley, nicht weniger von Loßlassung der Unterthanen eingehen. Den wichtigsten Ertrag gewähren inzwischen

3. Die verpachteten vier Cämmereyvorwerke.

a) Das erste Vorwerk Voigthey, liegt in der Obervorstadt. Es hat solches ehehin dem damaligen Erbvogd erblich angehört. Diesem und seinen Erben wurde auch durch den Bescheid des Herzogs Przimko, Herrn zu Troppau, d. d. Neiße am Sonntage nach Johann-Baptista 1421 die zwischen Patschkau und Neuhaus belegene sogenannte Hube zugesprochen. Der Erbvogt Heinz Ezeschelbiz, verkaufte schon im Jahr 1446 der Stadt von seiner Hälfte der Vogthey eine halbe freye Hufe Erbes, und unterm 27. Julii 1699 wurden die übrigen Aecker, 2 Gärten samt Vorwerksgebäuden, von Frau Anna Maria Wanckin, gebohrne Rathin, vor 3950 Thaler dazu gekauft.

b) Das zweyte Vorwerk liegt in dem Dorfe Camitz. Ehedem hat solches aus zweien Vorwerkern bestanden, welche samt dem Freygütel, Casimir genannt, und der wüsten Niedermühle die Stadt von denen Creditoren der Näsischen Erben, laut bestä-

Beschr. v. Schl. III. B. 4. St.   E   tig-

tigten Kaufbriefes d. d. den 6. Febr. 1654 vor 1800 sub hasta erkauft. Das Dorf Cainiz selbst mit seinen Einwohnern hatte anfänglich die Stadt Pfandweise. Bischof Jacob lösete solches zwar für die Pfandsumma der 300 ungarischen Goldgulden ein; da aber die Stadt Abgang an Hofearbeit, bey Unterhaltung der Währe, Brücken, Mühlen, erlitte: überließ er solches Gut der Stadt hinwiederum zur Benutzung gegen einen jährlichen Zins von 30 schweren Mark und bestätigte solches zu Breslau an der Mittwoche nach Pfingsten den 5. Junii 1538. Bischof Caspar zog es wieder ein, und gab es seinem Hauptmann Hippolito Tschirnin in Verwaltung. Sein Nachfolger Bischof Martin aber ließ solches gegen obgedachte 30 schwere Mark jährlichen Zins der Stadt von neuem zu, und sie erhielt darüber die Bestätigung zu Breslau am 26. Jan. 1577. Die Cämmerey hat also bis jetzt noch immer die Nutzung dieses Gutes zu genießen.

(c) Das dritte Vorwerk liegt im Dorfe Gosdiz. Das Dorf selbst ist eigentlich ein bischöfliches Amtsdorf. Die rittermäßige Scholtissey mit dazu gehörigen zwey Vorwerken, Kretscham, Bauern, Gärtnern, Mühlen, Aeckern ꝛc. hat die Stadt laut bestätigten Kaufes im Jahr 1542 Montags nach Trinitatis von Hans Tscheterwang käuflich an sich gebracht.

d) Das vierte Vorwerk liegt ebenfalls im genannten Gosdiz, und ist mit demjenigen Theile des Dorfs, nach dem Gränzrezes vom 6. Dec. 1742 unter Kaiserlicher Hoheit verblieben 2 Hufen Acker sind zu diesem Vorwerk unterm 11. Jun. 1583 von Urban Berg annoch zugekauft worden, und muß
hie-

hievon 66 Gl. Roßgeld, und 2 Rthlr. Erbzins ins Johannisberger Renntamt entrichtet werden. Und

4. Die Stadtwaldung. Selbige liegt hinter erstgedachtem Dorfe Goditz bis an die Gränze der Grafschaft Glaz, und ist unter Kaiserlicher Hoheit. Ein Theil dieser Waldung ist ehemals nach erfolgtem Ableben des Ruprecht von Logau dem Bisthum zu Breslau zugefallen, und von Bischof Konrad mit Bewilligung des Dohmkapituls unterm 4. Jun 1420 der Stadt zum ewigen Genuße geschenkt worden. Ein ander Stück aber von der Stadt dem Anton Schenk von Azerschwiz vor 550 Thaler abgekauft, und disfälliger Kauf vom Bischof Caspar zu Neiß den letzten Junii 156 bestätiget worden.

Der Magistror bestehet gegenwärtig aus 6 Gliedern: Einem Direktor, Herrn Christian Ernst Stolzsus; Polizenburgermeister, Herrn Ernst Friedrich Plümicke; Prokonsul und Cämmerer, Herrn David Gottfried Hübner; Syndiko, Herrn Samuel Heinrich Nehler; Senatore, Herrn Otto Christian [1]) Pitzer; Senatore, Herrn Joseph [2]) von Aigner.

Die Vorfahren im Consulate waren folgende:

    1473 Johann Aldenberg.
    1520 Valentin Schneider.
    1522 Michel Krämer.
    1526 Nicolaus Seydel.
    1527 Lorenz Schneider.
    1529 Andreas Otto.
    1530 Wolfgang Müller.
    1591 Martin Stegmann.
                    1595

[1]) In der Instanziennotiz: Otto Christoph.
[2]) Ebendas. August von Aigner.

    1595 Benedict Pachaly.
         Melchior Görliz.
         Thomas Wolfram.
    1648 Martin Franz Seeliger.
    1649 Johann Ferdinand Bath.
    1651 Nicolaus Schröter.
    1662 George Franz Pausewang.
    1669 Johann Ferdinand Rath.
    1679 Johann Zacharias Werber.
    1690 Christoph Franz Wancke.
    1694 Johann Heinrich Kappler.
    1697 Bernhard Potentarius.
    1710 Peter Querin Krause.
    1719 Philipp Joseph Groß.
    1749 Franz Ruprecht.

Unter letztem erhielt das städtische Wesen eine andre Einrichtung. Vom 1. Junii 1750 an wurde eine ordentliche Cämmereyrechnung eingeführt, in welche alle bisher einzeln berechnete Revenuen fliessen müssen, und der erste besondere Kämmerer, Peter Wippior, angestellet. Das ganze Magistratskollegium wurde 1759 entlassen und mit neuen Gliedern besetzt. Zum Dirigente wurde der Syndicus Preu aus Neustadt ernannt; dieser starb am 23. Febr. 1765, und erhielt zum Nachfolger den ehemaligen Feldlazarethdirektor, Carl Wilhelm von Henning; auch dieser gieng im August 1771 mit Tode ab, und seine Stelle wurde mit dem damaligen Dirigente aus Ottmachau, Friedrich Felix von Zahrenhausen, besetzt; dessen Ableben am 24. März 1781 erfolgte. Gewöhnlicher Weise versammelt sich das Kollegium alle Dienstage und Freytage zu denen Seßionen. Von seinen Urthelssprüchen wird

an

an das Königl. Oberamt nach Brieg appellirt; so wie bey entstehenden Klagefällen gegen den Magistrat derselbe bey der Fürstbischöflichen Regierung in Neiße belangt wird. Criminalfälle werden zwar vorläufig vom Magistrat untersucht, die Specialinquisition jedoch durch den Inquisitoren. publicum in Neustadt vollführt. In Kameralibus und Politicis stehet die Stadt unter dem zweyten Steuerräthlichen Departement und der Kriegs- und Domainen-Kammer in Breslau. Da sie eigentlich zum Neisser Keise gerechnet wird, so ist sie dem Kanton des Regiments von Alt-Rothkirch zugethan.

Die Acciseoffizianten bestehen gegenwärtig aus dem Acciseeinnehmer, Herrn Wilhelm Roußet; Cassenkontrolleur, Herrn Christian Ferdinand Hübner; einem Stadtkontrolleur, einem Kommis, zweyen Koffee-Offizianten, einem Mühlenwaagemeister und zwey Thorschreibern. Es sind solche sämmtlich der Accise- und Zolldirektion in Neiße subordinirt.

Die Postwärterey verwaltet der Prokonsul, Herr Hübner. Der Postbothe wird wöchentlich des Montags und Donnerstags mit den collectirten Briefen nach Neiße abgefertiget, und kommt Mittwochs und Sonnabends von daher wieder zurück.

Das Stadtwappen ist ein seitwertsstehender Vogel, vermuthlich ein Adler in einen gezierten Schilde.

C. Von Ziegenhals.

Die Stadt gehörte zum Ottmachauschen, jetzt zum Neißischen Kreise, liegt 2 Meilen von Neiß, hat 2 Thore, das Obere und Niedere, ist zum Theil mit einer Mauer, zum Theil mit Pallisaden umgeben; liegt in einer der angenehmsten Gegenden im Angesicht des Mährischen Gebürges am Bielafluß, welcher große Forellen liefert. An dem einen Ufer ist ein Felsen, wahrscheinlich durch eine Ueberschwemmung gespalten, und zu einem Aufenthalt für Spatzierende bereitet.

Die Geschichte der Stadt Ziegenhals betreffend, so sollen alle Dokumente verlohren gegangen seyn. Indessen mag sie wahrscheinlich mit den meisten Schlesischen Städten im 13ten Jahrhundert Stadt-Recht erhalten haben. 1428 wurde sie den 20. März von den Hußiten, 1441 vom Herzog Wilhelm zu Troppau verwüstet; 1415 vom Herzog Bolko zu Oppeln, mit Bewilligung des Bischofs, um 1600 Gulden gekauft; in 5 Jahren aber vom Bischof Peter für eben den Werth zurück gekauft, und 1560 den 9. Oct. brannte sie gänzlich ab. Kurz darauf erlitte sie eine große Ueberschwemmung. 1622 und 1633 wütete eine ansteckende Krankheit unter den Menschen, wodurch der ehemalige Pfarrer Born bewogen wurde, dem Schutzpatron wider die Pest eine kleine Kapelle zu erbauen.

. Die Pfarrkirche war in schlechter Verfassung, man erbauete solche 1729 ganz von neuen. Da nun das Vermögen derselben durch den Bau erschöpft wurde, und doch noch mehrere Ausgaben in der Folge vorkamen, so verordnete der Bischof, daß das Vermögen, welches die kleine Rochuskapelle gesammelt, dem Aerario der Pfarrkirche zugeschlagen, und beyde als eins angesehen werden sollten.

Die

Die Stadt hat folgende Gebäude:

Das Rathhaus.

Die katholische Pfarrkirche, wozu auser der Stadt, Langendorf und Kunzendorf eingepfarret sind. An derselben stehet der Erzpriester, Wenzel von Skal, und ein Kapelan.

Das Rochuskirchel vor dem Thore, in welchem Begräbnisse gehalten, und am Tage Rochus unter freyem Himmel geprediget wird. Beyde Kirchen haben nur ein Vermögen zusammen von 2050 Rthl. Kapital.

Eine katholische Schule.

Ein Hospital, so ein maßives Gebäude und eine alte Stiftung ist. Es besitzt 3600 Rthlr. Kapital und einen kleinen Wald. In diesem Hospital werden 6 Weiber verpflegt, von denen jede täglich einen Silbergroschen Kostgeld und jährlich einige Kleidungsstücke erhält. Der Magistrat und Stadtpfarrer haben die Verwaltung darüber, und stehen in dieser Angelegenheit unter der Oberhospitalskommißon in Neiß. Privathäuser sind 233.

Die Stadt ist ohne Garnison. Ihre Einwohner, deren bald nach der Reformation ein großer Theil Lutheraner waren, sind jetzt meistens katholisch, sprechen deutsch, und die Tracht der Weibspersonen ist wie in Neiße und Glaz.

Ihre Zahl war 1756 — 1097.
1776 — 1303.
1783 — 1297.
1784 — 1291.

Verzeichniß
der Getrauten, Gebohrnen, Gestorbenen.

Im Jahr.	Paar.	Knab.	Mädg.	Männl.	Weibl.
1776	45	72	53	70	56.
77	41	94	76	62	69.
78	23	40	40	74	73.
79	25	68	71	88	95.
80	36	83	90	63	65.
81	42	96	83	62	65.
82	27	68	69	41	62.
	239	1003		945	

Hierunter sind die eingepfarrten zwey Dörfer.

Das Gewerbe der Einwohner ist:

Ackerbau; besonders legen sich solche auf den Flachs, und werden in guten Jahren an 8000 Kloben gewonnen; ein Kloben wiegt ohngefähr 8 bis 10 Pfund Berl.

Bierbrauerey; welche auf 104 Häusern haftet. Die Dörfer Langendorf und Kunzendorf, von letztern aber nur das Pfarrthey-Antheil, müssen zwar Stadtbier trinken, allein diese Nahrung bringt wenig Nutzen, da jährlich nur gegen 500 Scheffel Malz verbraucht werden. Die Leute trinken lieber österreicher Wein.

Im Garnbleichen; Es sind bey Ziegenhals 6 Bleichen, auf denen 17 bis 1800 Schock Garne jährlich gebleicht werden.

Im Handel; dieser ist auser dem Handel mit Garne nicht groß. Gegenwärtig hat ein gewisser Auloch einen Tuchhandel angelegt, der in der Folge wegen des auswärtigen Debits beträchtlich werden kan.

kan. Jahrmärkte sind: am Sonntag Misericordias, am Tage Laurentii, Sonntag vor Mariä Geburt.

Allerhand Handwerke: als 1 Bader, 12 Bäcker, 1 Barbier, 1 Brauer, 9 Brandtweinbrenner, 2 Büttner, 1 Färber, 8 Fleischer, 2 Glaser, 1 Gürtler, 10 Kürschner, 72 Leinweber, welche jährlich 3456 Schock Leinwand fertigen, so am Werthe 24190 Rthlr. beträgt, und welche meist nach Breslau gehet; 1 Mahler, 2 Maurer, 5 Pfefferküchler, 1 Posamentier, 6 Rademecher, 4 Riemer, 2 Rothgärber, 3 Sattler, 2 Schlosser, 9 Schmiede, 11 Schneider, 10 Schuster, 1 Seifensieder, 2 Seiler, 1 Strumpfstricker, 4 Tischler, 5 Töpfer, 1 Weisgärber, 1 Ziegelstreicher, 1 Zimmermann.

Die Kämmerey besitzt keine Dörfer; sie will zwar einigen Anspruch auf das Antheil Langendorf machen, welches den ehemaligen Jesuiten gehört, hat aber zu wenig Beweise, weil die Ansprüche auf Traditionen beruhn; einen ziemlichen Wald und jährlich etwann 1600 Rthlr. Einkünfte.

Der Magistrat bestehet aus einem Justizburgermeister, Herr Christ. Gottl. Wendt; einem Feuerburgermeister, einem Polizeyburgermeister, welcher zugleich Kämmerer ist; und zwey Rathleuten.

Die Königl. Bedienungen sind das Accis- Zoll- und Postamt. Es kommen in Ziegenhals nur Fuß-Posten an.

D. Von Grottgau.

§. 1.
Geschichte.

Anfänglich gehörte Grottgau zum Herzogthum Breslau und Brieg: denn Heinrich gab 1276 der Stadt und den Bürgern einen großen Wald,¹) Volko ließ als Vormund seiner Vettern, der jungen Herzoge zu Brieg, die Stadt mit einer Mauer und Graben umgeben, und Boleslaus zu Brieg gab ihr 1308 das Mautrecht und führte 1324 das Magdeburgsche Recht daselbst ein; er verkaufte aber 1341 aus Geldmangel die Stadt und Kreis an den Bischof Przecislaus, der die Stadt durch viele Thürme 1370 verschönerte oder befestigen ließ.

Um diese Zeit muß Grottgau ziemlich wohlhabend geworden seyn, denn die Bürger kauften 1400 zum Gemeinguthe die Voigtmühle, einen Theil von Tarnau und Neudorf,²) legten auch zwey große Teiche an. Dieser Wohlstand aber mag durch die Plünderung, welche der König Wladislaus von Pohlen, bey seinem Durchzuge in Grottgau 1438 vornahm; durch die öftern Besuche der Hußiten, die in den Jahren 1424 bis 1444 erfolgten, welche auch das Mönchskloster zerstöhreten, sehr abgenommen haben; wozu die Belagerung und Eroberung der Stadt durch den Herzog Wilhelm zu Troppau vom Jahr 1445, bey welcher Gelegenheit die Stadt 400 Gulden Brandschatzung zahlen mußte; und der Brand von 1449 durch

---
1) Rathhäusliche Archivakten.
2) Büsching läßt Tarnau weg, und nennt nur Neudorf.

durch einen Wetterstrahl, wobey die ganze Stadt bis auf die Pfarrkirche darauf ging; ¹) und der Brand von 1490 am Tage Florian, vieles beytragen mochte. Indessen mag der Wohlstand wahrscheinlich wieder hergestellt worden seyn, da 1524 ein Fürstentag in Grottgau gehalten werden konnte.

Die Bürger waren vermuthlich Liebhaber von Fischen, und der Bischof, oder sein Hauptmann auch. Erstere giengen in die Gewässer des Bischofs, und da keine Vermahnungen helfen wollten, erschien 1546 ein Verboth des Fischens bey Strafe des Nas- und Ohrabschneidens.

Der Bischof Balzer von Promniz ließ auf seine Kosten 1559 das Rathhaus erbauen, bestätigte der Stadt in eben dem Jahre die Gerechtsame der hohen Jagd, und den Kauf des andern Theils Tarnau von dem von Schellendorf; schenkte auch dem Hospital den Guhlauer Mühlenzins und den Mönchgarten; die Aecker des zerstöhrten Klosters aber wies er dem Landeshauptmann zu seiner Besoldung an.

1574 den 27. Sept. brannten abermals 28 Häuser ab. 1594 erhielt die Stadt die Roßmühle, und 1623 eine Bestätigung der Mauthgerechtigkeit. Den 3. Junii 1632 traf Grottgau die schreckliche Feuersbrunst, denn alles, die Kirche und Schule allein ausgenommen, wurde in Schutt und Asche verwandelt.

Die Schweden belagerten 1633 die Stadt; 1642 plünderten sie solche. 1668 aber ließ der Bischof Sebastian, ein gebohrner Grottgauer, das abgebrannte Rathhaus und Thurm neu erbauen. Das darauf folgende Jahr kamen 5 Tuchmacher aus Neu-
rode

---

1) So setzt Henel in Silesiograph. c. VII.

robe nach Grottgau, der Bischof unterstützte dieses Etablissement vorzüglich durch Anlegung einer Tuchwalke; allein diese Freude dauerte nicht lange, die Walkmühle brannte zu Anfang dieses Säkuli ab. Man dachte an die Erbauung einer neuen nicht, die Tuchmacher verlohren sich nach und nach, nnd überhaupt nahm das Gewerbe der Einwohner ab, wozu die Unterdrückung der evangelischen Religion das ihrige beytragen mochte. ¹)

Bald nach Besitznehmung Schlesiens vom König in Preussen wurde die freye Ausübung der Religion verstattet, und die Garnison bediente sich des Rathhauses und der Prediger zu Michelau und Ulbendorf. Nachher nahm man einen besondern Garnisonprediger an, welcher aber nicht predigen durfte, wenn die Garnison abwesend war. Der katholische Pfarrer nahm sogar die Schlüssel zum Rathhause so lange an sich, und keine evangelische Civilperson durfte sich des Gottesdienstes der Garnison in ihrer Abwesenheit bedienen: indessen kam es doch nach vielen Bemühungen des damaligen Herrn Feldpredigers Krickende 1773 dahin, daß die evangelische Gemeine die Erlaubniß erhielt eine Schule zu bauen, uud einen ordinirten Rektor anzusetzen. Den 4. Jan. 1779 aber gieng es noch weiter, und es wurde ihr die Erbauung einer eignen Kirche und Ansetzung eines Predigers zugestanden. Der Fond zu Unterhaltung des

---

1) Johann Sitsch, der Probst, machte dazu schon 1597 den Anfang im Grottgauschen, und 1629 ergieng der Befehl an den Magistrat zu Grottgau, daß die Einwohner entweder katholisch werden oder emigriren sollten. Neiss. Geschichte S. 323.

des Predigers, Schullehrers, und Erbauung der Kirche ist lediglich durch milde Beyträge entstanden.¹)

§. 2.
Von der gegenwärtigen Verfassung.

Grottgau soll nach einer erhaltenen Nachricht im 40 Gr. 12" der Länge, und 50 Gr. 43" der Breite sich befinden; liegt in einem fruchtbaren Thale an einem kleinen Bache, welcher bey Giersdorf entspringt; 3 Meilen von Neiß, 8 Meilen von Breslau, ist mit einer Mauer umgeben, gepflastert, hat 4 Thore, wovon aber eins zugemauert ist. Zur Garnison liegen 3 Kompagnien von Pannewitz. Die Stadt gehöret dem Bischof zu Breslau, und stehet in Kammeralsachen unter dem Steuerrath des zweyten Departements.

Hier sind folgende Gebäude:

Das Rathhaus.

Eine katholische Pfarrkirche, an der ein Erzpriester und 2 Kapläne stehn. Die 2 Filialkirchen zu Tarnau und Entersdorf gehören zu dieser Pfarrkirche.

Die evangelische Kirche, ist noch nicht ganz fertig, der Gottesdienst der Lutheraner wird bis dato noch auf dem Rathhause gehalten. Das Patronatrecht übet das Kirchendirektorium aus, welches aus einigen ansehnlichen Gliedern der Gemeine bestehet.

Eine katholische Schule.

Eine evangelische Schule, an der ein ordinirter

---

1) Nachricht von der zu Grottgau errichteten evangel. Schul- und Kirchenanstalt, 1781. 4.

ter Rektor, Herr Riemann, und ein anderer Lehrer arbeiten.

Ein Hospital, welches unter der Oberhospital-Kommißion in Neiß stehet.

Privathäuser sind 235. Es hat die Stadt noch 8 wüste Plätze.

Die Anzahl der Einwohner ist gewesen:

1756 — 944.
1776 — 1157.
1780 — 1206.
1783 — 1271.
1784 — 1287.

Das jährliche Konsumo beträgt: 480 Scheffel Weitzen, 4400 Scheffel Korn, 260 Scheffel Gerste, 66 Ochsen, 447 Schweine, 352 Kälber und 700 Hammel.

Das Gewerbe derselben bestehet:

1. Vorzüglich im Ackerbau. Ein Theil dieses Ackers ist unabläßlich mit den Häusern verbunden, ein andrer aber nicht. Die ganze Feldmark der Stadt beträgt 2100 Scheffel Aussaat.

2. Im Bierbrauen, welches aber geringe ist; es haftet auf 189 Häusern. Der Bedarf des Malzes ist jährlich etwan 710 Scheffel. Die Stadt verlegt folgende Dörfer mit Bier: Woiselsdorf, Halbendorf, Oßig, Seifersdorf, Neudorf, Tarnau, Leupusch, Giersdorf, Guhlau, Tieffensee, Merzdorf, Hänigsdorf, Voigtsdorf, Guhrau.

3. Im

3. Im Handel, er wird von einigen Krämern getrieben, ist aber von keiner Bedeutung. Jährlich werden 4 Jahrmärkte gehalten.

4. In allerhand Handwerkern, als: 1 Apotheker, 1 Bader, 12 Bäcker, 3 Barbier, 1 Bleicher, 1 Büchsenmacher, 6 Büttner, 1 Corduaner, 1 Drechsler, 1 Färber, 12 Fleischer, 1 Gärtner, 2 Glaser, 1 Handschumacher, 1 Huthmacher, 7 Kirschner, 4 Leinweber, 2 Maurer, 1 Müller, 1 Nagelschmied, 2 Pfefferküchler, 1 Posamentirer, 5 Rademacher, 6 Riemer, 1 Rothgärber, 4 Sattler, 1 Scheerenschleifer, 3 Schlosser, 3 Schmiede, 10 Schneider, 1 Schornsteinfeger, 24 Schuster, 2 Seifensieder, 3 Seiler, 1 Steinbrücker, 4 Tischler, 1 Tobackspinner, 4 Töpfer, 3 Tuchmacher, 3 Weißgärber, 1 Zeugmacher, 1 Ziegelstreicher.

Die Kämmerey besitzt auser einem ansehnlichen Walde 2 Dörfer, Tarnau und Neudorf, und in letzterm ein Vorwerk; eine Ziegeley und die Mauth; ihre Revenüe ist jährlich 3090 Rthlr.

Es ist in Grottgau auch ein Stipendium für Studirende, der ganze Fond ist 800 Rthlr. von einem gewissen Hildebrand gestiftet.

Der Magistrat bestehet aus einem Burgermeister, Herrn von Koschenbar; einem Polizeyburgermeister, einem Kämmerer, einem Syndiko und zwey Rathsleuten.

Die Königl. Bedienungen sind: Das Arcis- und Zollamt, das Steueramt, das Postamt.

Die

Die Posten, welche in Grottgau ankommen, sind folgende:

Dienstags, die Bothenpost aus Falkenberg. Die fahrende Post von Neiße und Oberschlesien, um 6 Uhr Abends. Die reitende Post aus Breslau, ganz Niederschlesien, um 6½ Uhr. Die reitende Post aus Neiße und dem Oesterreichischen, Abends um 9 Uhr. Die fahrende Post von Brieg in der Nacht.

Mittwochs, die fahrende Post aus Ohlau des Morgens zeitig.

Freytags, wie am Dienstage, die Wiener Post ausgenommen.

Sonnabends, wie Mittwochs, nur daß noch die reitende Wiener Post wie am Dienstage hier eintrift.

Abgehende Posten:

Dienstags, die fahrende Post nach Ohlau, Breslau, Abends um 7 Uhr. Die fahrende Post nach Brieg, Oppeln, Tarnowitz, Abends um 8 Uhr. Die reitende nach Neiß und Ohlau.

Mittwochs, die fahrende Post nach Neiß um 2 Uhr des Morgens, und die Bothenpost nach Falkenberg.

Freytags, die fahrende nach Ohlau und Brieg. Die reitende nach Neiße.

Sonnabends, die fahrende Post nach Neiße. Die Bothenpost nach Falkenberg. Die reitende nach Ohlau und Breslau.

E. Von

C. Von Ottmachau.

Ottmachau ist eine alte Stadt, 1241 war sie von den Mongulu besucht, und 1284 vom Herzog Heinrich zu Breslau eingenommen.¹)

Bischof Przezislaus gab der Stadt 1369 ²) deutsche Rechte, verordnete die Einrichtung ordentlicher Zünfte, und schenkte der Stadt die Brodt- und Fleischbänke. Der Bischof Wenzel stiftete 1387 ein Collegiatstift vor 6 Canonikos; es wurde aber 1477 nach Neiße translocirt, und die Kirche durch den Bischof Adolph zur Pfarrkirche erklärt.

Im Hußitenkriege war mancher Auftritt daselbst. Am Tage Elisabeth 1429 ³) erhielten die Hußiten durch Verrätherey des Hauptmanns Nikolaus Zeblitz von Alzenau, das Schloß, wo sie eine reiche Beute an goldenen und silbernen Kelchen, Monstranzen, Kreutzen, Kaseln machten, die der Bischof zu sicherer Verwahrung dahin hatte bringen lassen. Der Bischof erhielt Ottmachau durch Geld wieder. Den 22. Julii 1443 ward das Schloß von den Böhmen abermals durch einen Sturm in der Nacht erobert, von Bischof Konrad aber wieder genommen. Er versetzte dasselbe, 1448 aber löste es Bischof Peter um 4000 Mark wieder ein. Der Bischof Johann IV. Roth, ließ 1484 bis 85 das Schloß und die Stadt von neuem befestigen.

Die

1) Pol. S 174.
2) Stadtarchiv.
3) Breslauer Briefe, 2. Theil. S. 392.

Beschr. v. Schl. III. B. 5. St. Y

Die Stadt erhielt 1518 vom Bischof Jacob die Bestätigung ihrer alten Rechte und Freyheiten, vorzüglich aber das Privilegium, daß niemand im Weichbilde Malz machen, brauen, urbarn und handthieren sollte. Eben dieser Bischof gab 1539 eine Zollgerechtigkeit, so aber nicht eher gebraucht wurde, bis solche 1779 den 10. May vom König in Preussen der Stadt von neuem verliehen wurde. Der Churfürst zu Mainz und Bischof zu Breslau, Franz Ludwig, ließ die Pfarrkirche 1690 niederreissen, und ganz neu, mit zwen Thürmen gezieret, erbauen; die Einweihung geschahe den 8. Febr. 1695, bey welcher Gelegenheit 2 Türken getauft wurden.

In dem ersten Schlesischen Kriege hat die Stadt eine Plünderung ausgestanden, und in den übrigen verschiedene ansehnliche Kontributionen bezahlen müssen.

Gegenwärtige Verfassung.

Die Stadt ist mit einer Mauer umgeben, ihre Häuser sind meist gemauert. Die Aussicht bey dieser Stadt ist eine der schönsten in Schlesien; sie hat 3 Thore und folgende Gebäude:

Die Pfarrkirche, an derselben stehet ein Erzpriester und Stadtpfarrer. Der gegenwärtige ist zugleich Kanonikus in Neiß, Ferdinand von Schuberth; und 2 Kapläne. Eingepfarrt sind folgende Dörfer: Woiz, wobey eine Filialkirche; Tschauschwiz, Ellgut, Mazwiz, Sarlowiz, Laswiz, Weidich, Perschkenstein, Mahlendorf, Bittendorf, Ullersdorf,

Nic-

Nitterwitz, Gräbitz, Jensch, Glompenau und Zaupitz. Die Kirche ist ein großes maßives Gebäude.

2. Eine kleine Begräbnißkirche in der Vorstadt.

3. Eine Stadtschule, an der ein Rektor und Cantor stehen.

4. Das bischöfliche Schloß, welches gegenwärtig zur Wohnung des Pächters und einigen Offizianten dient.

5. Das maßive Rathhaus.

6. Ein Hospital, so in der Vorstadt belegen, und unter der Oberhospitalkommißion in Neiße stehet; es befinden sich darin 9 weibliche und 9 männliche Arme.

7. Privathäuser 242 und 69 Scheuern.

Von den Einwohnern.

Die Religion der Einwohner ist, bis auf einige Offizianten und 2 Bürger, katholisch; die Sprache deutsch, und ihre Anzahl im Jahre:

1756 — 1322.
1783 — 1342.
1784 — 1384.

Das jährliche Consumo aber 360 Scheffel Weitzen, 4486 Scheffel Korn, 1152 Scheffel Gerste, zum backen; 1160 Scheffel zum Brandtwein, 1240 Scheffel Malz, 55 Stück Ochsen, 363 Stück Schweine, 392 Stück Kälber, 687 Stück Hammel.

Die Nahrungszweige der Einwohner sind:

1. Der Ackerbau; die Bürger besitzen 1510 Scheffel Aussaat.

2. Die Bierbrauerey; die Stadt hat das Zwangsrecht auf folgende Dörfer: Ellgut, Maswiz, Lobedau, Gauersch, Ogen, Kamnig, Woiz, Schleibiz, Mösen, Rathmannsdorf, Schwemmelwiz, Friedrichseck, Laswiz, Gros-Karlowiz, Krackwiz, Starbiz, Grädiz, Kuspendorf, Klein-Karlowiz, Ullersdorf Bittendorf, Kasizke, Klein-Johnsdorf, Zauerz, Sarlowiz.

3. Folgende Handwerker und Künste: 1 Bader, 6 Bäcker, 1 Barbier, 2 Brauer, 12 Brandtweinbrenner, 1 Büchsenmacher, 4 Büttner, 4 Fischer, 10 Fleischer, 3 Glaser, 1 Goldschmied, 1 Gürtler, 1 Handschumacher, 1 Huthmacher, 1 Korbmacher, 3 Kraftmehler, 2 Kürschner, 17 Leinweber, 1 Mahler, 2 Maurer, 1 Müller, 1 Pfefferküchler, 3 Posamentirer, 6 Rademacher, 4 Riemer, 2 Rothgärber, 3 Sattler, 3 Schlosser, 5 Schmiede, 12 Schneider, 12 Schuster, 2 Seifensieder, 2 Seiler, 1 Stricker, 6 Tischler, 1 Uhrmacher, 2 Weisgärber, 2 Zimmermeister.

4. Im Handel, der aber nur im Kleinen und zu Jahrmarktszeiten getrieben wird; jährlich werden 4 Jahrmärkte gehalten.

Verschiedenes.

Zur Garnison liegen hier 3 Kompagnien vom Infanterieregimente von Köniz. Die Stadt ist bischöfschöflich, und gehört zum zweyten Steuerräthlichen Departement. Die Kämmerey besitzt keine Dörfer, sondern nur einige Aecker, einen Wald, hat etwas Zinsen zu erheben und genießt seit einigen Jahren eine Mauth. Ihre jährliche Einkünfte sind 900 Reichsthaler.

Der Magistrat, welcher die Polizey und Gerichtsbarkeit in der Stadt verwaltet, bestehet aus einem Direktor, Polizeyburgermeister, Kämmerer, der zugleich Notarius ist; und einem Feuerburgermeister.

Sonst sind hier noch: Ein Königlichen Accis- und Zollamt, ein Postwärteramt, ein bischöfliches Amt, welches gegenwärtig an den Amtsrath Gravius verpachtet ist. Die Gerichtspflege bey dem Amte besorget der Amtshauptmann von Luzenkirchen, und ein Justitiarius. Die Aufsicht über die ansehnliche zu diesem Amte gehörigen Forsten, hat der Forstmeister und Oberjäger.

F. Von der Stadt Wansen.

Geschichte.

Wansen soll anfänglich den Tempelherrn gehöret haben; es wurde 1261 schon ein Jahrmarkt daselbst gehalten,¹) und Bischof Przecislaus kaufte Wansen nebst den herumliegenden Dörfern 1341 vom Herzoge zu Münsterberg. ²) Den 29. Junii 1606

1) Breslauer Briefe I. Band S. 46.
2) Versuch einer Schles. Geschichte S. 123.

1606 und im Jahr 1620 brannte die Stadt größtentheils aus; 1633 wurde sie von den Schweden geplündert und litte durch Brand ebenfalls viel Schaden. In den Jahren 1636, 1642, 1659, 1668, 1681 und 1684 hatte sie das Unglück theils halb, theils zum vierten Theile abzubrennen. Der Rath und die Bürger entschlossen sich 1689 ein Gelübdnißfest am Tage Florian zu Verbittung künftiger Feuer zu stiften, und dazu eine große Fahne anzukaufen. Dieses Fest wird jährlich den 4. May noch gefeyert, des Nachmittags in Prozeßion nach Alt-Wansen in die dasige Kirche gegangen. An diesem Tage macht hier niemand ein Feuer, zündet auch kein Licht an, rauchet keinen Taback, kein Mensch gehet auser dieser Prozeßion vors Thor, noch weniger über die Gränze, und kein Bürger darf an diesem Tage auswärts seyn. Die Stadt blieb auch 100 Jahr vom Feuer befreyt; den 26. Jun. 1784 brannten aber doch 20 Bürgerhäuser in der Stadt, 10 in der Vorstadt, nebst 3 Bauerhöfen und 3 Gärtnerstellen in dem an die Stadt stoßenden Dorfe Halbendorf ab. Der Schaden an Gebäuden betrug 25710 Rthlr.

Man erzählt im Orte, daß die Stadt ehemals viel größer als jetzt gewesen. Diese Tradition erhält dadurch einige Wahrscheinlichkeit, daß in der Vorstadt gegen Mitternacht ein Flecken Acker von 13 Scheffel Aussaat, nebst 5 Häusern befindlich, welche der Dohm, und noch weiter hin auf der Hütung ein Platz vorhanden, welcher das Schloß heißt. Ob dieses das Wohnhaus der Tempelherrn, oder sonst eines andern gewesen, ist unbekannt.

Ge=

Gegenwärtige Verfassung.

Die Stadt gehöret nebst den da herumliegenden Dörfern dem Bischof zu Breslau, wird der Halt Wansen genannt, und zum Grottgauschen Kreyse gerechnet; ist 4 Meilen von Breslau, 1 Meile von Strehlen gelegen, ohne Garnison; gehöret in Kammeralsachen zum zweyten Steuerräthlichen Departement. Ein Theil des Marktes und 4 Gassen sind gepflastert, hat keine Mauern, sondern ist mit einem Wall und Graben umschlossen. Man kommt durch 3 Thore zur Stadt, zwey haben gemauerte Thürme, das dritte aber nur einen hölzernen.

Die Gebäude in der Stadt sind:

1. Die katholische Pfarrkirche ad St. Nicolaum, wozu die Dörfer Bischwiz und Halbendorf eingepfarret sind. Die Katholicken aus Gaulau, Krausenau und Groischwiz halten sich als Gäste dahin. An dieser Kirche stehet ein Erzpriester und ein Kapelan.

2. Eine katholische Schule.

3. Das Rathhaus, ist mitten auf dem Markt, 2 Stockwerk hoch, mit einem Thurm und Uhr versehen.

4. Das Hospital, worinnen 8 Weiber erhalten werden, stehet unter Aufsicht der Oberhospitalkommißion in Neiße.

5. Privathäuser sind 121 von Holz mit Lehm verkleibt, mit Schindeln, und in der Vorstadt mit Stroh gedeckt.

Von den Einwohnern.

Die Sprache der Einwohner ist deutsch und pohlnisch, letzteres aber nur das sogenannte Wasserpohlnisch, welches eigentlich gesagt, Deutsch mit pohlnischen Endungen ist. Die Religion ist katholisch.

Ihre Anzahl war: 1783 — 576.
1784 — 11.

Vom 1. Januar bis ultimo December sind

Jahre	Getraute, Paar.	Gebohrne, Knab. Mädg.	Gestorbene. Mänl. Weibl.
1779	15	34 41	50 56.
1780	24	52 35	22 24.
1781	18	38 42	29 28.
1782	10	49 34	42 45.
	67	173 152	143 153.
		325	296

Das jährliche Consumo ist 264 Scheffel Weitzen, 1392 Scheffel Roggen, 610 Scheffel Gerste, zum Backen; 240 Scheffel Malz, 31 Ochsen, 151 Schweine, 93 Kälber und 240 Schöpse.

Das Gewerbe aber bestehet:

1. Vorzüglich im Ackerbau; der Boden ist gut, und wird hier erbauet:

a) Allerhand von Gartengewächsen, besonders Gurken, die ihres guten Geschmacks wegen nach Breslau, Brieg und Strehlen verführt werden.

b) Taback, ehehin wurde dieser Anbau stärker betrieben, und jährlich an 2000 Centner gewonnen;

ge-

gegenwärtig aber hat es nachgelassen, und wird kaum noch die Hälfte erhalten. Dagegen ist

c). Der Tartoffelbau in die Höhe gekommen, so, daß jährlich gegen 4000 Scheffel erzielet werden.

2. In Bierbrauen; es haftet auf 56 Häusern, und versorgt auser der Stadt nachfolgende Dörfer mit Bier: Alt-Wansen, Sporwiz und Knirschwiz.

3. Im Handel, ist aber von keiner Bedeutung. Jahrmärkte werden drey gehalten.

4. In allerhand Handwerken. Im Orte befinden sich: 1 Bader, 6 Bäcker, so 8 Bänke besitzen; 1 Brauer, 2 Büttner, 4 Fleischer, haben aber 7 Gerechtigkeiten; 2 Glaser, 1 Huthmacher, 1 Kirschner, 1 Leinweber, 3 Maurer, 2 Müller, 1 Nagelschmidt, 1 Pfefferküchler, 1 Stellmacher, 5 Riemer, 3 Sattler, 1 Schlosser, 2 Schmiede, 6 Schneider, 12 Schuster, 1 Seiler, 1 Stricker, 8 Tischler, 2 Zimmerleute.

Allerhand.

Der Magistrat bestehet aus einem Burgermeister, Polizeyburgermeister, der zugleich Notarius ist; einem Rathmann und Kämmerer. Die Kämmerey hat jährlich 410 Rthlr. Einkünfte.

Der Sitz des bischöflichen Amtes Wansen ist auf dem Dorfe Bischwitz.

Die Königl. Bedienten sind die Accise- und Zoll-Officianten.

Die Bothenpost von Brieg nach Strehlen, gehet Dienstag und Freytag durch, und nimt die Briefe mit.

Sechster Abschnitt.
Vom Neißer Kreise insbesondere.

§. 1.
Von den verschiedenen Besitzungen, insonders von den rittermäßigen Scholtisseyen.

Die im Neißer Kreise befindlichen Landgüther sind von verschiedener Art, nemlich Rittergüther, Rittersitze, rittermäßige Güther, rittermäßige Scholtisseyen, freye Erbscholtisseyen und Freygüther.

Die Rittergüther und Rittersitze können nicht anders als von Personen, welche das schlesische Infolat oder eine Specialkonceßion zum Besitz haben, acquiriret werden; sie haben nicht sämtlich das Patronatsrecht, auch nicht sämtlich die Obergerichte, sondern nur einige wenige sind damit beliehen. Das Patronatsrecht und die hohen Gerichte stehen fast im ganzen Neißer Kreise dem Bisthum oder dem jedesmal regierenden Fürst Bischof zu.

Die rittermäßigen Scholtisseyen und rittermäßigen Güther sind fast einerley; letztere sind, wenn sie den dritten Pfennig in Gerichten haben, ebenfalls denen rittermäßigen Scholtisseyen gleich geachtet worden; ihre Entstehung weiß man eigentlich nicht genau, indessen ist wohl kein Zweifel, daß es ehehin nur Freyscholtisseyen und dergleichen Güther gewesen

fen seyn, und daß sie ihre Erhebung in den rittermäßigen Stand der Gnade der vorigen Fürstbischöfe zu verdanken haben, welche wegen der Verdienste ehemaliger Besitzer oder aus andern Ursachen dergleichen Güther aus der Zinsbarkeit und Robotsamkeit, und aus dem Laudemio in den rittermäßigen Stand erhoben haben. Eine mit von diesen Ursachen ist wohl im Stolz der Bischöfe zu suchen; sie hatten nicht viele Rittergüther, und folglich nicht viele Ritter, sie wollten bey den Fürstentagen doch gern gleich den weltlichen mit einer Menge Rittern erscheinen und gelten, daher Bauergüther die adliche Qualität, wie dies aus dem Briefe der Scholtissey zu Köppennil vom Jahr 1676 nicht undeutlich hervorgehet. Sie liegen gewöhnlich mitten in den bischöflichen Dörfern, erhalten den dritten Theil aus denen Gerichtsgebühren der Gemeinde, ernennen meist einen Scholzen, tragen das dritte Jahr die Kosten des sogenannten Dreydings; ihre Unterthanen bestehen gewöhnlich nur aus Gärtnern und Häuslern. Diese Art Güther können von bürgerlichen Personen acquirirt werden, ohne daß sie das Infolat oder eine Specialconceßion bedürfen.

Bey der Landschaft haben sie gleiche Rechte und Verbindlichkeiten mit den übrigen Landgüthern.

Sie haben Sitz und Stimme in der Versammlung der Stände, erscheinen an den Kreistagen in Person oder per Mandatarium, geben ihr Votum zur Wahl des Landschaftsdirektoris und der Deputirten, bekommen Pfandbriefe auf ihre rittermäßige Scholtisseyen und Güther. Sie haben nie das Patronatsrecht, auch niemals die hohen Gerichte, sondern nur

nur die kleine Gerichtsbarkeit über ihre Unterthanen.

Die freyen Erbscholtißeyen und Freygüther werden ebenfalls von bürgerlichen Personen besessen, und wenn sie von beträchtlichem Werth sind, wie zum Exempel die zu Rückerswalde und Kleinwarthe ꝛc. so sind sie, wie die rittermäßigen Scholtißeyen, mit dem landschaftlichen System verbunden.

Bey der Wahl der Kreisdeputirten geben auch die bürgerlichen Besitzer der rittermäßigen Scholtißeyen ihr Votum.

Die Dörfer sind meist bischöflich, die Unterthanen theilen sich in freye und zinsbare, oder robotsame ein, sie liegen unter einander melirt, beyde Klassen bestehen aus Bauern, Gärtnern Häuslern ꝛc. Die freyen Unterthanen stehen durchgehends unter der Gerichtsbarkeit der Fürstbischöflichen Regierung zu Neiße, die zinsbaren oder robotsamen Unterthanen, welche sich in denen Dörfern des Neißer Distrikts befinden, stehen unter der Gerichtsbarkeit des Fürstbischöflichen Hofrichteramts zu Neiße; diejenigen aber, welche sich in denen Dörfern des Ottmachauer Distrikts befinden, stehen unter der Gerichtsbarkeit der Fürstbischöflichen Amtshauptmannschaft oder Justizamt zu Ottmachau. Die zugleich benanntem Amte gehörige zinsbare oder robotsame Unterthanen, besitzen auch hin und wieder sogenannte kleine freye Grundstücke, welche ebenfalls unter das Ottmachauer Amt gehören.

Die dienstbaren Unterthanen in adlichen Dörfern aber gehören zu jedes Orts Gerichtsbarkeit.

§. 2.

§. 2.
Dörfer des Neißischen Kreises.

1. **Altewalde**, liegt 1¾ Meilen von Neiß, hat eine Mutterkirche, bey welcher im

Jahr	Getraut,	Gebohren,	Gestorben.
1780	11	29	21.
1781	7	48	26.
1782	10	35	27.

1 Pfarrhaus, 1 Schulmeisterhaus, 21 ganze und 49 halbe Bauern, 50 Dreschgärtner, 10 Häusler, 1 Wassermühle, 3 Schmiedehäuser; in allem aber 136 Feuerstellen und 693 Einwohner; gehört dem Fürstbischof. Die Unterthanen darinnen sind theils frey und gehören unter die Fürstbischöfliche Regierung zu Neiße; theils robothsame, welche unter der Gerichtsbarkeit des Hofrichteramts daselbst stehen. Auch ist eine zertheilte rittermäßige Scholtisey hier, wovon die Hälfte dem Franz Alder, die andere den Martin Paulischen Erben gehört.

Altmannsdorf, ist ein Vorwerk, welches zu Dürr-Kunzendorf gehört, siehe No. 58. ist ein Ritterguth dem Herrn Mauriz Volko gehörig, und kan ohne Jukslaz nicht besessen werden.

2. **Arnoldsdorf**, 3½ Meile von Neiße, enthält 1 Mutterkirche, 1 Pfarrhaus, 1 Schulmeisterhaus. Bey dieser Kirche sind im

Jahr	Getraut,	Gebohren,	Gestorben.
1780	8	39	26.
1781	11	38	34.
1782	10	41	27.

Ferner 1 herrschaftlich Vorwerk Halbbauern, 18

18 Freygärtner, 48 Häusler, 2 Wassermühlen, worunter 1 Pappiermühle, 2 Schmiedehäuser; in allem 94 Feuerstellen und 673 Einwohner. Ist ein Rittergut, welches dermalen dem Franz Xavier Freyh. von Berezko gehört, der das Jus Patronatus, auch Ober- und Niedergerichte hat.

3. Dürr-Arnsdorf, 2 Meilen von Ottmachau, ist bischöflich, bestehet aus einer Kapelle, worinn zuweilen Gottesdienst gehalten wird; 1 Schulmeisterhaus, 6 ganze Bauern, 28 halbe Bauern, 15 Freygärtner, 5 Häusler, 55 Stellen.

Die Rittermäßige Scholtissey hat 1 Vorwerk, 11 Freygärtner, ‹ Häusler, 2 Schmiedehäuser, 1 Windmüller, 20 Feuerstellen und gehört dem Jungfernkloster in Neiß. Insassen sind überhaupt 331.

Bankwiz, sind nur Aecker.

4. Baucke, 1 Meile von Ottmachau, ist bischöflich, und enthält 1 Schulmeisterhaus, 17 ganze Bauern, 8 Freygärtner, 4 Häusler, 1 Schmiede, in allem 31 Stellen. Die Unterthanen sind robothsam und stehen unter der Gerichtsbarkeit des bischöflichen Amts Ottmachau.

Die rittermäßige Scholtissey, Maskowiz genannt, hat 1 Vorwerk, 17 Freygärtner, 5 Häusler, 1 Wassermühle, 2 Schmieden, in allen 26 Stellen und ist der Stadt Neiße zuständig. Einwohner des ganzen Dorfes sind 382.

5. Bauschwiz, 3½ Meile von Neiß, hat 1 herrschaftlich Vorwerk, 13 ganze Bauern, 15 Gärtner, 4 Häusler, 1 Windmüller, 2 Schmiede; in allem

36 Stellen, 232 Einwohner, und gehört als ein Rittersitz der Frau Charlotte Wilhelmine von Gloger, geb. von Taubenhandel.

6. Bechau, 1¼ Meilen von Neiße, hat 1 herrschaftlich Vorwerk, 1 Schulmeisterhaus, 20 Frey- und Dreschgärtner, 1 Häusler, 1 Wassermühle, 1 Schmiedehaus; in allem 25 Stellen und 154 Einwohner. Es ist ein Rittersitz mit Kortwiz, Schlaupiz, Antheil Klodebach, Antheil Gläsendorf und Guttwiz, gehört dem Herrn Franz von Montbach, hat Ober- und Niedergerichet.

7. Beigwiz, 1 Meile von Neiß, hat 1 Schulmeisterhaus, 11 ganze Bauern, 7 Freygärtner, 1 Häusler, 2 Schmiedehäuser; in allem 22 Stellen und 119 Einwohner, gehöret dem Kreutzstift in Neiß.

8. Bielau, ¾ Meilen von Neiß, hat 1 Mutterkirche, 1 Pfarrhaus, 1 Schulmeisterhaus, 1 herrschaftlich Vorwerk, 16 ganze Bauern, 27 Freygärtner, 17 Häusler, 5 Wassermühlen, worunter 3 Pappiermühlen; 3 Schmiedehäuser, in allem 71 Feuerlen und 511 Einwohner. Gehört dem Herrn Erdmann Gustav Graf Henkel von Donnersmark, ist ein Rittersitz, hat das Jus Patronatus, auch Ober- und Niedergerichte.

9. Bieliz, 2¼ Meile von Neiß, ist bischöflich, und enthält 1 Pfarrkirche, 1 Pfarrhaus, 1 Schulmeisterhaus, 28 ganze, 1 halben Bauer, 33 Freygärtner, 11 Häusler, 2 Schmieden; in allem 77 Stellen. Die Unterthanen sind sämtlich robothsam, und stehen unter der Gerichtsbarkeit des Hofrichteramts zu Neiß.

Die

Die rittermäßige Scholtißey enthält 1 Vorwerk, 15 Freygärtner, 4 Häusler, 1 Wassermühle, 1 Schmiedehaus, in allem 22 Stellen. Bewohner des ganzen Dorfes sind überhaupt 694; letztere gehört dermalen dem Franz Carl Freyherrn von Vogten, der auch das Rittergut Lamsdorf, samt dem Vorwerk Kalteke besitzt.

10. **Bischofwalde**, 1¾ Meilen von Neiß, ist bischöflich und hat 1 Mutterkirche, 1 Pfarrhaus, 2 Schulmeisterhäuser, 12 ganze, 28 halbe Bauern, 4 Freygärtner, 15 Häusler, 1 Schmiede, 63 Stellen. Die Unterthanen sind robothsam und stehen unter der Gerichtsbarkeit des Fürstbischöflichen Hofrichteramts zu Neiße.

Die rittermäßige Scholtissey, der große Hof genannt, enthält 1 Vorwerk, 12 Freygärtner, 1 Häusler, 1 Wassermühle, 1 Schmiede, 16 Stellen; gehört dem Bernhard Großmann.

Die zweyte rittermäßige Scholtissey oder kleine Hof, hat 1 Vorwerk, 2 Freygärtner, 1 Häusler, 1 Schmiede, 5 Stellen; gehört dem Herrn Ernst von Peschke.

Hierzu wird auch noch Kleinwalde, ein Rittergüthel, gerechnet; hat aber nur 1 herrschaftliches Vorwerk, 2 Häusler; überhaupt 3 Stellen, und gehört dem Johann Michael Paul. Einwohner des Dorfes sind in allen 452.

11. **Blumenthal**, 1¼ Meile von Ottmachau, begreift in sich 1 herrschaftlich Vorwerk, 12 Freygärtner; in allem 13 Stellen, 91 Einwohner; ist

ein Rittergut, welches dermalen Herr Ludwig von Montbach besitzt.

12. **Bösdorf**, wird auch Bötmannsdorf genannt, liegt 1⅞ Meilen von Neiße, gehört dem dortigen Dohmkapitul, hat eine Pfarrkirche, bey welcher folgende Aktus ministeriales vorgefallen sind, nemlich im

Jahr	Getraut,	Gebohren,	Gestorben,
1780	6	30	17.
1781	2	25	24.
1782	8	37	19.

Ferner 1 Pfarrhaus, 1 Schulmeisterhaus, 25 ganze Bauern, 15 Freygärtner, 19 Häusler, 1 Wassermühle, 2 Schmiedehäuser; Summa 64 Stellen und 379 Einwohner.

13. **Borkendorf**, 2 Meilen von Neiße, ist bischöflich und enthält 1 Mutterkirche, 1 Pfarrhaus, 1 Schulmeisterhaus, 11 ganze, 47 halbe Bauern, 11 Freygärtner, 27 Häusler, 2 Schmiedehäuser; in allem 100 Feuerstellen. Die Unterthanen sind robotsam und stehen unter der Gerichtsbarkeit des Fürstbischöflichen Hofrichteramts zu Neiß.

Die rittermäßige Scholtissey bestehet aus 1 Vorwerk, 9 halben Bauern, 9 Freygärtnern, 13 Häuslern, 4 Wassermühlen, 1 Schmiede; in allem 37 Stellen, gehöret dem Florian Schefler. Einwohner des Dorfes sind 796.

14. **Gros-Briesen**, 2⅞ Meilen von Neiße, hat 1 Filialkirche, welche nach Friedewalde gehört, 1 Pfarrhaus, 1 Schulmeisterhaus, 28 ganze Bauern,

20 Freygärtner, 6 Häusler, 2 Schmieden, in allem 58 Stellen und 362 Einwohner; ist ein bischöflich Dorf. Es befinden sich darinnen freye und robotsame Unterthanen, erstere gehören unter die Gerichtsbarkeit der Fürstbischöflichen Regierung, und letztere unter das Hofrichteramt zu Neiße.

15. Klein-Briesen, 1 Meile von Ottmachau, ist des Fürstbischofs; hat 5 ganze Bauern, 1 Halbbauer, 9 Freygärtner, 2 Häusler, 1 Schmiede; in allem 18 Stellen. Die darin befindliche Unterthanen stehen unter dem bischöflichen Amte zu Ottmachau.

Die rittermäßige Scholtissey hat 1 Vorwerk, 5 Freygärtner, 7 Häusler, 1 Wassermühle, 1 Schmiede, in allem 15 Stellen. Herr Caspar Heinrich von Oberg hat solche 1678 zu einem Fidei Commiß gemacht, und der jetzige Fidei Commißbesitzer heißt Carl Ferdinand von Oberg.

16. Brünschwiz, ¾ Meilen von Ottmachau, ist bischöflich, enthält in sich 8 ganze Bauern, 1 Freygärtner, 4 Häusler, 1 Schmiedehaus, in allem 14 Feuerstellen und 89 Einwohner. Sie sind sämtlich robotsam und gehören unter die Gerichtsbarkeit des Fürstbischöflichen Amts zu Ottmachau.

Buchwald, sind dem Dohmkapitul zu Neiße zuständige Aecker, ein ehemaligs aber nun zerstöhrtes Dorf.

Cammerau, ist blos ein Vorwerk, welches nach Deutschwette und dem Herrn von Maubeuge gehört.

Carlau bey Neiße, ist ebenfalls nur ein Vorwerk, von 1 Stelle und dem Bischof zuständig.

17.

17. **Carlshof,** gehöret den Exjesuiten in Neiß, stehet unter der Königl. Schulenadministration, hat 1 herrschaftliches Vorwerk, 7 Freygärtner, 11 Häusler; in allem 19 Stellen und 93 Einwohner.

18. **Deutschwette,** 1¾ Meilen von Neiße; ist bischöflich und hat 1 Mutterkirche, 1 Pfarrhaus, 1 Schulhaus, 17 ganze, 8 halbe Bauern, 9 Freygärtner, 2 Häusler, 1 Schmiedehaus, in allem 49 Feuerstellen. Die Unterthanen sind robotsam, und stehen unter dem Fürstbischöflichen Hofrichteramte zu Neiße.

Die rittermäßige Scholtißey nebst dem Vorwerk Cammerau, gehört dem Landschaftsdirektor und Regierungsrath Herrn von Maubeuge, hat 1 Vorwerk, 9 Freygärtner, 4 Häusler, 1 Wassermühle, 2 Schmiedehäuser, in allem 17 Stellen; und Einwohner des Dorfes sind überhaupt 512.

19. **Ekwertsheide,** 2 Meilen von Neiße, hat 1 herrschaftlich Vorwerk, 11 Freygärtner, 1 Wassermühle, 3 Schmiedehäuser; in allem 26 Stellen und 106 Einwohner. Gehört dem Herrn Hofrichter von Luzenkirch und ist ein Rittersitz.

Endersdorf, ein Antheil gehört zu Schönwalde No. 102, und wird hier nur nachgewiesen. Der Eigenthümer ist der Besitzer der rittermäßigen Scholtißey zu Schönwalde.

20. **Eulau,** 1¼ Meile von Neiße, enthält 11 ganze, und 2 halbe Bauern, 7 Freygärtner, 3 Häusler, 1 Wassermühle, 1 Schmiede, in allem 25 Stellen; gehört dem Fürstbischof als ein Grattaldorf.

Die hier befindliche rittermäßige Scholtißen hat 1 Vorwerk, 7 Freygärtner, 2 Häusler, 2 Schmiedehäuser; in allem 12 Stellen und überhaupt 136 Einwohner. Der Eigenthümer derselben ist Frau Johanna Piersch.

21. Sanzdorf, 1¼ Meile von Neiße, bestehet aus 1 herrschaftlichen Vorwerk, 17 Freygärtner, 1 Häusler, 1 Wassermühle, 3 Schmiedehäuser, in allem 23 Stellen und 143 Einwohner. Eigenthümer dieses Rittersitzes ist Herr Leopold von Gilgenheim.

22. Friedewalde, 2¼ Meile von Neiße, ist bischöflich, und enthält 1 Mutterkirche, 1 Pfarrhaus, 1 Schulmeisterhaus, 24 ganze Bauern, 23 Halbbauern, 8 Freygärtner, 2 Schmiedehäuser, in allem 69 Stellen; die Unterthanen sind robotsam und gehören unter das Fürstbischöfliche Hofrichteramt zu Neiße.

Darinnen ist auch eine rittermäßige Scholtißey, welche enthält: Vorwerk, 16 Freygärtner, 2 Wassermühlen, 3 Schmiedehäuser, in allem 22 Stellen; der Einwohner sind insgesamt 533. Der letztern Eigenthümer sind dermalen die Johann Christoph Viezischen Erben.

23. Friedrichseck, ⅜ Meilen von Ottmachau, ist ein bischöfliches Dorf, bestehet aus 1 herrschaftlichem Vorwerk, 6 Freygärtnern, 1 Häusler; in allem aus 8 Stellen und 52 Einwohnern. Gehöret unter das Amt Ottmachau.

24. Fuchswinkel, 2 Meilen von Ottmachau, hat ein herrschaftlich Vorwerk, 18 Freygärtner, 1 Häusler, 1 Wassermühle, 2 Schmiedehäuser; in allem 23 Stellen und 169 Einwohner. Der Eigenthümer dieses Rittersitzes ist dermalen Frau Maria Anna Freyin von Stillfried.

25.

25. **Geltendorf,** 2⅞ Meile von Neiß, ein Theil gehört dem Dohmkapitul in Neiß und enthält 6 Bauern, 10 Freygärtner, 6 Häusler, 1 Schmiedehaus; in allem 23 Stellen. Der zweyte Antheil hat 7 Bauern, 5 Freygärtner; in allem 12 Stellen und mit jenem überhaupt 205 Einwohner. Der Eigenthümer dieses andern ist Herr Graf von Schlippenbach, welcher zugleich Besitzer der rittermäßigen Scholtissey zu Hennersdorf ist.

26. **Gesäße,** 1⅞ Meile von Ottmachau, hat 2 herrschaftliche Vorwerke, 1 Schulmeisterhaus, 16 ganze Bauern, 22 Freygärtner, 10 Häusler, 2 Wassermühlen, 2 Schmiedehäuser; überhaupt 55 Stellen und 343 Einwohner. Ober- und Nieder-Gesäß sind Rittersitze und Lehne, letzteres hat auch Ober- und Niedergerichte und gehören beyde Herrn Sigmund von Jerin.

27. **Giersdorf,** 2⅜ Meilen von Neiße, hat 1 Filialkirche zu Bischofwalde gehörig, 1 Schulmeisterhaus, 7 ganze, 42 halbe Bauern, 3 Freygärtner, 7 Häusler; in allem 60 Stellen und ist des Fürst-Bischofs. Die Unterthanen sind robotsam und gehören unter das Hofrichteramt zu Neiße.

Die rittermäßige Scholtissey daselbst hat ein herrschaftlich Vorwerk, 1 ganzen, 7 Halbbauern, 7 Freygärtner, 1 Häusler, 1 Wassermühle; in allem 18 Stellen und mit jenem 439 Einwohner. Eigenthümer derselben ist dermalen Herr Carl von Schimonsky.

28. **Giesmannsdorf,** 1 Meile von Neiß, enthält 1 herrschaftlich Vorwerk, 12 Freygärtner, 5 Häusler, 1 Wassermühle, 3 Schmiedehäuser; in allem

allem 22 Stellen und 151 Einwohner. Gehört dem Herrn Anton von Montbach und ist ein Rittersitz.

29. Glompenau, ¾ Meilen von Neiß, enthält zwey Antheile, wovon einer dem Dohmkapitul in Breslau gehöret, und bestehet aus 1 Schulmeisterhaus, 7 ganzen Bauern, 6 Freygärtnern, 1 Schmiedehaus; in allem 15 Stellen.

Der andere ist dem Dohmkapitul in Neiß zuständig, hat 1 herrschaftlich Vorwerk, 9 ganze Bauern, 25 Freygärtner; in allem 35 Stellen und mit erstern 325 Einwohner.

30. Goßtiz, 2⅞ Meilen von Ottmachau, ist bischöflich, enthält 1 Mutterkirche, 1 Pfarrhaus, 1 Schulmeisterhaus, 3 ganze Bauern, 43 Halbbauern, 8 Freygärtner, 10 Häusler, 1 Schmiedehaus; in allem 57 Stellen

Ein Antheil gehört der Stadt Patschkau, hat 1 Vorwerk, 2 ganze, 6 Halbbauern, 8 Freygärtner, 12 Häusler, 2 Wassermühlen, 2 Schmiedehäuser; in allem 33 Stellen und mit erstern 457 Einwohner.

31. Gräferey, ¼ Meile von Neiße, ist ein Vorwerk, der Stadt Neiße zugehörig; hat 1 herrschaftlich Vorwerk, 4 Freygärtner, in allem 5 Stellen und 26 Einwohner.

32. Greifau, 2¼ Meile von Neiß, enthält eine Filialkirche, welche der Pfarrthey Lindewiese einverleibt ist; 1 Vorwerk, 2 Rittergüther, wovon das niedere ein Lehnguth ist; von beyden ist der Herr Graf von Mettich Besitzer; 22 Bauern, 18 Freygärtner, 9 Häusler, 1 Wassermühle, 3 Gemeinhäuser,

ster, in allem 56 Stellen und 378 Einwohner. Eigenthümer ist der Fürstbischof, die Unterthanen sind theils frey, theils robotsam; erstere gehören unter die Fürstbischöfliche Regierung und letztere unter das Hofrichteramt zu Neiße.

33. **Grunau**, und Vorwerk Roßhof ist ein Dorf, 1 Meile Neiß, begreift 2 herrschaftliche Vorwerker, 1 Schulmeisterhaus, 1 ganzen, 1 Halbbauer, 37 Freygärtner, 5 Häusler, 1 Wassermühle, 2 Schmiedehäuser; in allem 50 Stellen und 319 Einwohner. Gehört dem Hospital zu Neiße, ist ein Rittersiz, hat Ober- und Niedergerichte, auch die hohe und kleine Wildbahn.

34. **Guttwiz**, 1¼ Meilen von Neiß, hat 6 ganze und zwey halbe Bauern, 2 Freygärtner, überhaupt 10 Stellen und 67 Einwohner; gehört dem Franz von Montbach zu Bechau, hat Ober- und Niedergerichte.

35. **Hansdorf**, ¾ Meilen von Neiß, hat 9 ganze Bauern, 5 Freygärtner, 1 Schmiedehaus, in allem 15 Stellen und 93 Einwohner; gehört dem Kreuzstift in Neiße.

36. **Heidersdorf**, ½ Meile von Neiße, ist ein dem Neißer Dohmkapitul zuständiges Dorf, hat 1 Schulmeisterhaus, 32 Bauern, 21 Dreschgärtner, 1 Häusler, 2 Schmiedehäuser, in allem 57 Stellen und 401 Einwohner; hat auch die Obergerichte. Dies Dorf ist deswegen merkwürdig, weil in dessen Gegend im siebenjährigen Kriege der kaiserliche General von Draskowiz mit einigen hundert Mann gefangen worden ist.

37. **Heinersdorf**, 1⅛ Meile von Ottmachau, bestehet aus zwey Antheilen; einer ist bischöflich und enthält 1 Mutterkirche, 1 Pfarrhaus, 1 Schulmeisterhaus, 15 ganze Bauern, 15 halbe Bauern, 6 Freygärtner, 19 Häusler, 1 Schmiedehaus, in allem 58 Stellen. Die Unterthanen stehen unter dem Fürstbischöflichen Amte Ottmachau.

Ein Antheil davon gehört der Stadt Patschkau, hat 3 ganze, 4 Halbbauern, 1 Freygärtner, 1 Häusler, 1 Wassermühle, überhaupt 10 Stellen und mit obigen 423 Einwohner.

38. **Hennersdorf**, auch Hünersdorf genannt, 2⅛ Meilen von Neiß, gehört dem Fürstbischof, und bestehet aus 1 Pfarrkirche, 1 Pfarrhaus, 1 Schulhaus, 35 Bauern, 37 Freygärtnern, 8 Häuslern, 1 Gemeinschmiedehaus; in allem 84 Stellen, worunter das daselbst befindliche Fürstliche Vorwerk mit begriffen ist. Die Unterthanen sind robothsam und stehen unter dem Hofrichteramt zu Neiße.

Die rittermäßige Scholtissey allhier hat 1 herrschaftlich Vorwerk, 24 Freygärtner, 2 Häusler, 1 Schmiedehaus, in allem 30 Stellen und mit obigen 773 Einwohner. Eigenthümer ist Herr Graf von Schlippenbach.

39. **Hermsdorf**, bey Bielitz, 2 Meilen von Neiße, ist ein bischöflich Dorf und hat 1 Mutterkirche, 1 Pfarrhaus, 1 Schulhaus, 21 ganze Bauern, 7 Halbbauern, 39 Freygärtner, 5 Häusler, 3 Schmiedehäuser, in allem 77 Stellen. Die Unterthanen sind robothsam und stehen unter dem Hofrichteramte zu Neiß.

Die rittermäßige Scholtißey hat 1 Vorwerk, 12 Freygärtner, 2 Häusler, 1 Wassermühle, 1 Schmiedehaus, in allem 17 Stellen und mit obigen 589 Einwohner. Gehört dem Herrn Ferdinand von Zoffeln.

40. Hermsdorf bey Weidenau, 1½ Meilen von Ottmachau, so weit es im Preußischen Antheil liegt; ist bischöflich, hat 1 Filialkirche, nach Rathmannsdorf gehörig; 1 Pfarrhaus, 1 Schulhaus, 4 ganze, 25 Halbbauern, 2 Freygärtner, 15 Häusler, in allem 48 Stellen; darinnen ist nur 1 Freystelle, welche unter die bischöfliche Regierung zu Neiß gehört. Die übrigen Unterthanen sind robothsam und stehen unter dem Hofrichteramte.

Die rittermäßige Scholtißey daselbst, Preußischen Antheils, hat 1 herrschaftlich Vorwerk, 3 Freygärtner, 1 Wassermühle, 1 Schmiedehaus, überhaupt 6 Stellen, mit obigen 323 Einwohner. Gehört dem Herrn Kunschky.

41. Heinzendorf, 2 Meilen von Ottmachau, hat 1 Schulmeisterhaus, 17 ganze, 3 Halbbauern, 10 Freygärtner, 11 Häusler, 2 Wassermühlen, 2 Schmiedehäuser, überhaupt 46 Stellen, 333 Einwohner und gehört dem Hospital zu Neiße; hat auch die hohen Gerichte.

42. Heidau, 1 Meile von Neiß, ist bischöflich, besteht aus 1 zu Deutsch-Kamiz gehörigen Filialkirche, 1 Schulmeisterhaus, 22 ganzen, 4 Halbbauern, 24 Freygärtnern, 17 Häuslern, 1 Schmiedehaus, in allem aus 69 Stellen. Die Unterthanen sind ro-

bothsam und gehören unter das Hofrichteramt zu Neiße.

Die hier befindliche rittermäßige Scholtissey besteht aus 6 Bauerhöfen, 7 Freygärtnern, 2 Häuslern, 1 Wassermühle, 2 Gemeinhäusern, überhaupt aus 18 Stellen und mit obigen 598 Einwohnern. Eigenthümer ist der Herr Erdmann Gustav Graf Henkel von Donnersmark zu Bielau.

Holdersfelber, ist ein zu Petersheide gehöriges Vorwerk No. 84. und wird hier nur angemerkt. Gehört den Erben des Johann Christoph Wiez.

43. Jägliz, 2⅜ Meilen von Neiß, ist ein bischöflich Dorf, hat 4 ganze, 5 Halbbauern, 3 Freygärtner, 5 Häusler, in allem 17 Stellen. Die Unterthanen sind theils frey, theils robothsam.

Der andere Theil hat 1 herrschaftlich Vorwerk, 8 Freygärtner, 1 Schmiedehaus, in allem 10 Stellen, und gehört dem Karl von Poremski.

Der Dritte hat 1 Windmüller, und stehet unter der Neißer Regierung. Einwohner des ganzen Dorfes sind 158.

44. Ober-Jeutriz, 1⅞ Meilen von Neiß, bestehet aus 9 ganzen, 1 Halbbauer, 6 Freygärtnern, 12 Häuslern, 2 Schmiedehäuser, überhaupt aus 30 Stellen und ist des Fürstbischofs.

45. Nieder-Jeutriz, 1¾ Meile von Neiß, hat 4 ganze Bauern, 14 Freygärtner, 1 Wassermühle, 1 Schmiedehaus, in allem 20 Stellen, und gehört dem Herrn Carl von Gilgenheim. Ist ein Rittersitz,

siz, welcher zugleich das Jus Patronatus, auch Ober- und Niedergerichte hat.

46. Kalkau, 1⅛ Meile von Ottmachau, steht unter dem Ottmachauer Antheile, ist bischöflich und enthält 1 Pfarrkirche, 1 Pfarrhaus, 1 Schulmeisterhaus, 25 ganze Bauern, 5 Freygärtner, 9 Häusler, 1 Schmiedehaus, in allem 42 Stellen. Es sind darinnen freye Unterthanen, welche unter die Fürstbischöfliche Regierung gehören.

Die rittermäßige Scholtißey daselbst hat 1 Vorwerk, 16 Freygärtner, 1 Wassermühle, 2 Schmiedehäuser, in allem 20 Stellen, und mit obigen 438 Einwohner. Caspar Heinrich von Oberg hat solche 1678 zu einem Fidei Commiß gemacht, und der jetzige Fidei Commißbesitzer ist Herr Ferdinand Carl von Oberg.

Kalteke, ist ein Vorwerk zu Lamsdorf No. 62 gehörig, und wird hier nur nachgewiesen. Gehört dem Herrn Baron von Vogten in Bieliz.

Kaltenberg, ist ein Freyguth, hat 1 herrschaftlich Vorwerk, 1 Stelle und gehört dem Nornast.

47. Kamiz, 2½ Meile von Ottmachau, ist ein bischöflich Satzdorf und Ritterguth, gehöret der Stadt Patschkau und enthält in sich 1 Filialkirche, welche zur Pfarrthey Goßtiz gehört. In dieser und in ihrer Mutterkirche zu Goßtiz sind im

Jahr	Getraut,	Gebohren,	Gestorben.
1780	13	85	69
1781	20	101	63
1782	16	92	89

Ferner 1 Schulmeisterhaus, 1 herrschaftlich. Vorwerk, 15 ganze, 67 Halbbauern, 6 Freygärtner, 81 Häusler, 2 Wassermühlen, 3 Schmiedehäuser, in allem 176 Stellen und 918 Einwohner. Die Obergerichte hat der Magistrat zu Patschkau.

48. Deutsch-Kamiz, 1¼ Meile von Neiße, ist bischöflich und hat 1 Mutterkirche; in dieser und ihrer Filialkirche zu Heidau sind im

Jahr	Getraut,	Gebohren,	Gestorben.
1780	13	38	31
1781	6	44	38
1782	8	40	32

1 Pfarrhaus, 1 Schulmeisterhaus, 30 ganze, 8 halbe Bauern, 10 Dreschgärtner, 17 Häusler, 2 Schmiedehäuser, in allem 69 Stellen. Die Unterthanen sind theils frey, theils robothsam; erstere gehören unter die Fürstbischöfliche Regierung und letztere unter das Hofrichteramt zu Neiße.

In diesem Dorfe befinden sich noch 2 freye Güther, welche aus zwey Vorwerken und einigen Häusern bestehen.

49. Dürr-Kamiz, ist bischöflich, bestehet in 16 ganzen und 4 Halbbauern, 6 Freygärtnern, 8 Häuslern, 1 Schmiedehaus, in allem 35 Stellen. Die Unterthanen sind theils frey, theils robothsam.

Es ist darinn eine rittermäßige Scholtissey, welche 1 Vorwerk, 2 Freygärtner, 3 Häusler, 1 Wassermühle, 1 Schmiedehaus, in allem 8 Stellen und mit obigem überhaupt 401 Einwohner hat. Eigenthümer derselben ist der Benedikt Jüttner.

50.

50. **Kaundorf**, 1⅜ Meile von Neiße, hat 1 Schulmeisterhaus, 18 ganze Bauern, 1 Halbbauer, 20 Dreschgärtner, 8 Häusler, 2 Schmiedehäuser, in allem 50 Stellen und 275 Einwohner. Gehört dem Fürstbischof; es sind darinnen theils freye, unter der Regierung, theils robothsome, unter das Hofrichteramt zu Neiße gehörige Unterthanen. Die darinn befindliche rittermäßige Scholtißey gehört den Teichmannschen Erben.

51. **Kaindorf**, 1¾ Meilen von Ottmachau, enthält 1 herrschaftlich Vorwerk, 17 Freygärtner, 1 Häusler, 1 Wassermühle, in allem 20 Stellen. Eigenthümer ist das Kreutzstift in Neiße. Dies Dorf ist ein Rittersitz.

52. **Köppernig**, 1¾ Meile von Neiße, ist bischöflich und hat eine Pfarrkirche, bey welcher folgende Aktus verrichtet, sind im

Jahr	Getraut	Gebohren	Gestorben
1780	10	23	21.
1781	8	28	26.
1782	9	34	28.

1 Pfarrhaus, 1 Schulmeisterhaus, 30 ganze Bauern, 1 Halbbauer, 10 Freygärtner, 9 Häusler, 2 Schmiedehäuser, in allem 54 Stellen. Die Unterthanen sind theils frey, theils robothsam.

Die rittermäßige Scholtißey hat 1 Vorwerk, 1 Halbbauer, 6 Freygärtner, 4 Häusler, 3 Schmiedehäuser, überhaupt 15 Stellen. Ehedem war es nur eine freye Scholtißey, 1676 aber wurde sie vom Bischof Friedrich als rittermäßig erhoben, jedoch nur in so fern solche eine adeliche Person besitzt. Uebrigens hat diese Scholtissey bey der Landschaft eben die Prärogativen anderer rittermäßigen Scholtisseyen, wenn sie gleich auch nur eine bürgerliche Person besitzt.

53. **Rohlsdorf**, auch Roßvorwerk genannt, hat 1 herrschaftlich Vorwerk, 5 Freygärtner, 2 Häusler, in allem 8 Stellen. Gehört der Stadt Neiße, wovon es eine halbe Meile abliegt.

54. **Roppendorf**, 3 Meilen von Neiße, ist ein bischöfliches Dorf, bestehet in 1 herrschaftlich Vorwerk, 15 Freygärtnern, 7 Häuslern, 3 Schmiedehäuser, in allem 26 Stellen. Gehört unter das Neissern Hofrichteramt. Dieß Dorf ist wegen seiner schönen Pferdezucht berühmt, und wird eine eigne Stutterey unterhalten.

55. **Rorkwitz**, 1⅛ Meile von Neiß, enthält 2 herrschaftliche Vorwerke, 15 Freygärtner, 1 Häusler, 2 Wassermühlen, 3 Schmiedehäuser, in allem 23 Stellen. Ist ein Rittersitz, gehört dem Herrn Franz Ludwig von Donat.

56. **Rosel**, 2¼ Meile von Ottmachau, ist theils dem Fürstbischof zugehörig, bestehet in 12 ganzen Bauern, 5 Freygärtnern, 1 Schmiedehaus, in allem in 18 Stellen.

Andern Theils, dem Baron Anton von Hundt, bestehet in 1 herrschaftlich Vorwerk, 7 Freygärtnern, 8 Häuslern, 2 Schmiedehäusern, überhaupt aus 18 Stellen. Ist, so wie auch Bruckstein, ein Rittergut, und haben beyde Ober- und Niedergerichte.

57.

57. **Krakwiz,** 1 Meile von Ottmachau, dem Dohmkapitul in Neiße zugehörig; hat 3 ganze Bauern, 5 Freygärtner, 2 Häusler, 1 Schmiede, in allem 11 Stellen.

58. **Dürr-Kunzendorf,** 3¼ Meile von Neiß, ist ein Rittersitz; der erste Antheil stehet unter der Jurisdiktion eines jedesmaligen Stadtpfarrers in Ziegenhals, und hat 23 Halbbauern, 17 Häusler, in allem 40 Stellen. Der jetzige Pfarrer, Erzpriester und Besitzer ist der Herr von Skal.

Der andere Antheil, wozu noch das Vorwerk Altmannsdorf gerechnet wird, hat 2 herrschaftliche Vorwerke, 1 Schulmeisterhaus, 1 ganzen, 42 Halbbauern, 10 Freygärtner, 14 Häusler, 1 Wassermühle, 1 Schmiedehaus, in allem 72 Stellen, und mit obigen 345 Einwohner. Gehört dem Herrn Mauriz Bolko.

59. **Gros-Kunzendorf,** 2¼ Meilen von Neiße, hat 1 Schulmeisterhaus, 5 ganze, 17 Halbbauern, 33 Häusler, 1 Wassermühle, in allem 67 Stellen; gehöret dem Fürstbischof.

Ein Antheil davon, welcher 4 ganze, 3 Halbbauern, 1 Häusler, in allem 8 Stellen und mit ersterm 227 Einwohner hat, gehört dem Herrn Baron von Leutrum.

60. **Kupferhammer,** ¾ Meilen von Neiß, enthält 2 Antheile. Der erste, Ober-Kupferhammer, ist ein Freyguth, bestehet aus 1 Vorwerk, 1 Freygärtner, 3 Häuslern, 1 Kupferhammer, in allem aus 6 Stellen, und gehört dem Herrn Welzel.

Der

Der zwete, Nieder-Kupferhammer, ist ebenfalls nur ein Freyguth, hat 1 herrschaftlich Vorwerk, 1 Häusler, überhaupt 2 Stellen; gehört der verwittweten Frau Nitschin. In diesem Dorfe ist im Jahr 1782 eine Mauth angelegt worden, damit von dieser Einnahme die daselbst über den Bielaufluß liegenden 2 Brücken im Baustande erhalten, und reparirt werden können.

61. **Kuschdorf**, 1⅜ Meilen von Neiße, hat 1 herrschaftlich Vorwerk, 14 Freygärtner, 1 Häusler, 1 Wassermühle, 3 Schmiedehäuser, in allem 20 Stellen. Eigenthümer dieses Rittersitzes ist Herr Leopold von Gilgenheim.

62. **Lamsdorf** und **Kalteke** ist ein Rittersitz 2¾ Meilen von Neiß, hat 1 Filialkirche, welche nach Grüben gehört; 1 Pfarrhaus, 1 Schulmeisterhaus, 2 herrschaftliche Vorwerke, 16 ganze, 1 Halbbauer, 27 Freygärtner, 5 Häusler, 3 Schmiedehäuser, in allem 56 Stellen. Eigenthümer ist der Herr Carl Baron von Vogten.

63. **Langendorf**, 2½ Meile von Neiß, bestehet aus Ober- und Nieder-Langendorf; Nieder-Langendorf ist zum Theil bischöflich und besteht in 1 Filialkirche, die nach Ziegenhals eingepfarrt ist; in dieser sind mit Dürr-Kunzendorf in folgenden drey

Jahren	Getraut,	Gebohren,	Gestorben.
1780	20	88	70.
1781	24	93	77.
1782	9	72	50.

4 ganzen, 33 Halbbauern, 6 Freygärtnern, 16 Häuslern, 2 Schmiedehäusern, in allem 55 Stellen. Die
bi-

bischöflichen Robothbauern stehen unter der Gerichtsbarkeit des Fürstbischöflichen Hofrichteramts zu Neiß.

Das übrige von Nieder-Langendorf, Oberlangendorf, samt dem Vorwerk Rothfest, gehört mit dem Obergerichte denen Erjesuiten zu Neiß, und hat 3 herrschaftliche Vorwerke, 1 Schulmeisterhaus, 7 ganze, 53 Halbbauern, 33 Freygärtner, 45 Häusler, 4 Wassermühlen, 3 Schmiedehäuser, in allem 149 Stellen.

64. Laßoth, 1¾ Meilen von Neiße, ist bischöflich, und enthält eine zu Rimmertsheide gehörige Filialkirche, 1 Pfarrhaus, 1 Schulmeisterhaus, 9 ganze, 1 Halbbauer, 4 Freygärtner, in allem 16 Stellen. Die Unterthanen sind robothsam und stehen unter dem Neißer Hofrichteramte. Auch sind zwey freye Unterthanen darinn, welche unter die bischöfliche Regierung gehören.

Es giebt hier 2 rittermäßige Scholtisseyen, Ober und Nieder-Laßoth, davon die erste enthält 1 Vorwerk, 4 ganze Bauern, 21 Freygärtner, 4 Häusler, 1 Wassermühle, 2 Schmiedehäuser, in allem 33 Stellen. Gehört dem Herrn Carl von Gilgenheim. Die andere enthält 1 Vorwerk, 9 Freygärtner, 1 Häusler, 1 Schmiedehaus, in allem 12 Stellen. Gehört dem Herrn Heinrich von Gilgenheim.

65. Lentsch, 1¾ Meilen von Neiß, hat 1 herrschaftlich Vorwerk, 12 Freygärtner, 13 Häusler, 1 Wassermühle, überhaupt 27 Stellen. Eigenthümer ist das Kreuzstift in Neiße. Dies Dorf ist ein Rittergut.

66. Lindewiese, 2 Meilen von Neiß, gehört dem Fürstbischof und bestehet in 1 Pfarrkirche, 1 Pfarrhaus, 1 Schulmeisterhaus, 16 ganzen Bauern, 2 Freygärtnern, 15 Häuslern, in allem 35 Stellen. Die Unterthanen sind theils frey, theils robothsam; erstere stehen unter der bischöflichen Regierung, leztere unter dem Hofrichteramt zu Neiß. Ein Theil dieses Dorfs gehört unter das Dohmkapitul zu Breslau.

Die rittermäßige Scholtissey bestehet in 1 Vorwerk, 20 ganzen, 2 Halbbauern, 20 Freygärtnern, 20 Häuslern, 1 Wassermühle, 1 Windmühle, 1 Schmiedehaus, in allem 66 Stellen, und gehört dem Herrn Johann Heinrich Horzetzky.

67. Ludwigsdorf, 2¼ Meile von Neiß, ist bischöflich, begreift in sich 1 Filialkirche von Neuwalde, 1 Schulmeisterhaus, 28 ganze, 14 Halbbauern, 39 Häusler, 1 Schmiedehaus, in allem 83 Stellen. Die Unterthanen gehören unter das Hofrichteramt zu Neiße.

Die rittermäßige Scholtissey allhier hat 1 Vorwerk, 5 ganze, 1 Halbbauer, 26 Freygärtner, 1 Häusler, 2 Schmiedehäuser, in allem 36 Stellen. Eigenthümer ist der Herr Gottfried von Görz.

68. Gros-Mahlendorf, 2¼ Meilen von Neiß, ist ein Rittersitz, hat 1 herrschaftlich Vorwerk, 33 Freygärtner, 1 Häusler, 1 Wassermühle, 2 Schmiedehäuser, in allem 38 Stellen und 227 Einwohner. Eigenthümer ist der Herr Graf Pikler.

69. **Mannsdorf**, 1¾ Meilen von Neiße, ist ein bischöflich Dorf, und begreift in sich 1 Filialkirche von Hermsdorf, 1 Pfarrhaus, 1 Schulmeisterhaus, 24 ganze, 4 Halbbauern, 17 Freygärtner, 12 Häusler, 1 Schmiedehaus, in allem 60 Stellen. Die Unterthanen sind robothsam, und stehen unter dem Neißer Hofrichteramt.

Die rittermäßige Scholtissey allhier hat 1 Vorwerk, 6 Freygärtner, 4 Häusler, 2 Schmiedehäuser, in allem 13 Stellen. Gehört der Frau Josepha von Adlersfeld, geb. von Glockenstein.

70. **Markersdorf**, 1½ Meile von Neiß, ist des Fürstbischofs, hat 15 ganze Bauern, 4 Freygärtner, 9 Häusler, 1 Wassermühle, 3 Schmiedehäuser, in allem 33 Stellen. Die Unterthanen sind theils frey, theils robothsam, und gehören erstere unter die Regierung, letztere unter das Hofrichteramt. Auch ist hier eine rittermäßige Scholtissey, welche dem Mathes Silber zuständig ist.

Maskowiz, ist ein zu Bauke No. 4 gehöriges Vorwerk und Rittergut, und wird hier nur angewiesen. Gehört dem Magistrat zu Neiß.

71. **Mösen**, ⅝ Meilen von Ottmachau, gehört dem Fürstbischof, enthält 18 ganze, 2 Halbbauern, 9 Freygärtner, 5 Häusler, 1 Wassermühle, 2 Schmiedehäuser, in allem 37 Stellen. Die Unterthanen sind theils frey, theils robothsam. Besitzer der hier befindlichen rittermäßigen Scholtissey ist die verwittwete Mattnerin.

72. **Mährengasse** bey Neiße, gehört der Stadt Neiße; hat 1 Schulmeisterhaus, 13 ganze Bauern,

55 Freygärtner, 11 Häusler, 2 Schmiedehäuser, in allem 82 Stellen. Auf dieser Mährengasse steht auch das Neißer Kapuzinerkloster. Die Einwohner sind, obgleich der Ort dicht am Breslauer Thore liegt, zum platten Lande geschlagen, und müssen das Bürgerrecht gewinnen.

73. Mogwiz, 1¾ Meile von Neiß, gehört dem Fürstbischof, hat 1 Pfarrkirche, 1 Schulhaus, 1 Pfarrhaus, 30 ganze, 16 Halbbauern, 11 Freygärtner, 3 Häusler, 2 Schmiedehäuser, in allem 64 Stellen. Die Unterthanen sind frey und eines Theils robothsam, die Freyen stehen unter der Regierung, die Robothsamen unter dem Hofrichteramt zu Neiß.

Die dasige rittermäßige Scholtissey hat 1 Vorwerk, 3 ganze, 1 Halbbauer, 7 Dreschgärtner, 1 Häusler, in allem 13 Stellen. Eigenthümer ist der Regimentsquartiermeister, Herr Kleiner.

74. Mohrau, 1 Meile von Neiß, begreift 1 herrschaftliches Vorwerk, 10 ganze, 1 Halbbauer, 31 Freygärtner, 9 Häusler, 1 Wassermühle, 3 Schmiedehäuser, in allem 56 Stellen. Eigenthümer dieses Rittergutes ist der Herr Graf Henkel von Donnermark zu Bielau.

75. Naasdorf, 1¾ Meilen von Neiß, gehört dem Kreuzstift zu Neiße, enthält 1 herrschaftlich Vorwerk, 21 Freygärtner, 5 Häusler, 1 Schmiedehaus, in allem 28 Stellen.

76. Natschkau, 1¾ Meilen von Neiß, ein Rittersitz, hat 1 herrschaftlich Vorwerk, 6 Freygärtner,

in

in allem 7 Stellen. Gehört dem Herrn Leopold von Gilgenheim.

77. Gros-Neundorf, ¼ Meilen von Neiß, bestehet in 4 Antheilen. Der erste enthält 18 Bauern, 17 Freygärtner, 7 Häusler, 2 Schmiedehäuser, in allem 44 Stellen. Gehört dem Dohmkapitul zu Breslau.

Der zweyte: 1 Pfarrhaus, 1 Schulmeisterhaus, 2 ganze Bauern, 1 Freygärtner, in allem 5 Stellen; und gehört dem Dohmkapitul zu Neiß.

Der dritte: 2 ganze Bauern, 12 Dreschgärtner, 2 Häusler, in allem 16 Stellen; und gehört der Laurentiuskapelle zu Neiß.

Der vierte endlich: 19 ganze Bauern, 1 Hälbbauer, 29 Freygärtner, 3 Häusler, in allem 52 Stellen; und gehört der Stadt Neiß. Ueberhaupt hat das Dorf 743 Einwohner.

78. Neuland, ¼ Meile von Neiß; ein Antheil ist dem Kreußstift in Neiße zugehörig, und hat 1 herrschaftlich Vorwerk, 62 Freygärtner, 7 Häusler, in allem 69 Stellen; hat auch die Obergerichte.

Zweyterer stehet unter der Jurisdiction des jedesmaligen Stadtpfarrers in Neiß, hat 30 Freygärtner, 12 Häusler, in allem 42 Stellen. Der jetzige Grundherr ist der Baron von Rosenkranz. Sonst hat dieses Dorf eine eigne Kirche, welche zwar nicht zum Lande sondern zur Stadt Neiße gehört; aber einen Curatus für sich hat, welcher vom Collegiatstift angesetzt wird.

79. Neunz, ¼ Meilen von Neiß; Eigenthümer ist der Fürstbischof, hat 1 Pfarrkirche, 1 Pfarrhaus, 1 Schulmeisterhaus, 25 ganze, 10 Halbbauern, 23 Freygärtner, 4 Häusler, 2 Wassermühlen, 2 Schmiedehäuser, in allem 68 Stellen. Die Unterthanen sind theils frey, und gehören unter die Gerichtsbarkeit der bischöflichen Regierung; theils robothsam unter des Hofrichteramts zu Neiße.

80. Neuwalde, 2⅜ Meilen von Neiße, ist Fürstbischöflich, bestehet in einer Pfarrkirche, 1 Pfarrhaus, 1 Schulmeisterhaus, 15 ganzen, 72 Halbbauern, 60 Häuslern, 2 Schmiedehäusern, in allem 131 Stellen. Die Unterthanen sind theils frey, theils robothsam.

Die rittermäßige Scholtissey hat 1 Vorwerk, 8 Häusler, 1 Schmiedehaus, in allem 10 Stellen. Eigenthümer davon ist der George Allnoch.

81. Nowag, 1⅜ Meilen von Neiß, gehört dem Fürstbischof, hat 1 Pfarrkirche, 1 Pfarrhaus, 1 Schulmeisterhaus, 15 ganze Bauern, 13 Freygärtner, 10 Häusler, 1 Wassermühle, 4 Schmiedehäuser, in allem 46 Stellen. Dessen Unterthanen sind robothsam und stehen unter dem Neißer Hofrichteramte; bloß ein Fundus ist frey, welcher unter die Regierung gehört.

Die rittermäßige Scholtissey hat 26 ganze Bauern, 7 Halbbauern, 12 Dreschgärtner, 12 Häusler, 2 Schmiedehäuser, in allem 61 Stellen, und gehört dem Dohmkapitul zu Neiß.

82. **Oppersdorf**, 1⅞ Meilen von Neiß; ein Antheil gehört dem Fürstbischof, und hat 1 Mutterkirche, in welcher im

Jahre	Getraut,	Gebohren,	Gestorben.
1780	5	43	24.
1781	12	48	36.
1782	8	44	28.

1 Pfarrhaus, 1 Schulhaus, 26 ganze Bauern, 7 Halbbauern, 12 Freygärtner, 12 Häusler, 2 Schmiedehäuser, in allem 61 Stellen. Die freye Unterthanen stehen unter der bischöflichen Regierung, die robotsamen unter dem Hofrichteramt zu Neiß.

Die rittermäßige Scholtissey hat 1 Vorwerk, 10 Freygärtner, 4 Häusler, 3 Häuser zur Wassermühle, 2 Schmiedehäuser, in allem 20 Stellen. Eigenthümer ist das Seminarium der Exjesuiten zu St. Anna in Neiß.

83. **Alt-Patschkau**, 1½ Meile von Ottmachau, ist bischöflich, hat 1 Filialkirche, welche nach der Stadt Patschkau eingepfarret ist; 1 Pfarrhaus, 1 Schulmeisterhaus, 27 ganze, 8 Halbbauern, 18 Freygärtner, 14 Häusler, 1 Wassermühle, 2 Schmiedehäuser, in allem 72 Stellen. Ein Theil Unterthanen sind frey, die andern robothsam, und diese letztern gehören unter die Gerichtsbarkeit des Ottmachauer Amts.

Die rittermäßige Scholtissey hat 1 Vorwerk, 5 Freygärtner, 1 Häusler, 1 Wassermühle, 1 Schmiedehaus, in allem 9 Stellen. Der Eigenthümer ist Herr von Aigner.

Auch die Stadt Patschkau hat einen Antheil von 2 Frey- und Dreschgärtnern, 2 Häusler, in allem 4 Stellen. Einwohner sind überhaupt im Dorfe 619.

84. Petersheide, 2¾ Meilen von Neiß, 1 bischöflich Dorf, hat 1 zu Mogwiz gehörige Filialkirche, 1 Schulmeisterhaus, 1 herrschaftlich Vorwerk, 16 ganze, 6 Halbbauern, 12 Freygärtner, 4 Häusler, 2 Schmiedehäuser, in allem 42 Stellen. Die Unterthanen sind theils frey, unter die Regierung; theils robothsam, unter das Hofrichteramt in Neiß gehörig.

Die rittermäßige Scholtisey, nebst dem Vorwerk Holtberschalber, hat 2 Vorwerke, 12 Freygärtner, 1 Häusler, 2 Schmiedehäuser, in allem 17 Stellen. Gehört dermalen den Johann Christoph Viezischen Erben.

85. Peterwiz, 1 Meile von Ottmachau, hat 1 herrschaftlich Vorwerk, 13 ganze Bauern, 15 Freygärtner, 3 Häusler, 3 Schmiedehäuser, in allem 35 Stellen; ist ein Rittersitz und Lehnguth, welches auch die Obergerichte hat. Der jetzige Eigenthümer ist Stephan Michael Freyherr von Wimmersberg.

86. Plottniz, 2¾ Meilen von Ottmachau, gehört dem Klosterstift Kamenz, hat 1 herrschaftlich Vorwerk, 11 Freygärtner, 13 Häusler, 2 Wassermühlen, 3 Schmiedehäuser, in allem 31 Stellen. Ist ein Rittersitz mit Ober- und Niedergerichten.

87. **Polnischwette**, 1½ Meile von Neiß, hat 1 Mutterkirche, wobey im

Jahre	Getraut,	Gebohren,	Gestorben.
1780	8	45	32.
1781	6	42	33.
1782	13	37	25.

1 Pfarrhaus, 1 Schulmeisterhaus, 1 herrschaftlich Vorwerk, 18 ganze Bauern, 24 Freygärtner, 8 Häusler, 1 Wassermühle, 3 Schmiedehäuser, in allem 57 Stellen. Gehört der Stadt Neiß, ist ein Rittergut.

88. **Preuland**, 1½ Meile von Neiße, ist bischöflich, und enthält in sich 1 Filialkirche, zu Bielau gehörig; 1 Schulmeisterhaus, 19 ganze Bauern, 6 Freygärtner, 6 Häusler, 1 Schmiedehaus, in allem 33 Stellen. Die Unterthanen sind robothsam und stehen unter dem Hofrichteramte.

Die rittermäßige Scholtißey gehört der Stadt Neiße, und hat 1 herrschaftliches Vorwerk, 1 Halbbauer, 8 Freygärtner, 2 Häusler, 1 Wassermühle, in allem 13 Stellen.

89. **Prokendorf**, 2 Meilen von Neiß, ist Fürstbischöflich, hat 1 Schulmeisterhaus, 31 ganze Bauern, 5 Halbbauern, 7 Freygärtner, 16 Häusler, 2 Schmiedehäuser, in allem 62 Stellen. Die Unterthanen sind theils frey, unter die Neißer Regierung; theils robothsam, unter das Hofrichteramt gehörig.

90. **Rathmannsdorf**, 1 Meile von Ottmachau, ist ein bischöflich Dorf, und enthält 1 Mutterkirche, bey welcher inclusive der Filialkirche zu Hermsdorf

folgende Aktus ministeriales vorgefallen sind: Im Jahr Getraut, Gebohren, Gestorben.

Jahr	Getraut	Gebohren	Gestorben
1780	10	57	40
1781	13	48	36
1782	8	54	42

Ferner 1 Pfarrhaus, 1 Schulhaus, 13 ganze Bauern, 3 Halbbauern, 7 Häusler, 1 Schmiedehaus, in allem 26 Stellen. Die robothsamen Unterthanen gehören unter das Ottmachauer Amt, nur eine Freystelle stehet unter der Neißer Regierung.

Die rittermäßige Scholtissey allhier enthält 1 Vorwerk, 7 Freygärtner, 1 Häusler, 2 Schmiedehäuser, in allem 11 Stellen. Gehört denen Florian Schefflerschen Erben.

91. **Reinschdorf**, 1⅜ Meilen von Neiß, ist bischöflich, und enthält 15 ganze Bauern, 16 Freygärtner, 4 Häusler, 1 Schmiedehaus, 1 Mutterkirche, bey welcher in folgenden

Jahren	Getraut	Gebohren	Gestorben
1780	16	55	29.
1781	10	66	48.
1782	6	50	51.

1 Pfarrhaus, 1 Schulmeisterhaus, in allem 38 Stellen. Es sind hier freye unter der Regierung, und robothsame unter dem Hofrichteramt zu Neiß stehende Unterthanen.

Die rittermäßige Scholtissey hieselbst gehört dem Herrn Michael Hofrichter, und hat 1 Vorwerk, 10 Dreschgärtner, 2 Häusler, 1 Wassermühle, 2 Schmiedehäuser, in allem 16 Stellen.

63. **Rennersdorf,** 2¼ Meilen von Neiß, gehört dem Bischof, und besteht aus 1 zu Volkmannsdorf gehörigen Filialkirche, 7 ganzen, 6 Halbbauern, 11 Freygärtnern, 1 Häusler, in allem 25 Stellen. Die Unterthanen sind sämmtlich robothsam, und stehen unter der Gerichtsbarkeit des Neißer Hofrichteramts.

Die hier befindliche rittermäßige Scholtissey hat 1 Vorwerk, 5 Freygärtner, 1 Häusler, 1 Schmiede, in allem 8 Stellen. Eigenthümer davon ist die Veronika, verw. Kroneß.

93. **Reimen,** 2 Meilen von Neiß, enthält 10 ganze Bauern, 4 Halbbauern, 7 Freygärtner, 3 Häusler, 1 Schmiede, in allem 28 Stellen und ist bischöflich. Eine Freystelle gehört unter die Neißer Regierung, die übrigen robothsamen Unterthanen unter das Hofrichteramt.

Die rittermäßige Scholtissey hat 1 Vorwerk, 6 Freygärtner, 1 Wassermühle, 1 Schmiedehaus, in allem 10 Stellen, und gehört dermalen denen Erben des Herrn Regierungsraths Rosenberg.

94. **Riegliz,** ¾ Meilen von Neiß, besteht aus 4 Antheilen; der erste hat 8 ganze Bauern, 4 Freygärtner, 2 Häusler, 2 Schmiedehäuser, in allem 16 Stellen. Eigenthümer ist der Bischof; es giebt darinnen freye Stellen, welche unter der Regierung, und robothsame Unterthanen, welche unter dem Hofrichteramte stehen.

Der zweyte hat 5 ganze Bauern, 2 Freygärtner, 1 Häusler, in allem 8 Stellen; ist unter der Gerichtsbarkeit des Kreußstifts zu Neiße.

Noch

Noch ein darinn befindliches Vorwerk gehört der Stadtpfarrthey zu Neiß Die Wassermühle ist des Hospitals zu Neisse Eigenthum.

95. Ritterswalde, auch Rükertswalde, 1¼ Meile von Neiß, ist bischöflich, und enthält 1 zu Oppersdorf gehörige Filialkirche, 1 Schulmeisterhaus, 22 ganze, 18 halbe Bauern, 19 Freygärtner, 14 Häusler, 1 Schmiedehaus, in allem 75 Stellen. Die freyen Unterthanen hieselbst stehen unter der Neißer Regierung, die robotsamen unter dem Hofrichteramte.

Die hiesige freye Erb-Scholtissey hat 1 Vorwerk, 3 Freygärtner, 2 Häusler, 1 Wassermühle, 1 Schmiedehaus, in allem 8 Stellen. Gehört dem Herrn Joseph Weipold.

Roßhof, ein zu Grunau gehöriges Vorwerk, No. 33. wird hier nur nachgewiesen.

Rothfest, ein zu Langendorf gehöriges Vorwerk, No. 63. wird hier ebenfalls nur angemerkt.

96 Rothhaus, ½ Meile von Neiß, hat 14 Freygärtner, 1 Schmiedehaus, in allem 15 Stellen, und gehört der Stadt Neiße.

97. Rottwitz, 2¼ Meile von Neiß, hat 1 herrschaftlich Vorwerk, 7 Freygärtner, 1 Wassermühle, in allem 9 Stellen. Gehört dem Herrn Franz von Montbach, in Bechau.

98. Rimmersheide, 1¼ Meile von Neiß, hat 1 Mut-

1. Mutterkirche, bey welcher inclusive Laßoth der Filialkirche, im

Jahr	Getraut,	Gebohren,	Gestorben.
1780	18	60	43
1781	8	64	45
1782	12	51	33

1 Pfarrwohnung, 1 Schulhaus, 30 ganze Bauern, 3 Halbbauern, 19 Freygärtner, 2 Schmiedehäuser, in allem 65 Stellen. Eigenthümer ist der Fürstbischof; die Unterthanen daselbst sind theils frey, unter die Regierung in Neiße; theils robothsam unter das Hofrichteramt gehörig.

99. Senkwiz, ¾ Meilen von Neiß, hat 1 Vorwerk, 12 ganze Bauern, 6 Freygärtner, 5 Häusler, 2 Schmiedehäuser, in allem 26 Stellen; gehört dem Hospital zu Neiße. Hier hielten die Evangelischen ehemals ihren Gottesdienst.

100. Schaderwiz, 3 Meilen von Neiße, ein Rittersitz, enthält 1 herrschaftlich Vorwerk, 17 ganze Bauern, 1 Halbbauer, 24 Freygärtner, 1 Häusler, 1 Wassermühle, 2 Schmiedehäuser, überhaupt 47 Stellen. Eigenthümer ist der Herr Lieutenant von Wuntsch.

Schäferey, 1 herrschaftlich Vorwerk, welches dem Fürstbischof gehört.

101. Schönheide, 2¼ Meile von Neiße, bestehet aus 4 ganzen Bauern, 2 Häuslern, in allem aus 6 Stellen und ist bischöflich. Dessen Unterthanen sind robothsam und gehören unter das Hofrichteramt zu Neiß.

Die rittermäßige Scholtissey allhier hat 1 Vorwerk, 10 Freygärtner, 1 Schmiedehaus, in allem 12 Stellen, und gehört dem Herrn von Stahr.

102. Schönwalde, mit dem Antheil Endersdorf, ist nur ein Dorf, liegt 3 Meilen von Neiß; hat ein herrschaftlich Vorwerk, 1 ganzen, 5 Halbbauern, 21 Freygärtner, 2 Häusler, 1 Pappiermühle, 2 Schmiedehäuser, in allem 33 Stellen. Eigenthümer ist der Herr von Wimmersberg.

Schilde, ½ Meile von Neiß, ist nur ein Vorwerk, welches den jedesmaligen Stadtpfarrer in Neiß zum Eigenthümer hat; der jetzige ist der Baron von Rosenkranz.

103. Schlaupiz, 2 Meilen von Neiß, hat 1 herrschaftliches Vorwerk, 22 Dreschgärtner, 1 Häusler, 2 Schmiedehäuser, in allem 26 Stellen. Gehört dem Herrn Franz von Montbach in Bechau.

104. Schleibiz, (Schleiwiz,) ½ Meile von Ottmachau, ist des Bischofs, hat 1 herrschaftlich Vorwerk, 1 ganzen, 3 Halbbauern, 12 Freygärtner, 6 Häusler, 1 Schmiedehaus, in allem 24 Stellen. Hat eine rittermäßige Scholtissey.

105. Schmelzdorf, 1¼ Meile von Neiß, ein Rittersitz, hat 1 herrschaftlich Vorwerk, 10 Freygärtner, 2 Wassermühlen, 3 Schmiedehäuser, in allem 16 Stellen; gehört dem Herrn Leopold von Gilgenheim.

106. Schmoliz, 1¼ Meilen von Neiß, ist bischöflich, hat 17 ganze Bauern, 3 Freygärtner, 3 Häus-

Häuler, 2 Schmiedehäuser, in allem 25 Stellen. Die daselbst befindliche freye Unterthanen stehen unter der Regierung, die robothsamen unter dem Hofrichteramte.

107. **Schubertskroße**, 1¼ Meilen von Ottmachau, ist bischöflich, hat 12 Bauern.

108. **Schwammelwitz**, 1¼ Meile von Ottmachau, ist des Bischofs und bestehet in 1 herrschaftlichem Vorwerk, welches ⅜ Meilen vom Dorfe abliegt; 1 Mutterkirche, 1 Pfarrhaus, 1 Schulhaus, 21 ganzen, 1 Halbbauer, 28 Freygärtnern, 14 Häuslern, 2 Schmiedehäusern, in allem 69 Stellen. Die dasigen Unterthanen gehören unter das Ottmachauer Amt.

Es ist hier eine rittermäßige Scholtissey, welche in 1 Vorwerk, 9 Freygärtnern, 7 Häuslern, 1 Wassermuhle, 1 Schmiedehaus, in allem 19 Stellen bestehet. Eigenthümer derselben ist Herr Joseph Hofrichter.

109. **Schwandorf**, 1⅜ Meilen von Ottmachau, hat 1 herrschaftlich Vorwerk, 11 Dreschgärtner, 1 Häusler, 2 Schmiedehäuser, in allem 15 Stellen. Ist ein ritterliches Lehnguth mit Ober- und Niedergerichten, welches Herr Joseph von Gilgenheim besitzt.

110. **Sorge**, 2 Meilen von Neiße, bestehet in 1 herrschaftlichem Vorwerk, 23 Dreschgärtnern, 1 Wassermühle, in allem 25 Stellen. Eigenthümer ist der Fürstbischof.

III.

111. Steinhübel, ¼ Meilen von Neiß, hat 8 Dreschgärtner, 5 Häusler, 1 Schmiedehaus, in allem 14 Stellen. Gehört nach Bielau dem Herrn Graf Henkel von Donnersmark.

112. Steinsdorf, 2½ Meile von Neiß, ist bischöflich, hat eine zu Steinau gehörige Filialkirche, 28 ganze Bauern, 3 Halbbauern, 18 Freygärtner, 20 Häusler, 3 Schmiedehäuser, in allem 72 Stellen; ist unter das Hofrichteramt in Neiß gehörig. Es ist auch eine rittermäßige Scholtissey hier.

113. Stiebendorf, ¼ Meilen von Ottmachau, hat ein herrschaftlich Vorwerk, 22 Freygärtner, 11 Häusler, 1 Wassermühle, 2 Schmiedehäuser, in allem 37 Stellen. Ober- und Nieder-Stiebendorf sind zwey Rittersitze, welche der Prälat Herr Johann Heinrich Heymann 1687 und resp. 1692 zu Fidei Commißgüthern gemacht. Dermalen besitzt solche Frau Maria Theresia von Schimonsky, geb. von Görtz.

114. Struwitz, 1½ Meile von Neiß, hat 10 ganze Bauern, 8 Freygärtner, 2 Häusler, 2 Schmiedehäuser, in allem 22 Stellen. Eigenthümer ist die Stadt Neiß.

115. Tannenberg, 1½ Meilen von Ottmachau, gehöret dem Fürstbischof, hat 18 Bauern, 1 Gärtner, 5 Häusler, in allem 24 Stellen. Die freyen Unterthanen stehen unter der Neißer Regierung, die robothsamen unter dem Ottmachauer Amte.

Die rittermäßige Scholtißey welche 1 Vorwerk, 7 Gärtner, 1 Häusler, in allem 9 Stellen hat, besitzt die Frau Hakenbergin.

116. Volkmansdorf, 1¼ Meile von Neiß, ist bischöflich, und enthält 1 Pfarrkirche, 1 Pfarrwohnung, 1 Schule, 78 Bauern, 21 Gärtner, 3 Häusler, in allem 104 Stellen. Die Unterthanen sind robothsam, und gehören unter das Hofrichteramt in Neiß.

Die rittermäßige Scholtißey, welche 1 Vorwerk, 7 Gärtner, 3 Häusler, in allem 11 Stellen hat, besitzt Herr Beck.

117. Waltdorf, 1¼ Meile von Neiß, gehört dem Fürstbischof, hat 1 Pfarrkirche, 1 Pfarrhaus, 1 Schulhaus, 36 Bauern, 9 Gärtner, 24 Häusler, in allem 71 Stellen. Die Unterthanen sind sämmtlich robothsam und dem Hofrichteramt unterworfen.

118. Klein-Warthe, 1½ Meile von Neiß, hat ein herrschaftlich Vorwerk, 8 Gärtner, 1 Häusler, in allem 10 Stellen. Ist ein freyes ansehnliches Laudemialguth, und gehört dem Herrn Nikodemus Gelrig.

119. Weizenberg, ¾ Meilen von Neiß, dem Dohmkapitul daselbst angehörig, welches die Obergerichte exercirt; enthält 8 Bauern, 17 Gärtner, 5 Häusler, in allem 30 Stellen.

120. Wellenhof, hat 1 Vorwerk, 10 Gärtner, 12 Häusler, in allem 23 Stellen. Gehört denen Hampelschen Erben.

121. **Wilmsdorf,** 1 Meile von Ottmachau, ist bischöflich, hat 12 Bauern, 4 Gärtner, 10 Häusler, in allem 26 Stellen.

122. **Wiensdorf,** 2 Meilen von Neiße, gehört eben demselben; hat 26 Bauern, 5 Häusler, in allem 31 Stellen. Die freyen Unterthanen stehen unter der Regierung, die robothsamen unter dem Hofrichteramte.

123. **Wiesau,** 1⅞ Meilen von Ottmachau, ist des Bischofs, und besteht in 1 Mutterkirche, 1 Pfarrwohnung, 1 Schulhaus, 32 Bauern, 5 Gärtner, 4 Häusler, in allem 43 Stellen. Es sind daselbst freye und robothsame Unterthanen, letztere gehören unter das Ottmachauer Amt.

Die dortige rittermäßige Schöltissey, welche in einem herrschaftlich Vorwerk, 11 Gärtnern, 1 Häusler, in allem 13 Stellen besteht, hat Herr Caspar Heinrich von Oberg 1768 zu einem Fidei Commiß gemacht. Der jetzige Fidei Commißbesitzer ist Ferdinand Carl von Oberg.

124. **Wischkau,** ⅞ Meilen von Neiß, ist bischöflich, und hat 13 Bauern, 10 Gärtner, in allem 23 Stellen. Die Unterthanen sind freye, unter die Regierung; und robothsame, unter das Hofrichteramt gehörig.

125. **Würben,** ⅞ Meilen von Ottmachau, gehört eben demselben, und hat 6 Bauern, 11 Gärtner, 2 Häusler, in allem 19 Stellen. Stehet unter dem Amte zu Ottmachau.

Sechster

Sechster Abschnitt.
Vom Grottgauschen Kreise insbesondere.

1.

Bittendorf, ein Rittersitz, liegt ⅜ Meile von Ottmachau, bestehet aus 1 herrschaftlichen Vorwerk, 8 Freygärtnern, 1 Gemeinhirten und 58 Einwohnern; gehört dem Kreutzstift nach Neiße.

Breitstück, siehe No. 48 ein Vorwerk.

2. Bruckstein, ein Rittersitz, hat Obergerichte, liegt 2⅜ Meilen von Ottmachau und bestehet aus 1 herrschaftlichen Vorwerk, 5 ganzen Bauern, 1 Freygärtnern, 11 Häuslern, 1 Wassermüller, 3 Schäfern und 162 Einwohnern. Gehört dem Anton Baron von Hundt.

3. Beithmannsdorf, ein Rittersitz und Lehnguth, 2 Meilen von Grottgau, bestehet aus 1 Kirche, 1 herrschaftlichen Vorwerk, 3 ganzen Bauern, 15 Gärtnern, 2 Häuslern, 1 Wassermüller, 2 Schäfern und 138 Einwohnern. Gehört dem Herrn Carl Siegfried, Freyherrn von Hundt.

4. Bischwitz, liegt ⅜ Meile von Wansen, bestehet aus 1 herrschaftlichen Amtshause, 1 Vorwerk, 17 Gärtnern, 8 Häuslern, 1 Wassermüller, 3 Hirten und 206 Einwohnern. Gehört dem Bischof.

Drozdorf, siehe Altgrottgau No. 19.

5. **Gros-Karlowiz,** liegt 1½ Meile von Ottmachau, bestehet aus 1 herrschaftlichen Vorwerk, 1 Kirche, 1 Pfarrer, 1 Schulmeister, 2 ganzen Bauern, 13 Freygärtnern, 2 Häuslern und 126 Einwohnern. Ist dem Dohmkapitul in Neiß zuständig.

6. **Klein-Karlowiz,** ein Rittersitz, ¼ Meile von obigem und ⅞ Meilen von Ottmachau, bestehet aus 1 herrschaftlichen Vorwerk, 14 Gärtnern, 1 Häusler, 3 Hirten, 1 0 Einwohnern, und gehört dem Herrn Obristen von Reppert.

7. **Ellguth,** ¾ Meilen von Ottmachau; der dem Dohmbischof zuständige Antheil bestehet aus 1 Schulmeister, 17 ganzen, 1 Halbbauer, 34 Gärtnern, 5 Häuslern und 162 Einwohnern, welche unter das Amt Ottmachau gehören. Der dem Drescher gehörige Antheil bestehet aus 1 rittermäßigen Scholtissey, 9 Gärtnern, 1 Wassermüller, 1 Hirten

8. **Endersdorf** ein Rittersitz, hat Obergerichte, liegt 1⅛ Meile von Grottgau, enthält 1 Kirche, 1 herrschaftlich Vorwerk, 1 Pfarrer, 1 Schulmeister, 11 ganze, 1 Halbbauer, 2 Gärtner, 10 Häusler, 1 Windmüller, 3 Hirten und 526 Einwohner. Gehört dem Herrn Baron von Henneberg.

9. **Falckenau,** ein Rittersitz, hat die Obergerichte und das Patronatsrecht. Hammer und Croschen liegen ¼ Meile von einander, werden aber für ein Dorf gerechnet, 1⅞ Meile von Grottgau; enthält 2 herrschaftliche Vorwerker, 1 Kirche, 1 Pfarrer, 1 Schulmeister, 17 ganze Bauern, 44 Gärtner, 1 Wasser- 3 Windmüller, 3 Schäfer und 296 Einwoh-

wohner Gehöret der Frau von Hoverden, geb. Gräfin von Wengersky.

10. **Gallenau**, 3½ Meile von Ottmachau, bestehee aus 11 ganzen, 3 Halbbauern, 23 Gärtnern, 1 Häuslern, 2 Hirten und 384 Einwohnern. Gehört als ein bischöflich Gratialguth dem Herrn Grafen von Pinto.

11. **Gauersch**, der bischöfliche Antheil enthält 4 ganze, 2 Halbbauern, 8 Gärtner, 3 Häusler, 2 Hirten und 275 Einwohner, welche unter das Amt Otemachau gehören. Der dem Herrn Schäfler zuständige enthält 1 rittermäßige Scholtissey, 6 Gärtner, 2 Häusler; liegt 1½ Meile von Ottmachau.

12. **Gläsendorf**, 2¼ Meile von Ottmachau, enthält 3 Antheile, einer davon ist dem Bischof zuständig und besteht aus 1 Kirche, 1 Pfarrer, 1 Schulmeister, 29 ganzen, 0 Halbbauern, 25 Gärtnern, 14 Häuslern, 1 Wassermüller, 2 Schäfern und 601 Einwohnern; welche unter das Amt zu Ottmachau gehören.

Der andere ist eigentlich nur eine rittermäßige Scholtissey, so mit Bechau verbunden, gehöret dem Herrn von Montbach; bestehet aus 1 ganzen Bauer, 14 Gärtnern und 1 Wassermüller.

Das dritte Guth der Frau Generallieutenant von Diericke, bestehet aus 1 herrschaftlichen Vorwerk, 1 Halbbauer, 10 Gärtnern, 2 Wassermüllern und 1 Hirten. Auserdem ist noch ein klein Rittergüthel darinnen, welches dem Carl Ulbrich gehöret.

13. **Gollendorf,** 1¼ Meile von Ottmachau, bestehet aus 1 herrschaftlichen Vorwerk, 6 ganzen Bauern, 8 Gärtnern, 5 Häuslern, 1 Hirten und 97 Einwohnern; gehört dem Herrn Grafen von Schafgotsch.

14. **Graschwitz,** 1¼ Meile von Ottmachau, enthält 6 ganze Bauern und 1 Hirten. Die freyen Unterthanen gehören unter die Regierung zu Neisse, die Zinshaften aber unter das Amt zu Ottmachau. Auch gehöret von diesem Dorfe dem Capitul zu Neiße der andere Theil, welcher 4 ganze Bauern, 1 Häusler, 1 Hirten und 97 Einwohner fasset.

15. **Grädiz,** ein Rittersitz, ¼ Meilen von Ottmachau, bestehet aus 1 herrschaftlichen Vorwerk, 5 Gärtnern, 1 Wassermüller und 35 Einwohnern. Gehört dem Joseph Baron von Hundt.

16. **Gruben,** ein Rittersitz, Ellgut und Eilau werden als ein Dorf angesehen, wovon ersteres 2⅞ das andere und dritte aber 2 Meilen von Grottgau liegt, und bestehet aus 3 herrschaftlichen Vorwerkern, 1 Kirche, 1 Pfarrer, 1 Schulmeister, 20 ganzen Bauern, 30 Gärtnern, 3 Häuslern, 2 Wasser- und 1 Windmüller, 2 Schäfern und 415 Einwohnern; gehört den Herrn Baron von Sauerma.

17. **Giebrau,** ein Rittersitz, hat die Obergerichte, 1¼ Meile von Grottgau, bestehet aus 1 herrschaftlichen Vorwerk, 7 Halbbauern, 20 Gärtnern, 1 Wassermüller, 3 Hirten und 181 Einwohnern; ist dem Herrn von Folgersberg zugehörig.

18. Gublau, groß- und klein- ein Rittersitz, ⅛ Meile von Grottgau, liegen zwar ⅜ Meile von einander, sind aber nur ein Dorf; dem Cammerherrn Baron von Sierstorf zuständig, und enthält 2 herrschaftliche Vorwerker, 9 ganze Bauern, 23 Gärtner, 2 Häusler, 1 Wassermüller, 3 Hirten und 261 Einwohner.

19. Alt-Grottgau, ein Rittersitz, hat das Patronatsrecht und die Obergerichte und ist ein Fidei-Commißguth, wozu es Herr Johann Heinrich Haymann von Rosenthal 1687 und 1690 gestiftet hat; liegt ¾ Meilen von Grottgau, bestehet aus 2 Vorwerkern, die Sorge und Drozdorf heissen; 1 Kirche, 1 Pfarrer, 1 Schulmeister, 18 ganzen Bauern, 44 Gärtnern, 9 Häuslern, 3 Wassermüllern, 3 Hirten und 500 Einwohnern; gehört der Frau von Mönnich.

20. Hohengiersdorf, 1¼ Meile von Grottgau, gehört dem Bischof, und zwar zum Amt Wansen; so wie auch das Vorwerk Zülzhof, welches ¼ Meile davon liegt, und bestehet aus 1 Kirche, 1 Pfarrer, 1 Schulmeister, 2 herrschaftlichen Vorwerken, 20 ganzen Bauern, 18 Gärtnern, 16 Häuslern, 1 Windmüller, 2 Hirten.

Der Niederhof oder Niedergiersdorf aber ist der Frau von Barbeleben zuständig, und enthält 1 Vorwerk, 12 Gärtner und 90 Einwohner; ist eigentlich nur eine rittermäßige Schölzerey und zuletzt für 9300 Rthlr. erkaufet.

21. Halbendorf, ¼ Meile von Grottgau, denen Vicarien in Breslau gehörig, bestehet aus 18 ganzen

zen und 9 Halbbauern, 24 Gärtnern, 9 Häuslern, 4 Hirten und 359 Einwohnern.

22. Halbendorf, ⅛ Meile von Wansen, gehört dem Bischof, fasset 11 ganze Bauern, 3 Häusler, 1 Hirten und 123 Einwohner.

23. Herbsdorf, 1½ Meile von Ottmachau, bestehet aus 13 ganzen, 12 Halbbauern, 4 Gärtnern, 2 Hirten, 169 Einwohnern; und ist dem Grafen von Schafgotsch gehörig.

24. Herzogswalde, ein Rittersitz, hat die Obergerichte und das Patronatsrecht, 1 Meile von Grottgau, wird nebst Sorge für ein Dorf gerechnet, ob es gleich ⅛ Meile von einander liegt; gehört dem Herrn von Lichnowsky und bestehet aus 1 Kirche, 1 Pfarrer, 1 Schulmeister, 2 herrschaftlichen Vorwerken, 23 ganzen und 1 Halbbauer, 38 Gärtnern, 5 Häuslern, 1 Wassermüller, 4 Hirten und 483 Einwohnern.

25. Hertwigswalde, ein Rittersitz, hat die Obergerichte, auch das Patronatsrecht, 2¼ Meilen von Ottmachau; enthält 1 Kirche, 1 Pfarrer, 1 Schulmeister, 4 herrschaftliche Vorwerker, wovon eines nahe bey dem Schlosse, das andere ⅛ Meile vom Dorfe, das dritte der Oberhof nah am Dorfe und das vierte Reideberg am andern Ende des Dorfs liegt; ferner 13 ganze und 21 Halbbauern, 28 Gärtner und 803 Einwohner. Gehöret dem Grafen von Seherrhoff.

26. Hennigsdorf, auch Hönigsdorf genannt; ein Rittersitz und Lehnguth, hat die Obergerichte, 1⅝ Meile von Gröttgau, bestehet aus 1 Kirche 1
Schul-

Schulmeister, 2 herrschaftlichen Vorwerkern, 4 ganzen, 4 Halbbauern, 23 Gärtnern, 4 Häuslern, 1 Wassermüller, 3 Hirten und 193 Einwohnern; gehört dem Herrn von Rothkirch.

27. Jentsch, liegt 1 Meile von Ottmachau, gehört dem Herrn von Montbach und bestehet aus 1 herrschaftlichen Vorwerk, 1 Wasser- 1 Windmüller und 12 Einwohnern.

28. Jonowitz, ½ Meile von Wansen, bischöflich, enthält 5 ganze Bauern, 2 Gärtner, 1 Hirten und 66 Einwohner, welche unter das Amt zu Wansen gehören; 2 darinn befindliche Freystellen gehören unter die Regierung zu Neiße.

29. Johnsdorf, ein Rittersitz, 1⅜ Meile von Ottmachau, gehört dem Oehler; und bestehet aus 1 herrschaftlichen Vorwerk, 8 Gärtnern, 1 Wassermüller, 2 Hirten und 81 Einwohnern.

30. Ramnig, 2 Meilen von Ottmachau, ein Theil gehört dem Bischof, und enthält 1 herrschaftlich Vorwerk, 1 Kirche, 1 Pfarrer, 1 Schulmeister, 21 ganze Bauern, 17 Gärtner, 6 Häusler, 2 Hirten und 422 Einwohner; welche unter das Amt zu Ottmachau gehören.

Der andere Theil, oder die rittermäßige Scholtissey gehört dem Winkler, und bestehet aus 1 Vorwerk, 9 Gärtnern, 1 Häusler, 2 Hirten.

31. **Rafischka**, 1⅖ Meile von Ottmachau, bestehet aus 1 herrschaftlichen Vorwerk, 5 Gärtnern und 36 Einwohnern; gehört dem Klar.

32. **Klodebach**, 1⅔ Meile von Ottmachau, bestehet aus 2 Antheilen; der erste gehört dem Dohmkapitul in Neiße, und enthält 22 ganze, 4 Halbbauern, 17 Gärtner, 1 Häusler, 1 Hirten und 343 Einwohner.

Der zweyte dem Herrn von Montbach, und enthält 1 herrschaftlich Vorwerk, 2 ganze Bauern, 11 Gärtner und 2 Hirten.

33. **Knischwitz**, ist bischöflich, liegt ½ Meile von Wansen, und bestehet aus 1 Schulmeister, 17 ganzen Bauern, 5 Gärtnern, 5 Häuslern, 2 Hirten und 226 Einwohnern, welche unter das Fürstbischöfliche Amt zu Wansen gehören; der Kretscham ist frey und gehört unter die Regierung zu Neiße.

34. **Koppitz**, ein Rittersitz, hat die Obergerichte und das Patronatsrecht, 1⅐ Meile von Grottgau; bestehet aus 1 Kirche, einem guten herrschaftlichen Schlosse, 1 Pfarrer, 1 Schulmeister, 2 herrschaftlichen Vorwerkern, (wovon eines Waldau heißt, und ⅔ Meile abliegt, wozu 10 Gärtner gehören;) ferner 11 ganzen Bauern, 39 Gärtnern, 7 Häuslern, 1 Wassermüller, 3 Hirten und 967 Einwohnern. Ist dem Königl. Cammerherrn Baron von Sierstorf zuständig, das Guth hat viele Waldungen.

35. **Roschpendorf**, ein Rittergut, 2 Meilen von Ottmachau, bestehet aus 1 herrschaftlichen Vorwerk, 24 Gärtnern, 1 Windmüller, 2 Hirten und 166 Einwohnern. Gehört dem Herrn Baron von Hundt.

36. **Kroschen**, 1¼ Meile von Grottgau, enthält 18 ganze Bauern, 16 Gärtner, 1 Hirten, 120 Einwohner; und gehört der Frau von Hoverden, geb. Gräfin von Wengersky.

37. **Kuhschmalz**, liegt 1¾ Meilen von Grottgau, bestehet aus 2 Antheilen; beyde Rittersitze und Lehngüther, haben beyde das Patronatsrecht. Das Oberdorf bestehet aus 1 Kirche, 1 Pfarrer, 1 Schulmeister, 1 herrschaftlich Vorwerk, 13 Gärtner, 1 Häusler, 1 Wassermüller, 2 Hirten und 101 Einwohnern. Gehört dem Baron von Prinz.

Nieder-Kuhschmalz gehört dem abwesenden Baron von Prinz, ist mit obigem ein Dorf, und bestehet aus 1 herrschaftlichen Vorwerk, 16 Gärtnern, 6 Häuslern, 1 Wassermüller, 2 Hirten und 107 Einwohnern.

38. **Laskowitz**, ¾ Meilen von Ottmachau, dem Dohmkapitul zu Neiß zuständig; enthält 3 ganze Bauern, 3 Gärtner, 1 Wassermüller und 55 Einwohner.

39. **Laswitz**, 1¼ Meile von Ottmachau, gehöret auch dem Neißer Dohmkapitul, und bestehet aus 1 Kirche, 1 Pfarrer, 1 Schule, 22 ganze Bauern, 4 Gärt-

Gärtnern, 20 Häuslern, 3 Gemeinhirten und 334 Einwohnern.

40. Leipe, oder Deutschleipe, ein Rittergut, hat das Patronatsrecht und die Obergerichte, ¾ Meilen von Grottgau; enthält 1 Kirche, 1 Pfarrer, 1 Schule, 27 Bauern, 10 Gärtner, 4 Häusler, 2 Hirten, 357 Einwohner; und ist dem Baron Fragstein zugehörig.

Der zweyte Antheil ist eine rittermäßige Lehns-Scholtisey, hat das Kirchlehn, Obergerichte, und wird vom Herrn von Kern besessen.

41. Leupusch, ½ Meile von Grottgau, bischöflich; bestehet aus 1 Kirche, 1 Schule, 13 Bauern, 4 Gärtnern, 10 Häuslern, 5 Hirten und 213 Einwohnern; eine darinn befindliche Freystelle gehört unter die Regierung zu Neiß.

42. Liebenau, 2 Meilen von Ottmachau, bestehet aus 1 Kirche, 1 Pfarrer, 1 Schule, 25 ganzen, 9 Halbbauern, 25 Gärtnern, 34 Häuslern, 1 Wassermüller, 3 Hirten und 592 Einwohnern. Gehört dem Grafen Pinto als ein Gratialguth.

43. Lichtenberg, 1 Meile von Grottgau, gehöret dem Dohmkapitul, und bestehet aus 1 Kirche, 1 Pfarrer, 1 Schule, 36 Bauern, 25 Gärtnern, 1 Häusler, 3 Hirten und 485 Einwohnern.

43. **Lindenau,** 1½ Meile von Ottmachau; ein Antheil ist bischöflich und hat 1 Kirche, 1 Pfarrer, 1 Schule, 31 ganze Bauern, 48 Gärtner, 7 Häusler, 2 Hirten und 683 Einwohner.

Der andere Theil des Dorfes gehört dem Herrn von Tammer, hat 1 herrschaftlich Vorwerk, 4 Gärtner, 1 Häusler, 1 Wassermüller und 1 Hirten; ist eine rittermäßige Scholtißey, so zuletzt für 3462½ Rthlr. angekauft worden.

45. **Lobedau,** 1⅜ Meile von Ottmachau, hat 2 Antheile; einer ist bischöflich und bestehet aus 1 Kirche, 1 Schulmeister, 12 ganzen, 14 Halbbauern, 9 Gärtnern, 8 Häuslern, 1 Hirten und 421 Einwohnern, welche unter das Amt zu Ottmachau gehören; 1 Freystelle gehört unter die Regierung zu Neiße.

Der andere, die rittermäßige Scholtißey ist dem Müllmann zugehörig, und begreift in sich 1 Vorwerk, 10 Gärtner, 2 Hirten.

46. **Mahlendorf,** oder Kleinmahlendorf, ein Rittersitz, ¾ Meilen von Ottmachau, gehört dem Baron von Hundt, hat 1 herrschaftlich Verwerk, 15 Gärtner, 2 Häusler, 3 Hirten und 119 Einwohner.

47. **Matzwitz,** ¾ Meilen von Ottmachau, gehört dem Bischof, und enthält in sich 1 herrschaftlich Vorwerk, 8 Bauern, 17 Gärtner, 5 Häusler, 1 Wassermüller und 229 Einwohner, welche größtentheils

frey

frey sind, und unter die Regierung zu Neiße ge[hö]ren; was robothsam ist gehört unter das Amt O[tt]machau.

48. Merzdorf, Ober- und Nieder, Rittersi[tz,] hat die Obergerichte, auch Ober-Merzdorf das P[a]tronatsrecht, ¾ Meilen von Grottgau, wozu noch Ti[ef]ensee, ob es gleich ⅛ Meile davon entfernt ist; wie auch das Vorwerk Breitstück von 3 Stellen g[e]hört; ist das Eigenthum des Königl. Cammerher[rn] Baron von Sierstorf; und bestehet aus 4 herrscha[ft]lichen Vorwerkern, 1 Kirche, 1 Schulmeister, 3[0] Feuerstellen, 5 Halbbauern, 22 Gärtnern, 2 Häu[s]lern, 1 Wassermüller, 2 Hirten, und zusammen 56[5] Einwohnern.

49. Klein-Neudorf, ⅛ Meilen von Grottgau, ist der Stadt Grottgau zuständig, und enthält in sich 1 Vorwerk, 6 ganze Bauern, 13 Gärtner, 2 Häusler, 1 Hirte und 177 Einwohner.

50. Neuhaus, ein Rittersitz und Lehnguth, ha[t] die Obergerichte und das Kirchlehn zu Liebenau[,] liegt 2⅛ Meile von Ottmachau; bestehet aus 1 herr[r]schaftlichen Vorwerk, 3 ganzen, 1 Halbbauer, 2[2] Gärtnern, 10 Häuslern, 2 Wassermüllern, 2 Hirten 271 Einwohnern; und gehört dem Herrn von Mal[t]itz.

51. Niklasdorf, ein Rittersitz, hat die Oberge[-]richte, 1¼ Meile von Grottkau; hat 1 herrschaftlic[h] Vorwerk, 18 Gärtner, 1 Wassermüller, 3 Schäfe[r] unt[er]

und 129 Einwohner. Gehört dem Neißer Creuß-stift.

52. Nitterwitz, ⅜ Meilen von Ottmachau, ist bischöflich, und enthält 1 herrschaftlich Vorwerk, 10 Gärtner und 92 Einwohner.

53. Oppen, liegt ⅞ Meile von Ottmachau, gehört dem Bischof, und hat 11 ganze Bauern, 9 Gärtner, 2 Häusler, 2 Hirten und 151 Einwohner. Die Einwohner sind gröstentheils frey, und gehören unter die Regierung zu Meiße; die robothsamen unter das Amt zu Ottmachau.

54. Oßig, ein Rittersitz, hat die Obergerichte, 1 Meile von Grottgau, ist dem Baron von Fragstein zugehörig; und hat 1 Kirche, 2 herrschaftliche Vorwerker, 27 Gärtner, 5 Häusler, 1 Wassermüller, 1 Hirten und 298 Einwohner.

55. Ottmachauer-Vorwerk, liegt daselbst an der Nieder-Vorstadt, gehört dem Bischof, und besteht aus 1 Vorwerk, 6 Gärtnern, 1 Häusler, 1 Hirten und 47 Einwohnern.

56. Ober-Pomsdorf, ein Rittersitz mit Obergerichten, 2½ Meile von Ottmachau, enthält 1 herrschaftlich Vorwerk, 12 ganze Bauern, 14 Gärtner, 5 Häusler, 1 Wassermüller, 2 Hirten und 218 Einwohner; ist dem Grafen von Seherthoß zuständig.

57.

57. **Nieder-Pomsdorf**, ein Rittersitz, hat die Obergerichte, 1¼ Meile von Ottmachau; hat 1 herrschaftlich Vorwerk, 3 ganze Bauern, 25 Gärtner, 5 Häusler, 2 Wassermüller, 2 Hirten und 256 Einwohner. Gehört dem Grafen von Schafgotsch.

58. **Perschkenstein**, ein Rittersitz, hat auch die Obergerichte, ¾ Meilen von Ottmachau, gehört dem Neißer Dohmkapitul; und besteht aus 1 herrschaftlichen Vorwerk, 1 Schulmeister, 4 ganzen Bauern, 5 Gärtnern, 1 Wassermüller, 2 Hirten und 56 Einwohnern.

59. **Pillwesche**, hat die Obergerichte, 1⅞ Meile von Ottmachau, gehört denen Erben von Wilczeck; und hat 1 herrschaftlich Vorwerk, 16 Gärtner, 8 Häusler, 3 Hirten und 158 Einwohner. Dazu wird auch der sogenannte Zülzkretscham gerechnet, welcher ¼ Meile davon abliegt, sammt den dazu gehörigen 7 Häusern.

60. **Reisendorf**, ein Rittersitz, 1¼ Meile von Ottmachau, ist dem Herrn von Zoffel zuständig; hat 1 herrschaftlich Vorwerk, 5 Gärtner, 2 Häusler, 1 Hirten und 43 Einwohner.

61. **Reisewiz**, ein Rittersitz, 1¾ Meile von Ottmachau, gehört dem Herrn Regierungsrath von Merlich; und bestehet aus 1 herrschaftlichen Vorwerk,

werk, 10 Gärtnern, 2 Häuslern, 1 Wassermüller, 3 Hirten und 183 Einwohnern.

62. **Rogau**, ein Rittersitz, hat die Obergerichte, 2 Meilen von Grottgau, gehört der Stadt Neisse; enthält 1 herrschaftliches Vorwerk, 8 Gärtner, 2 Hirten und 63 Einwohner.

63. **Sarlowitz**, $\frac{1}{2}$ Meile von Ottmachau, ist bischöflich, und besteht aus 8 ganzen Bauern, 27 Gärtnern, 4 Häuslern, 2 Hirten und 224 Einwohnern.

64. **Satteldorf**, 1 Meile von Ottmachau, ist bischöflich, hat 1 herrschaftlich Vorwerk, 5 Gärtner, 1 Häusler und 48 Einwohner.

65. **Schützendorf**, ein Rittersitz, hat die Obergerichte, $2\frac{1}{4}$ Meile von Ottmachau; hat 1 herrschaftlich Vorwerk, 16 Gärtner, 1 Wassermüller, 2 Hirten, 143 Einwohner; und gehört dem Baron von Hundt.

66. **Schwedlich**, oder Senffersdorf Schwedlich genannt, ist der Fräulein von Gilgenheim zuständig; und enthält 1 herrschaftlich Vorwerk, 9 Gärtner, 1 Häusler, 1 Wassermüller, 1 Hirten und 68 Einwohner.

67. Seifersdorf, hat die Obergerichte, ist ein Rittersitz, ¾ Meile von Grottgau, gehört dem Herrn Baron von Fragstein; und hat 1 Kirche, 1 Pfarrer, 1 Schulmeister, 1 herrschaftlich Vorwerk, 15 ganze Bauern, 19 Gärtner, 2 Häusler, 2 Hirten und 266 Einwohner. Eine darinn befindliche Freystelle gehört unter die Regierung zu Neiße.

68. Seifersdorf, 2¼ Meile von Ottmachau, hat 2 Antheile; eines gehört dem Dohmkapitul in Neiße, welches Obergerichte hat; der andere dem Herrn von Greifenstern. Das ganze Dorf zusammen besteht aus 1 Pfarrer, 1 Schulmeister, 1 Kirche, welche für die älteste im Fürstenthum gehalten wird; ferner aus 2 herrschaftlichen Vorwerken, 14 ganzen, 7 Halbbauern, 20 Gärtnern, 12 Häuslern, 2 Wassermüllern, 3 Hirten und 397 Einwohner.

69. Sonnenberg, ein Rittersitz und hat die Obergerichte, 1½ Meile von Grottgau, gehöret dem Herrn von Donat, und hat 2 herrschaftliche Vorwerke, wovon eines Marsche heißt und ¼ Meile vom Dorfe entfernt liegt; 34 Gärtner, 1 Häusler, 1 Wassermüller, 3 Hirten, 186 Einwohner.

70. Sporwitz, liegt ¾ Meile von Wansen, ist bischöflich, hat nur 7 Bauern, 14 Gärtner, 4 Häusler, 1 Schäfer und 210 Einwohner; einige darinn

inn befindliche Freystellen gehören unter die Regierung zu Neiße.

71. **Starwitz**, ein Rittersitz, ¼ Meile von Ottmachau; davon gehört das obere Dorf, welches in 1 herrschaftlichen Vorwerk, 17 Gärtnern, 1 Wassermüller, 2 Hirten und 144 Einwohnern bestehet; dem Herrn von Kehler.

Das Niederdorf hingegen, welches 1 herrschaftlich Vorwerk, 1 Bauer und 4 Gärtner enthält, dem Dohmkapitul zu Neiße.

72. **Stephansdorf**, 1⅞ Meilen von Ottmachau, ist bischöflich eines Theils, der andere Theil gehört der Stadt Neiße. Das ganze Dorf bestehet aus 1 Kirche, 1 Pfarrer, 1 Schulz, 28 ganzen, und 3 Halbbauern, 21 Gärtnern, 7 Häuslern, 1 Wassermüller, 2 Hirten, 445 Einwohnern.

73. **Striegendorf**, ein Rittersitz, hat die Obergerichte und das Patronatsrecht, 1¼ Meile von Grottkau, gehört dem Baron von Jrach, und hat 1 Kirche, 1 herrschaftlich Vorwerk, 24 Gärtner, 1 Wassermüller, 3 Hirten und 145 Einwohner.

74. **Tarnau**, ein Rittersitz, Ober- und Nieder- ¼ Meile von Grottgau, gehöret ganz der Stadt

Grottgau, und hat 1 Kirche, 24 ganze Bauern, 25 Gärtner, 2 Häusler, 1 Wassermüller, 3 Hirten und 445 Einwohner.

75. **Tarnau**, ein Rittersitz, 1½ Meile von Ottmachau, dem Scheffler zugehörig; hat 1 herrschaftlich Vorwerk, 4 Gärtner, 1 Wassermüller und 27 Einwohner.

76. **Tannenfeldt**, 1¼ Meile von Grottgau, gehört dem Königl. Kammerherrn, Baron von Sierstorf; bestehet aus 1 herrschaftlichen Vorwerk. Die dazu gehörigen Einwohner sind bey Winzenberg mit berechnet.

77. **Tschauschwitz**, ¼ Meile von Ottmachau; ein Theil ist bischöflich, und hat 4 ganze Bauern, 8 Gärtner, 1 Häusler, 1 Hirten.

Der andere Theil ist des Herrn von Pazkowsky, und hat 1 herrschaftlich Vorwerk, 10 Gärtner und 2 Hirten. Im ganzen Dorfe sind 156 Einwohner.

78. **Tscheschdorf**, ein Rittersitz, 1¾ Meile von Ottmachau, hat ein herrschaftlich Vorwerk, 20 Gärtner, 8 Häusler, 1 Wassermüller, 2 Hirten und

und 201 Einwohner. Gehört dem Herrn von Gumprecht.

79. Ullersdorf, ein Rittersitz, 2 Meilen von Ottmachau, hat 1 herrschaftlich Vorwerk, 9 Gärtner, 1 Hirten, 65 Einwohner, und gehört denen Oelstermann von Oelsterschen Erben.

80. Voigtsdorf, ein Rittersitz, welcher die Obergerichte hat, ¼ Meile von Grottgau, gehört dem Baron von Henneberg, und hat 1 herrschaftlich Vorwerk, 11 Gärtner, 2 Häusler, 1 Hirten und 92 Einwohner.

81. Alt-Wansen, ¼ Meile von Wansen, ist bischöflich, hat 24 ganze, 6 Halbbauern, 11 Gärtner, 3 Häusler, 3 Hirten und 324 Einwohner.

82. Währdorf, 1½ Meile von Ottmachau, gehört dem Grafen von Schafgotsch, hat 1 herrschaftlich Vorwerk, 3 Gärtner und 31 Einwohner.

83. Weidich, ¼ Meilen von Ottmachau, ist ein bischöflich Freydörfel, unter die Regierung zu Neisse gehörig; hat 5 ganze Bauern, 6 Gärtner, 1 Häusler und 1 Hirten, 58 Einwohner.

84. **Winzenberg**, ein Rittersitz, hat die Obergerichte und das Patronatsrecht; 1⅜ Meile von Grottgau, gehört nebst Lamberg, ¼ Meile davon, dem Königl. Cammerherrn Baron von Sierstorf; bestehet aus 1 Kirche, 1 Schulmeister, 1 herrschaftlichen Vorwerk, 12 ganzen, 2 Halbbauern, 43 Gärtnern, 2 Häuslern, 1 Wassermüller, 6 Hirten und 492 Einwohnern; worunter das obige Tannenfeldt mit inbegriffen ist.

85. **Woißelsdorf**, ½ Meile von Grottgau, ist denen Vikarien in Breslau zuständig; hat 1 Kirche, 1 Pfarrer, 1 Schulmeister, 18 ganze Bauern, 15 Gärtner, 9 Häusler, 1 Wassermüller, 2 Hirten und 307 Einwohner.

86. **Wöiz**, ⅛ Meile von Ottmachau; ein Antheil gehört dem Bischof, und bestehet aus 1 Kirche, 1 Schulmeister, 29 ganzen, 2 Halbbauern, 28 Gärtnern, 6 Häuslern, 2 Hirten, welche unter das Amt zu Ottmachau gehören; einige darinn befindlichen Freystellen gehören unter die Regierung zu Neiße.

Der zweyte Antheil, die Scholtissey gehört der Bolkoin, und hat nur 1 Vorwerk, 7 Gärtner, 2 Häusler, 1 Hirten. Einwohner des ganzen Dorfs sind 507.

87. **Würben**, ein Rittersitz, 1⅜ Meile von Grottgau, ist dem Baron Trach zugehörig, und hat 1 herr-

1 herrschaftlich Vorwerk, 1 Schulmeister, 20 Gartner und 112 Einwohner.

88. Jauritz, und Mögwitz, 1½ Meile von Ottmachau, ist ein Dorf zusammen, gehört dem Herrn von Schubert; hat 1 herrschaftlich Vorwerk, 10 Gärtner, 2 Hirten nnd 83 Einwohner.

89. Zedlitz, 1 Meile von Ottmachau, hat 2 Antheile, einer ist bischöflich und enthält 10 ganze Bauern, 4 Häusler, 1 Hirten.

Der andere ist eine rittermäßige Schölzerey, und das Eigenthum des Krautwursts; hat 1 Vorwerk, 5 Gärtner, 1 Wassermüller, 2 Hirten. Einwohner des Dorfes sind überhaupt 144.

90. Zindel, ist ein Fidei-Commisguth, 1½ Meile von Grottgau, gehört dem Baron von Prinz, hat 1 herrschaftlich Vorwerk, 28 Gärtner, 1 Wassermüller, 2 Hirten und 188 Einwohner.

Zülzkretscham, siehe No. 59.

Zülzhof, siehe No. 20.

www.ingramcontent.com/pod-product-compliance
Lightning Source LLC
Chambersburg PA
CBHW020740020526
44115CB00030B/699